风云再起

朱云乔 著

中国互联网20年

北京理工大学出版社
BEIJING INSTITUTE OF TECHNOLOGY PRESS

图书在版编目（CIP）数据

风云再起　：中国互联网20年／朱云乔著．— 北京：北京理工大学出版社，2016.2

ISBN 978-7-5682-1619-7

Ⅰ.①风…Ⅱ.①朱…　Ⅲ.①互联网络-高技术产业-历史-中国　Ⅳ.①F426.67

中国版本图书馆CIP数据核字（2015）第311539号

出版发行／北京理工大学出版社有限责任公司
社　　址／北京市海淀区中关村南大街5号
邮　　编／100081
电　　话／（010）68914775（总编室）
　　　　82562903（教材售后服务热线）
　　　　68948351（其他图书服务热线）
网　　址／http://www.bitpress.com.cn
经　　销／全国各地新华书店
印　　刷／北京泽宇印刷有限公司
开　　本／710毫米×1000毫米　1/16
印　　张／17
字　　数／213千字
版　　次／2016年2月第1版　2016年2月第1次印刷
定　　价／38.00元

责任编辑／马永祥
文案编辑／马永祥
责任校对／周瑞红
责任印制／李志强

序 言

古龙说，有人的地方，就有江湖。若要问现今中国，最大的江湖在哪里，无疑是已经拥有 6.68 亿网民的中国互联网。

二十年的风云变幻，刀光剑影，江湖中英雄辈出，上演了一场又一场精彩的龙虎斗。

“高手”两个字，从不刻在脸上，但往往会泄露于眼神中。有人其貌不扬，身型瘦小，却双目炯炯，透出精明凌厉之光。

在网络江湖的第一批剑客中，多数已经销声匿迹。唯独马云依旧笑傲江湖，不仅在美国率领阿里巴巴上市，个人财富也累积到巅峰。

回想四岁那年，他险些命丧家乡的一条河沟里，但大难不死，才有今日的叱咤风云。他自称“风清扬”，以理想和情怀为旗帜，拥有江湖最庞大的帮派，堪称带头大哥。

若论起网络江湖的三分天下，莫过于阿里、百度与腾讯。相较于前者先天具有武者风范，李彦宏更似白面书生，但要起剑法精妙无比，透着扎实的童子功。

李彦宏从不讳言自己的勤奋，年少时，他曾以为行走江湖，靠的是剑法，后来才明白，战术更重要。现在他已成长为一位精于统筹的总舵主，把控全局，稳重精明，当然，运气也一直不错。

说到马化腾，走江湖的人无人不知。白手起家，建立“企鹅帝国”。尤其是在PC互联网和移动互联网的博弈中，他领先胜出。“微信”人人在手，形成人与人的链接，编织成一张巨大的网。

在一些竞争对手那里，他没有受到礼遇，抄袭的帽子很多年都没有摘下去，但是人品和气度打败一切，让他成为雄霸一方的霸主。

江湖中，有约架，也有暗战。二十年来各色人物依次登场，一些人被湮灭，另一部分人崛起。

站在风口上的雷军是一号人物，他的野心很大，毫不掩饰地声称想要做到世界第一；抱得美人归的刘强东则谦虚谨慎，他甚至说，将来的电商将不需要中间平台，京东、淘宝之类的企业也就没有了。

不论如何，正是这些人，深入地参与了每一个行业的发展，引领了人类信息技术和生活模式的更新进步。

互联网改变了世界，我们期待，未来会变成什么样子。

江湖风云再起，传奇不止。

目录 | CONTENTS

第一章

开天辟地 1994

中国网络时代的开启

1994 年 4 月 20 日，那是标志性的一天，是中国互联网发展史上开天辟地的大日子。经过卓越的努力，在这一天，我国终于全方位地接入了国际互联网，成为互联网大家庭的第 77 个成员国。中国互联网的故事拉开帷幕，潮流引领未来，今后的二十年，注定是不平凡的二十年！

1. 接入国际互联网

1994 年 4 月 20 日，那是标志性的一天，是中国互联网发展史上开天辟地的大日子。经过卓越的努力，在这一天，我国终于全方位地接入了国际互联网，成为互联网大家庭的第 77 个成员国。

（中外学者纪念中国接入国际互联网）

通过美国公司的一条 64K 国际专线，中国国家计算机与网络设施（NCFC）完成了全功能 IP 连接，我国打开了网络时代的第一扇大门。或许，有人会说，如今的技术日新月异，80G 的国际网络出口带宽如同一艘急速上升的航天飞机，那时的 64K 专线有什么了不起，不过是缓慢爬行的小蜗牛！

是的，那时的网络正是被许多人视而不见的小蜗牛，没有几个人意识到，这样龟爬的速度，竟然会演变成今日绚烂缤纷的网络世界。每一个新鲜事物的形成都需要开端与经历，正是这个与众不同的日子，造就出后来一次又一次的不可思议。

时光上溯到 1986 年 8 月 25 日，北京时间 11 点 11 分 24 秒，中国科学院高能物理研究所的吴为民先生用北京七一零所的一台 IBM-PC 计算机，通过卫星远程登录了位于日内瓦的一台机器上，并用王淑琴的账户向同在日内瓦的 Steinberger 成功发送了一封电子邮件，这是我国发出的第一封电子邮件，是中国对互联网的最早应用。

1987 年 9 月 20 日，在德国卡尔斯鲁厄大学维纳 · 措恩教授带领的科研小组帮助下，北京计算机应用技术研究所钱天白先生等人建成了一个电子邮件节点，并向德国成功发出了一封内容为“Across the Great Wall we can reach every corner in the world（越过长城，走向世界）”的电子邮件。

看似简洁的一句话，却是中国互联网研究试验阶段的大进展，在我国互联网的发展史上具有里程碑的意义。后来，钱天白先生也因此被一些媒体誉为“中国互联网之父”。

随后，中国计算机网络开始在科研及教育领域发展开来，最具代表性的便是中国科学院高能物理研究所（IHEP）、中国国家计算机与网络设施（NCFC）。

IHEP 网络初步建立于 1988 年，是我国最早建成的高性能计算机网络，并在当年实现了与欧洲核子研究中心的计算机网络连接。1991

年 3 月，IHEP 实现了与美国斯坦福大学直线加速实验室的计算机网络连接，两年以后，它又实现了与美国能源科学网的连接。

NCFC 于 1990 年 4 月正式立项，由国家科学委员会全权负责，主要利用世界银行的贷款以及国内的配套基金在北京中关村地区建立起国内规模最大的计算机网络，总投资 7000 万元人民币。

其实，在我国接入国际互联网的进程之中，还有起着决定性作用的一步，那便是顶级域名的注册。1990 年 11 月 28 日，在维纳 · 措恩教授与钱天白先生等人的共同努力下，我国在国际互联网域名分配管理中心顺利完成了中国顶级域名 .CN 的注册，并在德国卡尔斯鲁厄大学建立了属于我国的第一台 .CN 域名服务器，从此之后，我国有了属于自己的网上身份标识。

当然，站在科技前沿的那些目光敏锐的中国科学家们并没有停止探索的脚步，他们梦想着接入互联网骨干网的那一天。当时，不管是发送还是接收邮件，我国必须通过德国的服务器中转，其中的信道租用费用非常昂贵，每 K 流量就要超过 6 元钱，但那些接入互联网骨干网的国家，收发邮件每 K 不过是几厘钱。

另外，中国的科学家们发现，在全球联通的互联网时代，国外的科研机构都是直接将最新的科研成果放在网上，但因为国内还未实现网络共享，我国的科研人员却只能采用旧办法，找来厚厚的学术杂志，查找那些起码发表了半年之久的陈旧论文。

如果我们也能够成为网络共享的一员，该会有怎样的便利呢！为了接入互联网骨干网，自 1990 年开始，中科院副院长胡启恒先生几次找到互联网核心骨干网的控制者——美国国家科学基金会，试图与其商谈接洽，不料却屡屡碰壁。

原来，互联网骨干网最早是由美国国防部与美国国家科学基金会的网络合并而成的，上面有着许多美国政府部门。但是，胡启恒先生并没有放弃希望，中国的科学家们仍在继续努力，后来，他们获得了世界各国的支持，美国国家科学基金会终于同意我国接入骨干网。

1993 年 12 月，NCFC 骨干网正式开通，我国自主研发的由 30 多台支持 10M 以太网的 RIP 协议路由器搭建而成的局域网建设完成，并成功实现互联。这连通了中国科学院、北京大学、清华大学三个院校，组成“中关村示范网”，科研人员亲昵地称之为“三角网”，此乃中国互联网的雏形。

NCFC 是由主干网和骨干网组成的网络体系，我国不仅在 NCFC 主干网上设立了主服务器，还在美国、欧洲等地设立了四个副服务器，这改变了中国顶级域名服务器只能在国外运行的历史。互联网正式接入中国后，我国的四大骨干网也相继展开建设，拉开了中国互联网时代的巨大帷幕。

钱天白、胡启恒、王运丰、钱华林……在我国互联网的发展进程中，有着许许多多科研人员的心血。正是许多专家的不懈努力，才有了后来的全功能接入互联网，正是这一批批孜孜不倦的科研工作者，推动了中国互联网发展的整个过程！

1994 年注定是振奋人心的一年，从全功能接入国际互联网的那天起，中国互联网发生了一系列的新变化。比如 5 月 15 日，中国科学院高能物理研究所建成国内第一个 WEB 服务器，并推出了国内第一套网页，其中还包含一个叫做“Tour in China”的栏目，专门提供经济、商贸、文化等图文并茂的新闻信息。

比如 5 月底，国家智能计算机研究开发中心开通了曙光 BBS 站，这是我国基于互联网的第一个 BBS 站点。年内，中国的互联网基础建设也开始进入快车道，其中最重要的一项便是“三金工程”。所谓“三金”，金桥、金关和金卡，6 月 8 日，国务院办公厅向各部委以及各省市发出了《国务院办公厅关于“三金工程”有关问题的通知（国办发明电 <1994>18 号）》。

时至 1994 年底，NCFC 已经连接了中科院的 30 个研究所以及北大、清华各类工作站和大中型计算机 500 台、PC 机及终端 2000 台。我国每天网上国际数据传输量达到了 300 兆字节，这相当于 1.5 亿汉字。

众所周知，互联网时代的一大特点便是迅速，其发展历程也不例外。当时，我国是一个尚未完全工业化的农业大国，面对汹涌而至的网络信息化浪潮，我们只有抓住机遇，迅速赶超，才能有大的发展。

20 世纪 80 年代，那时候的中国不过刚刚迈出改革开放的第一步，著名的未来学家阿尔温 · 托夫勒便在《第三次浪潮》一书中预言说，社会形态将会由于信息技术的发展发生巨变。90 年代初，美国一马当先，制定并实施“信息高速公路”战略，世界上的其他国家也逐渐意识到，信息领域的落后，意味着所有领域的落后。

如今，我们也迈出了第一步，也是当代中国的关键一步，并且，这关键的一步与加快改革开放的步伐是统一的。或许，睿智的科学家们早已预料，在改革开放的春风照拂下，中国互联网势必成长为巨大的产业，在推动社会发展进步的过程中扮演举足轻重的角色。

开端拉开帷幕，潮流引领未来，今后的二十年，注定是不平凡的二十年，事实将会证明，网络传播的力量会对中国社会的各个领域产生深远而重大的影响，没有互联网，中国的崛起难以想象！

2. 他们说马云是个骗子

有人说，第一个吃螃蟹的人是需要冒险的，这是不可逃避的宿命。是的，走在时代前沿的人总是孤独的，他们的梦想，在普通大众眼里，不过是无法理解的痴人说梦。

自 1994 年正式接入国际互联网，我国便无可避免地卷入了一场浩浩荡荡的变革，这场变革涉及工作和生活的方方面面，乃至政治军事等上层建筑。那时，嗅觉敏感的少数中国企业家们正以一种强势的颠覆态度参与到这场变革之中，比如马云，比如张树新。

互联网时代是需要开拓者的。钱天白、田溯宁、马云、张树新、丁磊……他们的奋斗往昔造就了如今的勃勃生机。我曾经看到过这样一篇文章，题目叫做《丁磊、马云、张树新，谁是中国互联网第一人》，那么，他们到底谁是第一人呢?

其实,这并不是一个严谨的问题,换句话说,他们都是互联网第一人。对于第一人的界定，最普遍的说法便是谁对互联网的贡献最大、最早，只是这并不容易划分，至少我们提到的这几个人都可以与之扯上关系。

钱天白先生是当之无愧的“中国互联网之父”。中科院院士胡启恒如是说：“互联网进入中国，不是八抬大轿抬进来的，是羊肠小道走出来的。”是的，作为中国互联网的开创先锋，钱天白是第一个走上羊肠小道的人，他正式建成了国内第一个国际互联网电子邮件节点，是中国互联网“上网第一人”。

田溯宁博士，现任中国宽带产业基金董事长，曾就职于 ICF、TSTC 等多家公司。1994 年，田溯宁在美国创办了以互联网技术为核心的亚信公司，1995 年，为了实现科技报国的愿望，他将亚信移师国内，最先将互联网的核心技术带回中国，并先后完成了国内 70% 的互联网建设，是中国互联网“基础建设第一人”。

丁磊，网易公司创始人，一些媒体也曾将他称作中国互联网“第一人”。确实，他领导的网易创造了许多个第一，中国第一家中文全文搜索引擎，第一个大容量免费个人主页基地，第一个虚拟社区，第一个中文个性化服务等等。或许，他的这个“第一人”，是中国互联网“免费服务第一人”。

张树新，中国信息行业的开拓者，还有人称她为“中国互联网的先烈”。1995 年 5 月，她创办了瀛海威信息通信有限责任公司，这虽然不是最早的，也不是最大的，但却是最具有代表性的，颇有公众知名度，因此，中国互联网“启蒙第一人”非她莫属。

巾帼英业，女子不让须眉，即使后来卸任总裁隐居幕后，张树新依旧是名不虚传的 IT 界战略家。她不仅创办了自己的公司，还设计了一个五脏俱全的互联网世界，打造出中国互联网最早的图景。她曾说：“在世界之初，我想象过所有事情，哪里种树，哪里栽花，潮怎么涨，土在哪，这些我都在脑子里想好了。”

是的，那是一个狂想的世界，带着大胆的堂吉诃德色彩。轻点鼠标，在她的带领下，我们可以登录瀛海威公司上网客户端“瀛海威时空”，自由漫步于“论坛”“邮局”“游戏城”“咖啡屋”之间。后来，瀛海威还做了一个叫做“新闻夜总汇”的项目，汇集了当时各大报纸的新闻，这便是搜狐、网易等新闻门户网站的最早形式设想。

1995 年瀛海威初建时，她在北京白石桥路口竖立了一块高大的牌子，上面写着那句著名的广告语：中国人离信息高速公路还有多远？向北 1500 米。

沿着白石桥路口向北，1500 米处便是瀛海威公司的所在地魏公村，那里是梦想的摇篮，中国互联网界的黄埔军校，张树新亲手培养出来的第一代互联网从业团队都已成为各个互联网商业公司的骨干力量。

那时候，同在杭州打拼奋斗的马云也是深受瀛海威启发，中国黄页早期名片上的那句“信息高速公路已首先在杭州开通”，便有着明显的模仿痕迹。

这一年，马云还带着自己的团队专门前往北京拜访张树新，经过半个多小时的交谈后，马云说了这样一句话：“如果互联网有人死的话，那么张树新一定比我死得更早。”

这并不是抨击，而是最深刻的言论。正所谓“领先百步死，领先半步生”，在马云的思维里，张树新的观念理论更先进，也注定了更孤独、更艰辛。

是的，先驱们的创业路总是艰辛的。这一年，中国互联网与国际接轨时间不过一年，当时的社会公众对互联网依旧是普遍无知，孤立无援的张树新便在北京不断奔走，向政府官员和老百姓推销着互联网络，这其中的不易，马云很是懂得。

1989 年，毕业于杭州师范学院的马云被分配到了杭州电子工业学院当英文老师，凭借着自己的演讲口才，他很快成了杭州当地的优秀青年教师，并发起了西湖边第一个英语角，开始在杭州翻译界小有名气。

只是，这个激情四射的家伙并不喜欢校园的平静生活，他躁动不安的心时常感觉憋屈。1992 年，国内商潮涌起，不甘寂寞的他与朋友一起创办了海博翻译社，这是他第一次涉足商海，虽然没有赚到什么钱，却真切体味到商海浮沉的滋味。

转眼便到了 1995 年，马云 31 岁了，他觉得，迈过了三十岁的门槛，如果自己再不做些什么的话，一辈子就要浑浑噩噩地过去了。这样的想法让他很是心神不安，但却苦于没有合适的机遇。

机遇是寻来的，不是等来的。这一年，海博翻译社介入了一场涉外合同纠纷。当时，美国的一个商人签约投资建设浙江的一段高速公路，但是合同到期后，他却拒付合同金，无奈之下，浙江省交通厅便聘请了素有“杭州英语第一人”的马云做翻译顾问，飞往美国调解纠纷。

带着省交通厅的重托，带着百万民工的期盼，他只身登上前往美国的飞机，怎料一到洛杉矶便被那个美国商人软禁在别墅里，原来，所谓的商人是个骗子！

斗智斗勇，百般周旋，一番折腾后，马云总算侥幸脱险、逃离虎口，只是那时的他狼狈不堪，浑身上下只能找到 25 美分硬币，回国的机票成了他最大的难题。

到了洛杉矶机场，他将身上仅有的 25 美分全部投进了候机大厅的老虎机。有时候，人是需要些许好运气的，奇迹就这样发生了，这最后的救命钱，华丽丽地变成了600美元，回国的机票钱，就这样轻松搞定！

换作常人，遇到如此境遇，大抵如同惊弓之鸟，归心似箭了吧？但他没有，想要做大事的马云怀揣着老虎机吐出来的600美元，去了西雅图，他一个外教同事的女婿正在那里创业，捣鼓叫作“因特奈特”的神秘玩意儿。

天性使然，马云虽然对“因特奈特”一窍不通，但却有一颗好奇之心，正是这颗好奇之心，将他带入了一个新的天地，他寻到了人生的奋斗方向。

外教的女婿 Sam，是一个热情开朗的年轻人，他带着马云参观了自己的公司。其实，那不过是两间小房子和几台闪着光芒的电脑，还有一群对着屏幕敲击键盘的年轻人，但这样的画面却深深地印在他的心上。

接着，Sam 将他带到电脑旁，并且打开了雅虎的首页：“这就是 Internet，你可以在上面搜索任何你想看到的东西。”

原来这就是“因特奈特”，真是个神奇的东西！马云有些孩子气地说：“这玩意儿得值多少钱啊？我不敢碰，万一弄坏了我可赔不起啊。”

Sam 笑了：“你放心，没事的，这是电脑，不是炸弹！”

在 Sam 的指导下，马云敲动键盘，在雅虎的搜索框中输入了第一个英文单词 beer，按下确定键后，电脑屏幕上便出现了来自各个国家的啤酒，什么美国的、日本的、德国的、法国的，却独独没有中国的。于是，他输入了第二个单词 China，结果，屏幕上只显示了两个简简单单的单词：no data（没有数据）。

多年以后，当马云回忆起这个情景，依旧感慨万千：“我当时觉得既惊讶又失望，在这个神奇的世界里，居然找不到中国！这太不可思议了！”

一股无以言说的情绪涌上心头，这个对商业有着敏锐嗅觉的年轻人，寻到了自己的机会，他要在“因特奈特”上面，划上独属于中国的记号。

于是，他便问 Sam，能不能将自己的海博翻译社也弄到网络上去。Sam 回答可以，并且帮他做了一个翻译社的网页。用我们现在的眼光来看，这个网页是简单丑陋的，既没有清新漂亮的排版，也没有靓丽惹眼的图片，但仅仅是文字的翻译，也让马云心动不已。

另外，Sam 还帮他注册了一个邮箱，同时挂在了网页上。马云没有想到，不过是短短两个多小时的时间，他便收到了五封电子邮件，有来自美国、日本的，还有来自欧洲的，其中的一封邮件是这样写的：这是我们发现的第一家中国公司的网站，你们在哪里？我们想和你们谈生意！

看着这五封邮件，马云在神奇之中觅到了真实，刹那间，互联网公司的雏形便在他的脑海中闪现——如果把中国的企业资料寄到美国，然后让 Sam 他们做成网页放到网上，那该是怎样的商业蓝图！想到这里，他大声对 Sam 说："我们合作！你们在美国负责技术，我回国内去做公司！"

说干就干，马云火速飞回杭州，下飞机的当晚，他顾不得调整时差，迫不及待地将自己的 24 个朋友邀请到家里，向他们介绍自己的惊奇发现。

他掏出笔记本电脑，开始了自己的激情演说，从互联网一直侃到互联网企业，又从互联网企业侃到如何通过互联网将中国企业推向世界。指点江山，激昂文字，他侃侃而谈的样子是让人着迷的，最后，他掷地有声地说："我现在就准备辞职，开始做这个企业了，这个企业叫作 Internet！"

只是，那时候的普通大众哪有懂网络的！他慷慨激昂地侃了大半天，屋子里的朋友却是云里雾绕，压根不知他口中的 Internet 到底是何方神圣。所以，结果可想而知，24 个朋友之中，只有 1 个人愿意支持，那便是他的大学同学，何一兵。

即便如此，马云心头的热情依旧没有被浇灭。他和妻子张瑛拿出了所有积蓄，又找亲戚借了几万块钱，一共凑了 8 万元，再加上何一兵和另一个朋友各自拿出了 1 万元，这 10 万元便是他创业的全部启动资金。

1995 年 4 月，浙江海博网络技术有限公司成立了，这是中国互联网历史上第一家网络公司，比张树新的瀛海威还早了一个月。日后，他还创建了中国第一家商业网站——中国黄页，马云是当之无愧的中国互联网“中文网站第一人”。

是的，无论是钱天白、田溯宁这样的科学家们，还是马云、张树新这样的企业家们，他们都是中国互联网第一人。只是这个“第一人”，既是荣耀，也是磨砺，因为中国互联网发展早期存在一个困境——除了寥寥无几的专业人员，几乎所有人都是门外汉，都是“网盲”。

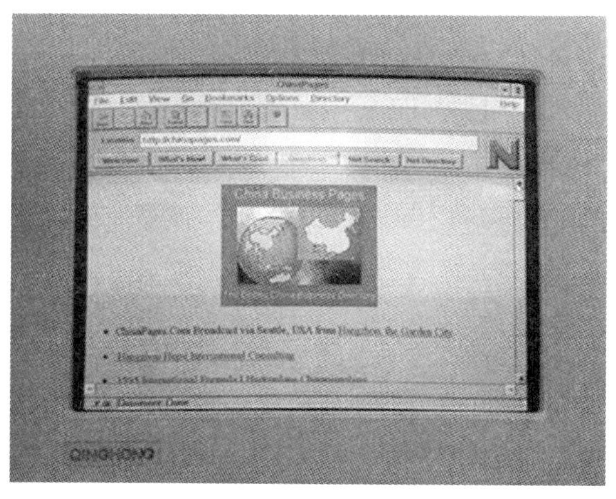

（马云的中国黄页）

其实，Internet 到底是什么，普通百姓不明白倒也可以理解，但关键在于，那些商人和企业老板们也不明白，对他们来说，看不见摸不着的因特奈特只是闻所未闻的天方夜谭，他们怎会轻易埋单？

这就是问题的症结所在，也是困难所在，但马云没有放弃。因为没钱做广告，他便挨家挨户游说演示，有时甚至在大排档里和一帮人手舞足蹈地神侃，但在别人的眼里，这个醉醺醺的男人不过是个信口胡说的骗子。

是的，他们说，马云是个骗子。

历史便是这样富有戏剧性，马云和张树新都是互联网最早的拓荒人，却也是最早的出局者。后来，中国黄页淡出了人们的视野，瀛海威也成为历史，张树新轻描淡写地说："我不过是中国互联网的垫脚石。"

张树新在接受采访时，曾多次提到瀛海威的失败是因为它太早了。是的，太早了，换句话说，便是生不逢时，她和马云都是生不逢时，所以一个成了骗子，一个成了《大败局》中的女企业家。

或许，时间是最好的证明，它会告诉我们，马云不是骗子，它会告诉我们，互联网时代是不可逆转的大趋势！

3. "古老"的拨号上网

20 世纪 90 年代，改革开放的春风吹绿了神州大地，新鲜的事物，新鲜的念头，新鲜的计算机带我们走进全新的互联网时代。

计算机有什么用呢？身在互联网时代的我们可以给出许多答案：查资料、看新闻、玩游戏、听音乐、网上购物……是的，计算机丰富了我们的生活，只是这一切功能的实现，都离不开两个字——上网。

你能想象没有网络的计算机吗，那是中看不中用的处处受限。1997 年，瀛海威深陷资金链危局，张树新专门劝说一心卖电脑的合伙人杨元庆为计算机安装上网用的调制解调器（Modem），直接把联想"1+1"变成"1+NET"，对互联网趋势了如指掌的她已经预见，不能上网的计算机并无市场。

只是，杨元庆对此并不能理解，他反问张树新说："我卖电脑就卖电脑，为什么还要装网络呢？"

当时，痛心疾首的张树新用一个形象的比喻表达了自己与瀛海威的窘境，她是这样说的："我们本来是要卖面包的，后来我们要从麦子做起。而卖面包的利润却无法负担种麦子的成本。"

做大事者不能计较一时得失，奈何瀛海威却不得不计较。1998 年 6 月，张树新的互联网宏伟蓝图还未实现，便被迫离开了自己一手创办的公司，互联网世界的最初雏形就这样冲毁在时间的洪流里。

那时候，上网的最普遍的方式是拨号上网，用户只要拥有一台个人电脑、一个内置或外置的调制解调器（Modem）和一根电话线，便可向本地 ISP 供应商申请账号、密码，然后通过拨打 ISP 的接入号实现网络连接。

对于个人电脑和电话线，相信大家再熟悉不过，而所谓的 Modem，便是我们所说的"猫"，它能将计算机的数字信号转变成普通电话线传送的脉冲信号,然后再将脉冲信号翻译成计算机可懂的语言。

因为计算机内的信息是由"0"和"1"组成的数字信息，而电话线上传递的只能是模拟电信号，所以这中间便需要专门的转换器设备进行数模的调制和解调，这便是"猫"的价值所在。

如果追本溯源，Modem 的最早原型出现在 20 世纪 50 年代的半自动地面防空警备系统（SAGE），主要用来连接不同基地的雷达站、终端和指令控制中心。当然，SAGE 是运行在专用线路上的，与 Modem 并不是一回事。

六十年代早期，西方商业计算机应用开始普及。1962 年，AT&T 发布了第一个商业化的 Modem——Bell 103。当时，Bell 103 使用了移频键控技术，实现了 300 比特 / 秒的传输速度。

没过多久，后续版本 Bell 212 也研制成功，它采用更稳定的移项键控技术把传输速度提高到 1200 比特 / 秒，后来还有类似 Bell 201 的系统用双向信号集将专用线路的传输信号提高到 2400 比特 / 秒。

其实，在智能 Modem 出现之前，几乎所有的 Modem 都需要两个步骤产生连接：一是人工用电话机拨叫对方号码，二是将听筒放在 Modem 附带的 acoustic coupler 里，以实现声音信号与电信号之间的转换。

后来，智能 Modem 出现了。1981 年，贺式通讯研制成功，其中便包括贺式智能 Modem，虽然它只是简单的 300bps Modem，但却内置了一个小型的控制器，直接连在标准电话线或插座之上，不再需要附带的 acoustic coupler 转换，即可让计算机自动完成电话接通及拨叫号码的功能。

一般来说，根据形态和安装方式，Modem 主要分成外置式、内置式、机架式和 PCMCIA 插卡式四类。外置式 Modem 是放置于机箱外的 Modem，通过串行通讯口连接主机，可谓方便灵巧，易于安装，但它需要额外的电源和电缆。

内置式 Modem 占用的是主板的扩展槽，在安装时需要拆开机箱，对终端和 COM 口进行设置，程序相对烦琐，但它不需要额外的电源与电缆，并且价格要比外置式便宜一点。

机架式 Modem 是将一组 Modem 集中在一个箱体里面，并用统一电源供电。它主要应用于 Internet/Intranet、校园网、电信局、金融机构等网络的中心机房。PCMCIA 插卡式 Modem 体积小巧，主要用于笔记本电脑，并可配合移动电话办公。

在拨号上网中，最离不开的便是 Modem。正所谓“黑猫白猫，会抓老鼠才是好猫”，对于 Modem 的选择，无论内置、外置还是机架式，只有连接速度稳定迅速，才是会抓“老鼠”的好“猫”。

当然，只有个人计算机、电话线、Modem 等硬件设施，我们并不一定能够实现拨号上网，因为我们还需要互联网服务供应商乃至整个网络宏观大环境的支持。

马云和张树新进行互联网创业的当口，虽然中国已经全功能接入了国际互联网，但却并未在全国范围内进行授权普及，没有网络，便没有真实的呈现,因此,他们的创业路才走得艰辛,充满着各种各样的质疑声。

其实，当时的张树新除了向社会大众普及互联网知识，还一直锲而不舍地做着政府相关人员的工作。后来，她回忆说，“有一天我办公室进来了当时的安全部部长，我力图说服他，技术是一把双刃剑。网上有白宫，网上为什么不能有中南海呢？不信我就给你们看，延河水也可以流在互联网上。”

是的，这便是瀛海威大手笔搞“网上延安”项目的初衷，虽然这个项目常常被看做张树新极度忽略商业逻辑和市场需求的案例，但当时的她不过是想要让世人看到互联网的正面力量。

在张树新与政府进行着良性互动的时候，马云也在不遗余力地奔波演讲，他相信总有人相信自己不是骗子，他相信总有那么一天，计算机会走进万户千家，网络会连通人们的生活。

是的，不可逆转的互联网大势会为马云正名。1995 年 7 月，在邮政部电信总局的批准下，上海市率先在中国大陆开通了 44K 的互联网专线。8 月的一天，杭州明珠电视台的摄像机对准了西子湖畔的一间普通民房，那是海博的所在地。

昏暗的房间，简陋的摆设，这便是马云的工作室。那时的他一本正经地坐在桌子前，摆弄着那台 486 笔记本电脑，旁边站着电视台记者以及好不容易拉到的客户——望湖宾馆的老总。

在旁人的见证下，他拿起长途电话，拨号到上海电信，短短几分钟后，笔记本提示联网成功！多么伟大的时刻，有了网络，有了拨号上网，他向世人兜售的梦想，便不再是看不见、摸不着的虚幻。

紧接着，马云打开 Mosic 浏览器，键入了中国黄页的网址“http://

www.chinapages.com”。三个半小时的漫长等待之后，网页终于下载完毕，电脑屏幕上赫然出现的便是杭州望湖宾馆的主页！

看着从西雅图传回来的图片和简介，马云心里涌动着别样的情绪，他难掩激动地说：“看，这就是我们的网站！”

眼见为实，这一次，望湖宾馆的老总相信了，记者们相信了，经过四个多月的煎熬，马云和他的伙伴们终于亲眼看到了自己的网页，他们终于“洗冤平反”，摆脱了“骗子”的骂名。

1996 年 2 月 1 日，国务院颁发总理令，要求所有接入互联网络的个人都必须去公安局备案。对于此项规定，很多人颇为不满，其中便包括原来的北大校长丁石孙。

然而，张树新对此却很是乐观，她如是说：“太好了，有法规，说明它可以做，没有法规，中国可能永远也没有互联网。”是的，网络大环境离不开政府的监管，这样的规定虽略显严苛，但表明我们的国家，

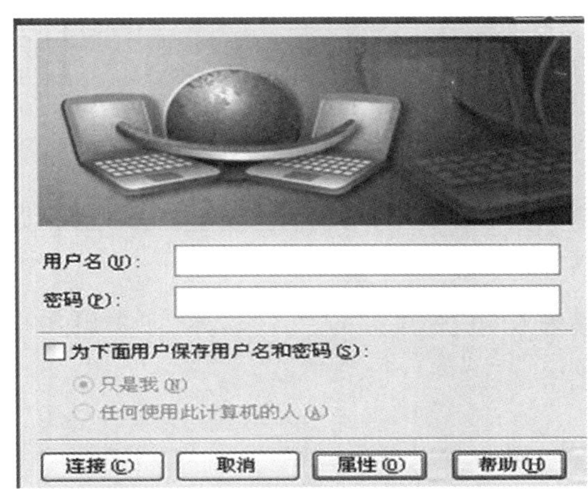

（ADSL 拨号上网）

已经在政策上慢慢与网络的世界接轨。

就这样，拨号上网走进了人们的视线，虽然它速度缓慢，价格昂贵，一般只能看看电子邮件、聊聊天、浏览一下网页，但这却是中国互联网

发展史上的重要一步。

随着网络不断完善发展，后来，拨号上网用户一般基于 PPP0E 协议的 ADSL。所谓的 PPPOE 是以太网点对点协议，英文全称 Point to Point Protocol over Ethemet，它是以太网和 PPP 协议结合后的协议，通过 PPPOE 技术和宽带调制解调器实现高速宽带网的个人身份验证访问。ADSL 是非对称数字用户环路，属于新型数据传输方式。它采用了频分复用技术，将普通电话线分成电话和上行、下行三个独立信道，从而避免其间相互干扰，这样即使边打电话边上网，也不会影响上网速率与通话质量。

如今，较为成熟的 ADSL 标准主要有 G.DMT 和 G.Lite 两种。G.DMT 是全速率的 ADSL 标准，可以支持 8Mbps/1.5Mbps 的高速下行 / 上行速率，但它要求用户端安装 POTS 分离器，价格昂贵且工艺复杂，适用于小型或家庭办公室（SOHO）；G.Lite 标准速率较低，下行 / 上行速率只能达到 1.5Mbps/512Kbps，但它不需要复杂的 POTS 分离器，成本较低且安装方便，比较试用于普通家庭用户。

二十年日新月异，如今，古老的拨号上网已经逐渐退出了历史舞台。2014 年 6 月 1 日，上海电信在网站上发布了《关于窄带拨号业务下线的通告》，其中 16388 主叫与注册、96550 主叫等窄带拨号上网相关业务将会逐渐关闭下线。

古老的拨号上网已然成为历史，但请铭记它昔日的辉煌，因为它代表着一个时代！

第二章 邮箱春天1998

网易邮箱系统的面世

网易，让上网更容易，网易的问世不止成就了丁磊，还成就了中国的万千网民。回顾我国整个电子邮件的发展历史，真正将电子邮件平民化的，是网易，是 163.net。

电子邮件的发展如同一面镜子，折射出我国的网络运营的种种发展历程。如今，网络的便利已经汇集日常生活的方方面面，但请不要遗忘曾经的每一步，正是那看似不起眼的突破与创新，形成了这样立体的、全方位的通信网络。

1. 开除自己，勇敢地跨越人生的分水岭

走在互联网的创业路上，马云和张树新并不是孤军奋战，还有一群同样心怀梦想的年轻人，也在用自己的方式坚持磨砺，这其中便包括网易的 CEO——丁磊。

1997 年，香港回归的消息沸腾了整个神州大地，只是，在这欢呼雀跃、普天同庆的时刻，互联网领域却是喜忧参半。这一年，张树新被迫离开瀛海威，只留给世人一抹黯然的背影；这一年，作为国内第一家商业网站的中国黄页日渐衰退，逐步退出了历史舞台……

世事难料，却又如宿命，有的人暂时倒下了，便会有人站起来，继续撑起新的天空，这个人便是丁磊。1997 年 6 月，网易公司成立，以免费为旗号的丁先生，给了互联网全新的定义。

人人都有梦想，但并不是每个人都有为之努力的勇气和耐心，于是很多人的梦想成了空想，成了如海市蜃楼般缥缈虚幻的存在。但丁磊不是这样，他是一个敢想敢做的人，为了梦想，他可以蛰伏多年，为了创业，他也可以放弃人人欣羡的铁饭碗。

创业并不是简单的一蹴而就，这需要经历，需要激情、勇气和智慧。后来，丁磊如是告诫有梦想的大学生们："对于大学毕业生创业，我不

反对，但风险大，要慎重。大学生一是没钱，二是没有阅历……建议大学生像我当年一样，先到企业干两年，学习管理经验，增加社会阅历，想清楚了、准备好了，再去创业。”

是的，艰苦创业，砥砺心志，但在创业之前，我们也需要充分的准备，丁磊便是如此，这一切都要从头说起。

其实，在很小的时候，丁磊的梦想是成为一名科学家。四五岁的时候，他对无线电很是痴迷，家里的电子导管、半导体等全都沦为了他的玩具，他好奇小小的收音机为什么会发出声音，好奇手电筒为什么会发出亮光，所以他便将它们拆开研究，再重新组装起来，乐此不疲。

这是他在探索世界。正是因为这样的摆弄拆卸，他在上初中的时候便组装了一台六管的收音机。那个时候，这算得上最复杂的收音机，能接收到中波、短波以及调频广播，让他一时传为佳话。

丁磊的科学家梦便是从这时候开始的，只是许多年后，他并没有成为科学家，而是成了一名卓越的企业家。几度浮沉，他带领公司闯过无数难关，一举成为网络新经济的领军人物，这同他对技术的痴迷是分不开的。

1989 年，丁磊高中毕业了，想要成为电子工程师的他，选择了成都电子科技大学，那里有几万册电子专业类书籍深深吸引着他。只是在专业定向上，他没有填报自己喜欢的计算机，因为父母的反对：“什么专业呢都可以选，计算机不要选，因为计算机对人体有害，你每天坐在电脑前就像照 X 光。”

其实，这样的说法也不无道理，计算机显像管的辐射，多多少少会对人体健康产生影响。于是，丁磊选择了通信专业，被分到全校最袖珍的院系——微波通信。

只是，这并不是他喜欢的专业，郁闷的年轻人便将大部分的时间泡在了图书馆，尤其是外文科技类阅览室。在那里，他如饥似渴地翻阅着每一期计算机杂志，通过阅读，他了解到一个全新的世界，什么“信息交换系统”，什么“Internet 服务”，这大大拓展了他的视野。

后来，有人将他的成就归功于这段图书馆时光："他比别人早一步得到最新的世界科技动态，有关互联网的信息也是从那里得来的。"

是的，大学生涯里，他还经常跑去计算机系蹭课，这种源自内心的学习渴望不仅让他自学完成了计算机专业的所有课程，还培养了他独立思考的习惯。

1993 年 7 月，丁磊大学毕业，以优异的成绩获取工学学士学位，并被国家统一分配到宁波市电信局做通信工程师。按照传统观念，这是人人羡慕的"铁饭碗"，可保后半生衣食无忧。

但这不是他的追求，他想要学习新的技术，更想要将技术用于实践。当时，电信局使用的系统不是 WinNT，而是 Unix，对此他很是奇怪：为什么不用多任务的 WinNT 呢，难道 Unix 更具优势吗？

为了搞清楚这个问题，他决定好好研究 Unix，这一研究，便是两年。在那两年时间里，他一直泡在单位的机房里，常常待到晚上 12 点以后才回家。日子一天天过去，就这样，他不断充实着自己，即使遇到技术难题也从不绕道而行。

或许是大学时代自学的经历，他具有很强的学习能力，并且喜欢独立思考，无论是工作还是生活，无论遇到怎样的困难，他都不会指望别人的帮助，而是通过思考后自己动手解决。

就这样，他学会了 Unix 操作系统，并且开始尝试编写同事们看不懂的小程序。或许，在旁人眼里，他和以前没什么不同，依旧那样不起眼，但学到手的本领便是自己的，他分明不再是曾经的自己。

是的，在电信局，丁磊收获了 Unix 技术，这让他受益匪浅。后来，丁磊如是说："我认为网易的成功和使用 Unix 是无法分开的，现在我仍担任网易社区 Unix 版的版主，和大家一起探讨 Unix 问题……"

他一直很感激电信局的工作经历，因为在那里，他不仅掌握了解决实际问题的电脑技术，还为以后的创业积累了丰富的人脉，这一切都为网易的成功打下了坚实的基础。

这便是丁磊的第一份工作，在他的人生中，有很多个第一次，比如第一次接触 BBS，第一次登录 Internet，第一次开除自己……正是这些第一次，成就了网易，成就了不同寻常的丁磊。

1994 年，互联网传入中国，那时的丁磊依旧在宁波电信局工作。一天，他在杂志上得知了美国有 28.8K 的 Modem 投入使用，学过电信专业的他当然知道这是什么概念，如此高速度的文件传输足以带来一场浩浩荡荡的技术革命！

丁磊立即去了电信局总工的办公室，向总工建议开展信息服务业务。并且，他还提议从美国订购两台 28.8K 的 Modem，以测试文件传输的真正速度。但是，总工拒绝了，因为他不相信 9600 速率的电话线能够支撑起 28.8K 的 Modem。

或许，在总工眼里，这不过是一个初出茅庐的年轻人的突发奇想，有着好高骛远的成分。只是丁磊并没有放弃，他的骨子里有着钻研的韧性，如今火花已经点燃，便不会轻易扑灭。

几经周折后，他终于托朋友从美国带回了朝思暮想的一对 Modem。于是，他立即在宁波和深圳之间开始了 28.8K 的数据传输试验，最后发现信号非常稳定。

这是不同于国内电话通信的巨大进步，他觉得数字通信时代就要到了。只是，当他再次向电信局提出自己的想法时，却再一次石沉大海，无人理会。

后来，他在无意间得知北京开了一家叫做“火腿”的 BBS 站，便好奇地用电脑输入了网址。这是他第一次接触 BBS，一切都只是摸索阶段，但他没想到，自己按照 Modem 的拨号方式，竟然一次便登录成功了。

他仔细浏览着，这个小小的电子公告板虽然很是粗糙，也没有太多内容，但却已然具有互联网的雏形，对计算机颇为敏感的丁磊觉得，BBS 有着很大的发展前景，总有一天会成为极具吸引力的磁铁。

另外，兴奋的丁磊并没有停止自己的探索。他专门去找了中国惠多网的创始人孟超，请他帮忙为自己在宁波电信局创建了属于自己的 BBS 站点，从此以后，网络世界的一隅，有了丁磊专属的小窝。

当然，在丁磊的心里，最神圣的第一次还是登录 Internet。当时，他正在找产品资料，却奈何翻遍了国内报纸杂志都没有结果。失望之余，他便抱着尝试的态度，从中科院高能所同学那里搞了一个账号，并用中科院的 VAX 机成功连通了美国的 Internet。

那时丁磊仍在钻研 Unix 技术，所以他访问的第一个网站便是 Linux，使用的字符界面是 Lynx 软件，在那里，他查到了许多 Unix 技术相关的资料。

随后，他又登录了美国著名门户网站——雅虎（Yahoo），在那里，他找到了自己所需要的全部最新资料。省时、省力、免费、高效！这一次，丁磊真真切切感受到了网络的神奇，就这样，他成为北京电信前 100 名用户，成为国内最早批网民中的一员。

他如是说："Internet 在刚进入中国的时候，没有人知道它到底是什么样子的，也没有一本书很系统地告诉你它的整个结构、里面的软件以及其他一些东西。我每天在网上通过各种各样的关键词去找，然后打印出来放在脑中去组合、搅拌。也是在那时候，我洞察到互联网所蕴含的巨大商机。"

是的，虽然当时的上网速度非常缓慢，但其间蕴藏着巨大商机。丁磊以为，互联网领域是亟待开发的庞大市场，因为它能满足人们的众多需求。其实，互联网本身就是商机，不只丁磊发现了，马云、马化腾、张朝阳、李彦宏等人亦有洞察，后来他们都在商机中收获了成功，只是这都是后话了。

因为互联网，丁磊的创业心沸腾了，他要南下，在互联网的大潮中有所作为。其实，早在大学毕业那会儿，他便考虑过创业的事儿，但最后他放弃了："大学毕业后是直接工作，还是读研究生，要因人而异。

我们不鼓励毕业生直接创业，除非你在某一方面很有特长。”

经过两年的学习磨炼，他不仅学会了 Unix 技术，还掌握了 TCP/IP 技术，在深入搞懂互联网以后，或许，创业的时机已是恰到好处。

1995 年 4 月，他向单位递交了辞职报告。领导对此很是吃惊，他惊讶地说：“我们这里每年都有大学生分来，但从来没有辞职的，国家培养一个大学生不容易，你怎么能说走就走？”

其实，他的行为几乎遭到了所有亲戚朋友的强烈反对，其中也包括他的父母。电信局是向用户提供电话等各种通信业务的单位，不仅工资收入高，而且福利待遇好，是名副其实的“铁饭碗”。

但在丁磊的眼中，从来没有“铁饭碗”的概念，平心而论，他并不喜欢电信局的工作环境，每天按部就班地上班下班，让他看不到创新和发展，或许，他在这里唯一的乐趣便是编写程序，钻研新技术，他认为这里是接受新信息最快的单位。

只是他的乐趣并不被领导和同事理解，他们说程序可以花钱买，没必要亲力亲为，他们说丁磊提出的许多技术革新建议，是没有意义的好高骛远……一盆又一盆冷水浇下，他的热情逐渐转为难尽其才的苦恼，他渴望着适合自己的土壤，用以安放一身的抱负与才华。

丁磊这样说：“一个人应该关心自己的成长，在一个岗位上学到些什么，而不是一些别的什么事情。”这一次，他去意已决，他要离开这个消磨意志的“好地方”，去市场经济的浪潮中打拼自己的天地。

单位领导看他如此，自知挽留不住，便说不能辞职，只能除名。于是，他被除名了，他就这样离开了工作两年的单位，离开了父母家乡，只身南下寻找创业机会。

这是怎样的勇敢和魄力！开除自己，勇敢跨越人生的分水岭，这样的决定着实让人感叹：正是他这样勇敢的一小步，成就了他人生的一大步，也成就了国内 IT 界的一大步！

后来，丁磊这样描述自己离开宁波电信局的举动：这是我第一次开除自己。人的一生总会面临很多机遇，但机遇是有代价的。有没有勇气迈出第一步，往往是人生的分水岭。

是的，机遇是留给勇敢之人的。一墙之隔，国内多了与搜狐、新浪三足鼎立的门户网站；一念之差，国内多了一个免费邮箱开发巨头；一步之遥，富豪榜多了一个精英企业家！

2. 网易公司的问世

多少人背井离乡，商场浮沉，为的是功成名就。阿基米德说，给我一个支点，我便能撬动整个地球。只是话好说，支点不好找，漂泊在外的游子并没有那么容易成功，他们会孤独、会想家，这时候，梦想便成了心灵全部的支撑。

从宁波电信局辞职后，丁磊去了广州。初到新鲜的城市，他并没有急着创业，而是去了人才市场。那些日子，他深刻体会到了理想与现实的差距，本着先图生存、后谋发展的原则，他想要先熟悉广州各方面的环境，站稳脚跟。

1995年5月，他被一家叫做Sybase的外企录用，担任技术支持工程师。Sybase是做软件的，属于美国数据库软件公司赛贝斯的广州分公司，规模并不大，只有二十几个人。

凭借多年来积累的技术优势，他很快便从公司脱颖而出，成为骨干人物，几乎包揽了公司所有的技术工作。只是，一段时间后，他发现自己整天就是安装设备和调试数据库，工作范围太过狭窄。

原来，外企的工作也是这般机械沉闷，没有多少乐趣可言。渐渐地，如此单调重复的工作令他压抑苦闷，他要离开这里，因为重复性是对创造性的一种压制。

1996 年，丁磊再次跳槽，这一次，他选择了一家刚刚成立的民营 ISP 公司——飞捷公司。ISP 是 Internet 服务提供商，即向用户提供互联网接入和信息服务的单位，包括互联网接入提供商（IAP）和互联网内容提供商（ICP）。

其实，他选择飞捷的原因很简单——公司开展的业务与他感兴趣的互联网关系紧密。当时，他满怀欣喜地认为，飞捷发展前景广阔，势必对国内互联网产生影响，于是，他毫不犹豫地投入它的怀抱。

他在飞捷的职位是总经理技术助理，全面负责技术事务。可以说，在飞捷的日子，是他工作以来最充实的岁月，如梦如幻的互联网终于成为工作中的直接部分，他很喜欢，也很珍惜。另外，在这里，他还做了许多网易创立前身要做的事情，比如开设 BBS。

大抵是受“火腿”BBS 的启发，他在 ChinaNet 上开设了名为“火鸟”的 BBS。当时，BBS 开始走入公众视线，北京的“水木清华”、深圳的“一往情深”、广州的飞捷“火鸟”……这些人气鼎盛的 BBS 上，汇集了大批网友，丁磊在上面结识了许多朋友，其中不乏中国互联网的开拓精英们。

陈磊华、周卓林、李伟斌、何国勇、杨震霆、姚佳年、姚鸿、欧胜、陈仲文……他们都是飞捷 BBS 的常客，后来，他们中的许多人成了网易的骨干成员，比如陈磊华和周卓林，一个编写了免费邮箱软件，一个成了网易的创始人。当然，其他人在 IT 界也是混得风生水起，比如李伟斌成了 163.net 的总经理，比如姚鸿和欧胜合伙创办了中文热讯。

这群年轻人，因为互联网结缘，他们都热爱着这个行业，用热情和梦想构建着强大的舞台。交流让舞台更充盈，对他们来说，飞捷 BBS 是沟通的桥梁，而丁磊是互联网的传播者，不停挖掘着其中的潜在能量。

后来，广州电信发现飞捷公司盈利水平不错之后，也开始涉足 ISP 业务。其实，电信的 Internet 服务并不专业，速度也只有飞捷的二分之一，但裁判兼职运动员，飞捷的日子开始不好过，单单昂贵的电信收费，几乎导致飞捷 ISP 无法生存。

但丁磊并没有放弃，他觉得肯定还有与电信公司竞争的方法，并向老板提出了自己的想法，但老板拒绝了。就这样，他实在不忍看着飞捷的发展走向极端，最终选择了离开。

经历三次跳槽后，丁磊很是矛盾——继续找工作还是独立创业？在广州，许多年轻人都在积极开公司创业，置身于这样的大环境里，他的创业激情势头更劲。这一次，他用了五天时间思考自己的前程，虽然如今互联网行业的赢利模式仍不明显，但他觉得时机已到。

其实，丁磊对互联网的现状和发展前景很是明晰：第一，市场空白点很多，机会很多；第二，用户不多，使用不是很方便。走在创业的路上，机遇往往与许多意想不到的困难并存，比如丁磊要创立自己的互联网公司，首先就要向用户提供互联网服务，这其中最大的难题便是服务器的放置平台。

没有好平台，就没有大发展，他将目标锁定广州电信局，他相信，凭借自己在宁波电信局的工作经验，一定能够说服他们。只是，怎样才能免费将服务器架设到广州电信局的机房呢，这是一个问题，为此他费尽心机。

1997 年 5 月，他给广州电信局数据分局局长张静君打了电话，表示自己可以为 ChinaNet 做点有意义的事情，希望能够与他详细面谈。第二天一早，他便来到了张静君局长的办公室，一番交谈后，张局长对这个有才气、有梦想、有激情的年轻人很感兴趣，便让他递交一个完整的书面方案。

几天以后，内容翔实的建议方案新鲜出炉了，题目叫做《丰富和发展 ChinaNet》。他在方案中指出，现在国内 ChinaNet 的一大问题便是服务太少，这样无法吸引用户，更没有办法留住用户。因此，网络的世界要实现本土化，要有吸引网民的免费服务，这些服务，网易可以提供。

这是一个双赢的方案，网易可以通过免费服务聚拢网站人气，增加用户注册量和浏览量，而对于根据网民上网时间收费的电信局来说，这无疑增加了其收入。丁磊的建议书写了整整五六页，这是他很是引以为豪的方案，他有信心打动任何一个电信局。

不出所料，广州电信局数据分局一致通过了他的方案，并且，局里不仅为他提供了服务器和网络带宽，还专门在数据分局二楼为他准备了 8 平方米的办公室，这便是网易公司的前身——网易工作室。

就这样，丁磊在 ChinaNet 上成功架设了他的免费 BBS 服务。刚开始的时候，电信局为他免费托管服务器，后来，他开始每个月交一定的使用费，尽管如此，他觉得一切都是值得的，因为网易的免费策略让更多网络服务商看到了免费的重要性。

（网易博客 logo）

1997 年 6 月，他去了工商局注册登记，网易公司正式成立，注册资金 50 万元。这是他的全部积蓄，本想用作在广州买房安家之用，但他全部拿了出来，作为公司的启动资金，正式开始公司化运作。

网易，Netease，这个看似简单的名字蕴涵着深层次的意味。“网”是指互联网，“易”乃容易，1997 年前后，国内上网有着很大的局限性，不仅上网困难、速度缓慢，费用还特别昂贵，对于广大中国人来说，上网依旧是一件极其奢侈的事，而丁磊想做的，便是将奢侈变得轻易，让中国人上网变得轻松容易。

后来，他还从《周易》的角度对“网易”的名字作了进一步的诠释。《易经》之中，“易”乃变化之意。生生不息，穷尽一切变化，丁磊希望，无论风云怎样变幻，无论时代如何变迁，网易都能在历史的考验中穿越风雨，博古今之变。

浮浮沉沉，起起落落，莫过于一个“易”字。或许，丁磊早已看透，网络时代要在不断的震荡和变化中转型前进，这个富有民族文化色彩的名字，为网易披上了睿智的面纱，代表着本土的企业文化。

丁磊感叹道：“1995 年我辞职到了广州，1997 年在广州创办网易，支撑我的信念只不过都是对互联网未来的一种信任感而已。”是的，正是凭着这股信念，他投入了全部的资金，正是凭着这股信念，他每天都要在网上泡十几个小时，浏览国内外的网站，学习他们的特色，一点点累积经验。

因为“火腿”BBS 的启发，再加上飞捷“火鸟”BBS 的实操经验和影响力，网易 BBS 上线 3 个月，人数便超过了“一往情深”。正所谓“北有清华，南有网易”，网易 BBS 的人气只能用“爆表”俩字形容，这为以后虚拟社区的转型打下了坚实的基础。

其实，网易架设在广州电信局的服务器是丁磊花费两万块钱组装的奔腾 PRO，硬盘容量 18G，在当时已算最大容量。那时候，网易的网站界面只有 3 页，加上图片大小也不过 1M，那么，这么大的硬盘用来做什么呢？丁磊以为，反正闲着也是闲着，那就把资源拿出来让用户们免费使用吧！

于是，网易做了一个重大决定——免费向每个网友提供 20M 的个人主页空间！对于用户来说，免费主页有着很大的吸引力，当时国内可以提供个人主页项目的网站是很少的，更别提免费一事。另外，丁磊为了更好地方便用户，还专门做了个人主页服务系统，其中包括计数器、留言簿等一系列人性化功能，强大稳定，速度还很快。

只是，虽然他的出发点是好的，但在网易刚刚推出免费个人主页服务时，并没有想象中的那么受人欢迎，一是因为大家并不了解这个项目，二是网易的知名度不够，用户并没有充分的信心。

看着有些冷清的网页界面，丁磊有些着急了，但是他并没有放弃，这个敢做敢拼的创业者决定主动出击：既然客户不来找我，那我就主动寻找客户！

于是，他开始在各大网站上四处寻找，每每发现不错的个人主页，他都会发邮件宣传网易可以提供更加丰富多彩的主页空间，他满怀激情地写道："如果你觉得网易的空间大，速度快，就快来这里吧！"

只是，一个人的努力总是渺茫的。虽然他一直在不遗余力地寻找用户，虽然网易的服务系统更具优势，但一对一的寻找，就如同网海捞针，真正回应的网友并没有很多。

他想到了广告，决定利用媒体的力量牵一动百。是的，在新产品或新服务推出时，最有效的推广方式便是宣传。丁磊花费了 3 个月的时间选出了国内 5 个主力站点做广告，又借助北京在线、瀛海威、中网等媒体力量，总共投入了几万元资金。

这一次，他终于达到了预期的效果，两万多网友纷纷来网易申请免费个人主页，占国内总网民人数的 20%，甚至还有许多外国网民也申请了网易的免费个人主页。

花钱搞免费的主业服务，哪有人愿意做这种"傻事"，但丁磊做了，并且做得干脆利落。当有人问他，为什么网易要将钱投入到不赚钱的主页空间上？他是这样回答的：

"如果我当初就考虑到做站点如何赚钱，可能就把路走错了。我受 Linux 的影响很深，觉得服务就应该是免费的。根本没有想到网站今后会有收益，我只是想硬盘闲着也是闲着，不如拿出来给大家用。我的目的就是想让网易变得出名一些吧。但没想到后来会这么出名，更没想到靠出名还能吸引广告赚钱。我们当初一直致力于写 Internet 上的软件，一心想着怎样靠技术赚钱。”

这就是所谓的无心插柳柳成荫吧，免费的个人主页服务让网易名声大噪，在网易的发展史上划下了浓厚的一笔。

当然，免费是有代价的。成立初期，网易只有成本投入，没有利润产出，丁磊只能靠写软件、卖软件来维持公司正常运转。其实，当时的网易更像一个软件公司，在丁磊的带领下，所有员工都在没日没夜地写软件，靠互联网系统赚钱。

他坦率地说：“我根本不知道自己的公司未来该靠什么赚钱，只天真地以为只要写一些软件，做一些系统集成就可以了……”其实，正是他的天真和执着，让网易挺过了创业初期的艰辛，当时，他认为的互联网赢利模式就是这样简单——软件，既有利润，还无风险。

网易如今的域名为 www.netease.com。其实，在网易最初注册的时候，丁磊发现这个域名已被美国的一家公司抢先注册了，没有办法，他只能注册了 www.nease.net 和 www.nease.com 两个域名，只是对 netease 情有独钟的他，最后还是花重金将其买了下来。

网易，让上网更容易。网易的问世不止成就了丁磊，还成就了中国的万千网民。

3. 国内首家免费电子邮件服务

作为互联网最基础最古老的服务之一，我们对于电子邮箱并不陌生，它让人与人之间的书信往来实现了无纸化，使我们的沟通更加简单方便。换句话说，它已经成为工作学习生活中不可或缺的存在。

网易邮箱系统的面世

从吴为民先生通过卫星远程登录并成功发送电子邮件，到钱天白先生经由建成的电子邮箱节点向德国发出的完整句子，电子邮件可以说是我国对互联网的最早应用，开创了中国网民的先河，只是两位先生所用的电子邮箱地址，统统不属于中国。

回顾我国整个电子邮件的发展历史，其实，真正将电子邮件平民化的，是网易，是 163.net。

网易成立初期，丁磊将所有的资金和精力都放在了互联网软件的开发和应用上，当时他最看好的便是搜索引擎和免费邮箱。

关于搜索引擎，丁磊最先接触的便是美国著名的门户网站雅虎（Yahoo）。Yahoo 是由杨致远和大卫・费罗合伙创立的，杨致远是台湾人，大卫・费罗是美国人，两人皆是美国斯坦福大学工学院的研究生，因为对万维网的共同爱好走到了一起。

有一天，他们将自己喜爱的站点编成名单公布在网上，以方便网友们使用，这便是搜索引擎的来源，名字叫做“Jerry's Guide to the World Wide Web”，即通往万维网的杨致远指南。

只是，当时他们并没有想到这个不经意的举动会受到大学生们的广泛欢迎，并且还产生了轰动的效果。后来，俩人干脆放弃了毕业论文，专门从事起网络门户的构建工作，还为那些主要网站的名单起了一个正式的新名字：Yet Another Hierarchical Officious Oracle（另一层次式的正式指南）。

其实，这个新名字的首字母缩写便是 Yahoo。1995 年，杨致远放弃即将完成的博士学位，创立了雅虎公司，这就是网络搜索引擎商业化的开端。不久之后，远在中国的丁磊登录了 Yahoo，深刻体会到搜索引擎便捷魅力的他，也想要做出属于中国的搜索引擎。

于是，他带领同事们埋头苦干了一个多月，比照 Yahoo 开发出网易的第一个软件——Yeah 中文搜索引擎。只是，当时国内的中文站点太少，最多也不过 200 个，搜索引擎压根就派不上用场，最终以失败告终。

搜索引擎的梦想就这样破灭了，但丁磊并没有灰心，因为有新的商机吸引了他的全部注意力，那便是美国的 Hotmail 邮件服务系统。当时，Hotmail 在美国异常流行，网民可以直接通过系统免费收发电子邮件，快捷、安全还节约成本。

刚开始的时候，丁磊想要用 10 万美元的价格向美国购买一套 Hotmail 系统，以便在中国建立免费的邮箱站点，但是 Hotmail 拒绝了。后来，松口后的 Hotmail 又漫天要价，张口索要 280 万美元的高价，还不包含每小时 2000 美元的安装费。

如此昂贵的价格丁磊如何付得起！最终，他决定自主研发，只是，那时他并不知道，这个决定是多么的明智。

他找来了陈磊华，两人一边研究 Hotmail 的结构，一边做起中文免费邮箱。几个月以后，一套类似于 Hotmail 的“分布式免费邮箱”新鲜出炉了，这是第一个中文的电子邮箱系统，也是我国自主研发的具有独立知识产权的免费系统。

这时候，一个宏伟的蓝图正在丁磊心中构建——他要将免费邮件

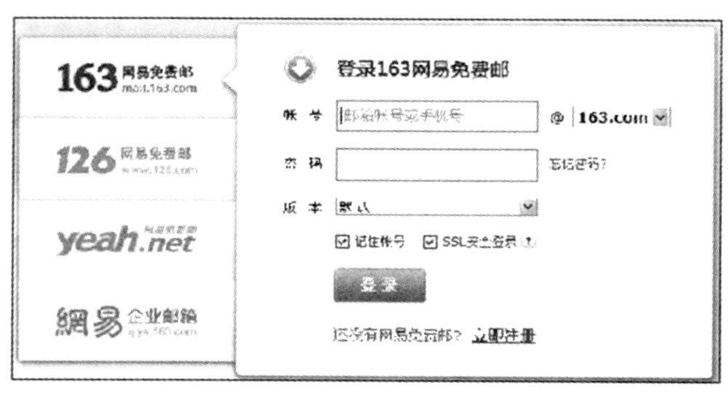

（网易邮箱登录界面）

系统同 163、263 这样的数字域名结合起来，推广到国内的千家万户。1998 年 3 月 16 日，www.163.net 正式上线运行，这是国内第一个电子邮局，真正让电子邮件实现了平民化。

这是国内首家免费电子邮件服务，是中国互联网发展史上具有符号意义的事件。当年年底，网易的免费邮件系统已经拥有了40万用户，那段日子，丁磊既是老板，又是销售员，他四处奔波兜售，几乎走遍了祖国的大江南北。

互联网是烧钱的行业，不到一年的时间，丁磊辛辛苦苦积攒下来的50万启动资金，只剩下了不到两万，如果这个软件继续无人问津的话，网易便会很难支撑维系。

但这一次，他做到了，163.net一投入市场，便换来了强烈的反响，注册的用户以每天2000多人的速度成倍增加着，年底的时候，这个只有八个人的小公司已经有了500万的利润，正是这套中文免费邮件系统让网易走进公众视线！

作为一个锲而不舍的创业者，免费是丁磊用技术赚钱的最大坚持，正是因为免费，他掘到了奋斗路上的第一桶金，赚得盆满钵满。有人说，那时的网易是最会赚钱的软件公司。是的，免费邮箱的开发，稳固了网易在互联网发展史上的地位，在丁磊的带领下，初生的网易注定有段非凡的旅程。

当时，163.net可以说是最著名的免费电子邮局。就在这一年，丁磊将网易免费邮箱系统以及163.net域名卖给了广州飞华网，后来，该品牌在几经易手后已不存在，但它却帮丁磊创造了原始积累。时至今日，网易公司在电子邮箱领域依旧有着绝对的影响力。

第一家免费电子邮箱就这样诞生上线，它的大受欢迎吸引了许多服务商，他们看中了电子邮件的发展潜质，也开始纷纷提供免费电子邮件服务。

这便是我国第一轮电子邮件普及浪潮，三年时间里，邮箱用户急速增加，新浪、搜狐、中华网等门户公司都开始涉足免费电子邮箱业务，并由此引发各大门户网站之间的电邮大战。

因为网易，因为免费，网络对于普通用户不再只是奢侈，这对网民们有着持久的吸引力。其实，免费电子邮件服务成为各大门户网站竞争焦点的原因，也正是如此，它能够持续提高用户黏度。

关于免费，163.net 上线后，网易随后又推出了免费主页、免费域名等一系列免费服务。虽然当时他们依旧没有赢利模式的概念，但丁磊却始终将服务摆在第一位。另外，在免费电子邮件销售火爆的同时，丁磊和网易的伙伴们也开始在公司网站上下功夫，他们要将公司主页做强做大。

其实，那个时候，网易的网站浏览量也开始不断增加。有一天，有人告诉丁磊，开始有人想在互联网上做广告了。这是怎样的转变！三年以前，马云为了互联网广告四处奔波，磨破了多少嘴皮子也不过换来骗子的骂名，三年以后，先驱们的努力终于见了成效，中国网民开始相信互联网的魅力，并愿意为之埋单。

当国外的一个网络门户的老板告诉丁磊他们一个月的广告收入高达 25 万美元时，他的第一反应便是不可思议，第二反应则是心动。网络如此流行，网民渐渐增多，连一直脚踏实地做技术的丁磊也逐渐意识到，网络广告才是互联网站最有前途的收入。

1998 年是不平凡的一年，注定要在中国互联网发展史上划下浓重的笔墨。这一年，四通利方并购了海外最大的华人网站“华源资讯”，“新浪网”正式成立；这一年，搜狐网站创始人张朝阳也开始向门户网站看齐，在分类查询搜索引擎上增加了新闻及其内容频道；这一年，网易也开始向门户变脸，推出了一个和 AOL（美国在线）类似的门户网站。

或许，这便是丁磊的魄力，在没有任何外部资金介入的条件下，他将卖软件积累的资金全部投入到门户网站的改版建设。当然，改版后的网易主页，可以说是焕然一新，不仅有时事、影视、游戏、社会、文化、体育、休闲、电视网络、财经、科学十大模块，还包括今日要闻、虚拟社区等特色栏目，内容极其丰富。

网易改版短短一个月的时间里，网站访问量便开始激增，基本每天都有 10 万人登录网易，获取资讯信息。据统计，仅这一年的最后 4 个月，网易门户的广告销售额便达到了 10 多万美元。当然，这只是个开端，1999 年，网易的广告收入已达到了 200 万美元。

1998 年 7 月，中国互联网信息中心（CNNIC）投票评选出十佳中文网站，网易以最高票选喜获第一。只是，在丁磊眼里，一切都如做梦一般，他从未想过，靠开发软件维持运行的网易竟然会跻身中文网站门户前三甲。

或许，这是对网易以往免费的回馈。从免费邮箱、免费域名再到免费主页，免费为门户网站吸引了一大批最铁杆的支持者，每当有新人加入网络的世界，这些铁杆粉便开始大力推荐："上网易看一看吧。我在那里还做了一个个人主页呢！"

当然，新鲜事物并不能时时保鲜，免费也是如此。随着电子邮箱的迅速普及，这项免费服务的吸引力也开始逐渐减弱，不断探讨互联网赢利模式的各大门户网站，开始想要将电子邮件业务转换成重大的利润增长点，一时间，邮箱行业变得分外热闹。

那是在 2001 年，中国门户网站巨头之一的新浪网正式发售收费邮箱，并且为了让用户埋单，他们还将 50M 容量的免费邮箱降到了 5M，这直接引发了不少用户的抗议，业界人士也开始了"收费还是免费"的讨论热潮。

2002 年 3 月，拥有两千多万用户的 263 直接停掉免费邮箱服务，开始全面推行收费邮箱。只是，随后两个月的时间内，263 邮箱的使用人数便锐减至 59 万，仅相当于收费前的 3%。9 月，网易推出了 200M 容量的收费邮箱，这是当时的最大容量，但他们并没有就此砍掉 25M 的免费邮箱服务。

电子邮箱收费战一直持续了四年之久。在这场角逐之中，邮箱服务商各显神通，使我国的用户们出现了多次大规模免费邮箱更换潮。比如 263 拒绝提供免费邮箱服务时，迅速反应的新浪网借机推出便捷服务通道，以吸引 263 邮箱的原始用户到新浪免费邮箱。

只是，谁才是这场竞争战的真正赢家呢？答案是网易。艾瑞提供的报告显示，2005 年，网易以 50% 左右的市场占有率取得绝对优势，免费邮箱依旧是行业发展之趋势。

“收费门”后期，拉锯战俨然转成了容量的较量。那几年，经过多次升级，各大运营商旗下的邮箱容量先后从 25M 扩大到 100M、500M，直至 2004 年，网易邮箱宣布进入 G 时代，网易公司的 163 免费邮箱全面升级至 1500M，这大大提高了电邮行业的进入门槛。

另外，网易还凭借遥遥领先的用户量，推出了新的电子邮局——126 免费邮，它结合收费的 VIP 邮箱，将电邮行业带入分品牌时代。

2005 年 3 月，腾讯宣布收购 Foxmail，正式推出 QQ 邮箱。作为国内最大的聊天工具，QQ 有着过亿的用户，而 QQ 邮箱直接同 QQ 号码进行绑定，使其一举成为拥有上亿用户的邮箱大户。

2006 年 5 月，雅虎推出 3.5G 容量并带 20M 附件的邮箱，6 月，网易邮箱再次实现升级，扩容至 3G 并带 20M 附件。这是电子邮箱市场的又一次大规模改革，给互联网带来巨大的震撼，并推动邮箱市场新标准的形成。

在网络的世界，从来不缺少变革与震撼。2007 年 9 月，网易对旗下所有邮件系统进行了大规模升级，推出容量无限的免费邮箱。这又是一大突破，再次引发行业震动；2007 年 12 月，QQ 邮箱扩容至 2G，附件容量也通过文件中转站率先提升至 1G，使其成为国内市场有可能与网易邮箱竞争的一大产品。

如今，经过十几年的竞争，邮箱市场格局基本已成：旗下拥有 163、126、188、Yeah 等多个品牌的网易邮箱，无疑是邮箱行业当之无愧的老大哥，无论在免费邮箱领域还是收费邮箱市场，网易皆是遥遥领先；而雅虎则是紧随其后，它联合了阿里巴巴及各网游商，以超越网易为目标；另外，作为后起之秀的 QQ 邮箱，以其 3 亿用户的强大后盾稳居总用户量第一名。

从网易开始国内首家免费电子邮件服务，到如今三足鼎立局面形成，中国一跃成为世界上 Email 账号最多的国家，网易、雅虎、腾讯三大公司邮件技术的发展水准，直接影响到中国的所有互联网用户。

电子邮件的发展如同一面镜子，折射出我国网络运营的种种发展历程。如今，网络的便利已经汇集日常生活的方方面面，但请不要遗忘曾经的每一步，正是那看似不起眼的突破与创新，形成了这样立体的、全方位的通信网络。

第三章 企鹅帝国 1999

QQ 成了最时髦的聊天工具

目光聚焦 1999 年，对于腾讯来说，这是与众不同的一年，对于整个互联网行业来说，这也是非凡的一年，腾讯 QQ 企鹅的横空出世，成就了这多年的大大传奇。

在通往成功的路上，挫折与磨难总是不可避免。马化腾以他的冷静与机智，解决了创业途中的种种难题。岁月如河，只有真正闪光的金子才会在河水中越洗越亮，任凭光阴流逝，在每一个时代都会熠熠生辉。

1. 中国的比尔·盖茨

互联网的迅猛发展成就了一批有梦想、敢追求的企业家，他们是睿智的 IT 精英，意气风发地走在时代的前沿。只是，领跑人总是惹人关注的，多年以来，关于他们的争论一直喋喋不休——到底谁才是中国的比尔·盖茨？

比尔·盖茨这个名字我们都不陌生，这个传奇人物被无数人津津乐道。他是科技天才，13 岁开始编程，并预言自己会在 25 岁成为百万富翁；他是商业奇才，使微软成为全球最大的电脑软件提供商；他是一个神话，在 31 岁便成为世界首富，并连续 13 年登上《福布斯》全球亿万富豪榜首位置。

比尔·盖茨是一个低调却耀眼的人，就如同夜空中璀璨的明珠，在不经意间便绚烂了整个 IT 界。1975 年，他与朋友合伙创建微软公司，并用独特的眼光和管理方式，使其不断壮大，又始终保持活力。

1987 年，比尔·盖茨正式荣登《福布斯》400 个美国最富人名单，成为世界上最年轻的依靠自己致富的亿万富翁，那时他还未满 32 岁。当时，他的个人财产达到 12.5 亿美元，比前一年足足增加了 9 个亿。

1995 年，他荣升《福布斯》世界首富，并一直蝉联到 2007 年。2008 年 6 月 27 日，他正式宣布退出微软公司，并将 580 亿美元的个人财产捐到比尔和梅琳达·盖茨基金会。他如是说："我不能再挡道了，我离开后，会有人填补我留下的空白。"

这就是 IT 界的传奇人物比尔·盖茨，他引领了一个时代。纵观富豪榜，其实也不乏年轻的科技权贵们，只是没有谁可以像他这样持久。

1999 年，Yahoo 的创始人杨致远和大卫·费罗都成了亿万富翁，那时他们的年龄是 30 岁和 32 岁，与比尔·盖茨上榜时间相差无几。但是到了 2001 年和 2002 年，两人的财富都大量缩水，虽然 2003 年有所回升，却再也没有达到过 2000 年的 60 亿美元。

如今，比尔·盖茨渐渐淡出公众视线，但他依旧是微软最大的股东。2014 年 2 月，他还以 4100 亿元人民币的资产额名列 2014 胡润全球富豪榜首富，这个首屈一指的人物，始终未输给任何人。

盖茨隐退后，外界公众和媒体便开始关注 IT 界的其他亿万富翁们。下一个比尔·盖茨会是谁？谁能替代他的位置？ 2010 年，《福布斯》杂志分析了 8 位 IT 界 40 岁以下的亿万富翁，看看他们究竟谁能赶超比尔·盖茨。

马克·扎克伯格（Mark Zuckerberg）、田中良和（Yoshikazu Tanaka）、谢尔盖·布林（Sergey Brin）、拉里·佩奇（Larry Page）、陈天桥、丁磊、马化腾、张志东，在这 8 个人中，3 位来自美国，1 位来自日本，而其他 4 人全部来自中国。

马克·扎克伯格是知名社交网站 Facebook 的首席执行官。2004 年初，从哈佛大学辍学的他创建了 Facebook，短短四年的时间，他将 Facebook 做成家喻户晓的社交网站，并因此首次进入亿万富翁榜。这一年，他不过 23 岁，是世界上最年轻的亿万富翁。

据雅虎公司估计，2015 年 Facebook 的美国注册用户将达到 5250 万，其中 60% 的年轻人都会使用该网站。另外，今年 Facebook 的营收收入有望达到 18.6 亿美元，仅广告收入就可能有 10 亿美元。

有人说，扎克伯格是乳臭未干的"盖茨第二"，但这个意气风发的年轻人并不喜欢这个称号，他如是说：

“我们是私营的公司，没有义务对外披露公司股权结构。对于前辈比尔·盖茨，我个人相当尊敬，他也是 IT 业界的成功典范。如果外界非要给我加上‘盖茨第二’的帽子，这是你们的一厢情愿。我为什么要成为比尔·盖茨呢？微软靠的是 Windows 和 Office 发家，承载我梦想的是互联网，更具体说是 Facebook。”

对于前辈，他是颇为尊敬的，但这个坚持自己的风云人物，自然不喜欢活在别人的身影之下。

田中良和是继扎克伯格之后的第二年轻的亿万富翁。他白手起家，是日本社交网站 Gree 的创始人兼首席执行官。Gree 是主要从事 SNS 游戏开发的互联网公司，在他的带领下，公司营业利润迅速增长，仅 2009 年上半年便超过 59 亿日元。

最开始的时候，田中良和只是索尼的一名普通员工，后来跳槽到亿万富翁三田谷浩所在的乐天公司做网上商城业务。2004 年，他从乐天辞职，创办了自己的社交网站 Gree，目前该网站拥有 1500 多万用户，主要用来购买衣服和装备定制游戏角色。

每一个成功的企业家都有自己的事业，这个亚洲最年轻的巨富，被福布斯排入日本 IT 首富，日本 40 位最富有人物中，他排名 18。只是，他对财富早已淡然，当记者问及时也不过轻描淡写地说道：“我的资产都是 Gree 的股票，并不是现金，价值也随着股价不断波动。所以我对福布斯的排名感觉平平淡淡。”

互联网蓬勃发展时，遍地皆是机会，但真正能好好把握的，是懂坚持的创新人，扎克伯格如此，田中良和如此，布林和佩奇也是如此。

谢尔盖·布林和拉里·佩奇是斯坦福大学计算机科学系的同班同学，两人因搜索引擎结识并一起创办了 Google。1998 年 9 月，布林 24 岁，佩奇 25 岁，他们在朋友的车库里创办了 Google，当时公司提供的唯一服务便是搜索引擎。

2004 年 8 月，布林和佩奇共同领导的 Google 团队创造了自己的财富神话。这一年，他们不仅发明了奇特的搜索引擎技术，还以创新的拍卖方式完成了 IPO 定价。这便是美国媒体笔下的“对华尔街的清洗”，他们成功了，世界上诞生了两个新的亿万富翁。

2008 年 7 月，英国《卫报》将两人共同评选为“英国媒体最具权力 100 人”排行榜榜首；2009 年 11 月，《福布斯》又将他们共同列为 2009 年全球最具权力人物排行第五名。这对好朋友兼合伙人，用搜索引擎征服了世界！

拉里·佩奇如是说：“突破性的创意就在身边，但是我们大多数人却不去冒险尝试。”是的，因为创新，Google 有了 Gmail、谷歌地图等众多炙手可热的新产品，因为创新，Google 一直保持着活力和竞争力。

有人说，当今 IT 界中年轻的亿万富翁中，只有谢尔盖·布林和拉里·佩奇最有可能超过比尔·盖茨。2009 年，比尔·盖茨身家 500 亿美元，而布林和佩奇每个人的财富都有 153 亿美元，并列世界最富人第 26 名。这几年，他们的财富一直在增长，到了 2014 年，两人在福布斯全球亿万富豪榜已分别上升至 19 位和 17 位。

说罢国外的 IT 精英，让我们把视线聚焦国内，丁磊、陈天桥、马化腾、张志东，全球八个 40 岁以下的 IT 界亿万富翁中，中国占了一半，我国互联网行业，可谓富豪云集、人才济济！

网易掌门人丁磊也是一个商业传奇。从创办网易到身价逾亿，他用了四年时间，从白手起家到中国首富，他用了七年时间，从免费电子邮件到大话西游等网络游戏，他成就了丁磊传奇，也创造了丁磊速度，他的影响力，在 IT 界实至名归。

陈天桥，盛大网络董事长兼首席执行官。他是中国网络游戏的奠基人和领路人，缔造了一个又一个网游神话。1999 年，陈天桥与朋友一起创办了中国盛大网络娱乐股份有限公司，做起卡通网站业务；2001 年，盛大网络正式进军互动娱乐，先后代理运营了《传奇》《疯狂坦克》等多款大型网络游戏。

曾经的盛大网络，是中国互动娱乐产业的领路人，其影响力遍布国内乃至全球，陈天桥也因此荣获“中国游戏产业最具影响力人物奖”等诸多殊荣。他动情地说：“在 31 岁有媒体说我是中国首富的时候，我选择继续在文化娱乐产业道路上走下去。”

只是，成也传奇，败也传奇，如今的盛大网络似乎已经从中国一线互联网中消失。2012 年以来，盛大游戏营收开始出现负增长，根据数据排名，国内游戏行业的前三名，早已不见盛大的身影。

十年前，他在《福布斯》上说过这样一句话：“作为中国企业家，我非常敬重比尔·盖茨，但是我想成为中国的陈天桥，而不是中国的比尔·盖茨。”十年后，曾经的意气风发连同盛大一起黯然失色，在这场互联网的角逐之中出局。

没有进步，便只能等着被人超越，嚣张而低调的陈天桥，用惨痛的经历给自己上了一课。但是，在这浩瀚的互联网时代，有两个人一直在追寻、创新，那便是腾讯的两个创始人马化腾、张志东。

1998 年，马化腾、张志东以及其他几个合伙人一起创办了深圳市腾讯计算机系统有限公司；1999 年，腾讯正式推出 OICQ99 beta build 0210，这便是 QQ 的前身。小 QQ，大帝国，可爱的企鹅成了最时髦的聊天工具。

尊敬的 QQ 用户：

就在 2010 年 3 月 5 日 19 时 52 分 58 秒，腾讯 QQ 同时在线用户数突破 1 亿。感谢有您，和我们共同见证一个“亿时代”的到来！

在这个激动人心的时刻，腾讯公司全体员工向您——多年来一直与我们相伴的网友们表示最衷心的感谢。从 1999 年 QQ 发布第一个版本到今天，我们已经一起走过 11 个年头。这 11 年里，我们曾面对许多的困难和挑战，感谢您的陪伴，让我们不寂寞；感谢您的期待，让我们不懈怠；感谢您的信赖，支撑着我们一路走来。

……

腾讯公司全体员工

2010 年 3 月 5 日

这是腾讯的首席执行官马化腾写给 QQ 用户的感谢信。2010 年注定是不平凡的一年，根据艾瑞咨询发布的《2010–2011 年中国即时通讯年度监测报告》，在即时通讯市场份额中，腾讯 QQ 占了 76.2%，总有效运行时间占比 87.6%，居绝对垄断地位。

如今的腾讯，已经发展成为国内综合最大的一站式在线生活：QQ、QQ 空间、QQ 邮箱、QQ 音乐、腾讯网、腾讯游戏、腾讯团购、无线门户、搜搜、拍拍、财付通……这么多方便快捷的服务，你用了几个，不知不觉中，腾讯已经融入了我们的生活。

因为腾讯，马化腾和张志东的财富路也走得越发宽广。2009 年，腾讯入选《财富》“全球最受尊敬 50 家公司”，CEO 马化腾以 334.2 亿人民币的身家位列“2010 新财富 500 富人榜”第 5 名，2010 年，张志东也以 122 亿的身价位列福布斯富豪榜第 45 名。

2013 年 3 月，《福布斯》在纽约发布全球亿万富豪榜，马化腾以 68 亿美元的身价成为广东新首富。同年 7 月，马化腾以 467 亿元财富问鼎中国家族财富榜首富。

无论是丁磊、张天桥，还是马化腾、张志东，每个人都有自己的传奇人生，他们的经历和魄力都是不可复制的。但是，如果他们想要赶超比尔·盖茨，仍然有很长的路要走。

谁能成为中国的互联网之王？是他们四人，还是马云、雷军、李彦宏等人？其实，现在尚且不能盖棺定论，且看未来谁与争锋。

此时，就让我们将目光聚焦 1999 年。对于腾讯来说，这是与众不同的一年，对于整个互联网行业来说，这也是非凡的一年，腾讯企鹅的横空出世，成就了这么多年的大大传奇！

2. 小小 QQ 里的大大传奇

在互联网刚刚踏入中华大地的时候，对于很多人来说，它是一种高端的技术，只掌握在少数人手中，即便是对那些少数人来说，互联网也是一种奢侈品。

今天的我们，之所以能够随心所欲地驾驭网络，与多年前的互联网先驱们的努力是密切相关的。

马化腾是广东人，从中学时代开始在深圳读书。深圳是中国开放最早的城市之一，时代的气息在这座城市里激烈地碰撞着，新思想、新观念、新技术，每一朵时代的浪花，都撞击着马化腾的心灵。

1993 年，马化腾从深圳大学本科毕业。他的毕业作品是一个“股票分析系统”，一时间引起了不小的轰动。很快，一家公司便主动找到马化腾，希望能买下这个系统。那时他还只是一个未涉世事的大学毕业生，不知道自己的作品价值多少钱，聪明如他，直接让对方报价。没想到，那家公司竟报出了 50000 元的高价。

毕业后，马化腾曾在中国电信服务和产品供应商深圳润迅通讯发展有限公司任职，主管互联网传呼系统的研究开发工作。这些经验，为他创建腾讯公司积累了重要的经验。

正所谓“时势造英雄”，一个人的成功，与他所生活的时代背景总是息息相关的。马化腾初入社会的那几年，恰逢 ICQ 发展得如火如荼。当马化腾第一次接触到 ICQ 的时候，就感受到了这个小小软件的巨大能量。后来他曾说：“一接触这个软件，我就知道它的奥妙。因为这与我当初所设想的 IM 工具（Instant Messenger 的简称，即‘实时信息’）完全吻合。在中国互联网这片广阔天地中，一定会有它的用武之地，所以我当时就产生了推动它在中国 IM 领域发展的念头。”

ICQ 于 1996 年 11 月面世，是 Mirabilis 公司推出了一款即时通讯软件，其含义为“I Seek You”，也就是“我在找你”。这款软件一经推出，立即引发了全球范围的响应，很快，在世界各地，ICQ 都拥有了自己的大批用户，在中国，甚至占到了 80%。

ICQ 给马化腾带来了灵感。他觉得，可以将传统的传呼产品和 IM 联系起来，经过一番思考与准备，1998 年，马化腾和好朋友张志东注册成立了“深圳市腾讯计算机系统有限公司”。

马化腾的名字里有一个“腾”字，这也是“腾讯”第一个字的来源。另外，这个“腾”字也有“万马奔腾”的意思。至于“讯”字，一方面是马化腾对润讯公司的敬意，毕竟润讯给了他丰富的历练与经验，另一方面是追随当时互联网行业的主流名称。

无论是对马化腾来说，还是对世界的互联网发展来说，1998 年都是个不平常的年份。这一年，软件巨头微软发布了 windows98 操作系统，受到了广大用户的热烈欢迎。与此同时，美国的网络门户之间的火药味儿也越来越浓，各大互联网公司如 YAHOO、AOL、微软、EXCITE 都展开了激烈的鏖战。这种景象，似乎是对中国互联网行业前景的一种预示。

1999 年 2 月，腾讯公司推出了一款类似于 ICQ 的即时通讯软件。这款软件弥补了 ICQ 的信息只能存储在用户终端的不足，比 ICQ 更适合中国人使用。毕竟，那时候很多人上网都只能在网吧里，如果信息只能存储在终端，一更换电脑，所有信息就都找不到了。

该软件还有一个独创的离线消息功能，解决了 ICQ 无法与不在线好友沟通的难题，运用腾讯的即时通讯软件，无论好友在线与否，都可进行实时沟通或在线留言。

另外，他们还突破了 ICQ 的熟人限制。当时，中国的网民并没有很多，运用 ICQ 软件的人更是少之又少的，因此，那些想要用 ICQ 聊天的人可能压根儿就找不到小伙伴。但是，腾讯的新软件充分考虑了这个问题，它增加了陌生人聊天功能，只要通过在线用户列表，用户们便可以随意选择聊天对象，这大大扩大了用户的交友范围。

他们为这款全新的软件命名为“OICQ”（即后来的 QQ），意为“Opening I seek you”，也就是“开放的 ICQ”。只是，马化腾却万万没有想到，“OICQ”这个简单的名字里，竟然隐藏着一场祸事。

OICQ 全部采用中文界面，是完全为中国人量身定做的通讯软件，操作起来非常方便容易。由于我国的网友大多是思维活跃的年轻人，为了迎合他们的需求，马化腾将一些开创性的娱乐功能附加在 OICQ 上，比如生动有趣的个性化头像，这为原本有些枯燥的聊天加入了不一样的色彩和生趣。

这是一款倾注了马化腾无数心血的产物，是腾讯的希望，为了彰显其活泼形象，他们用一只娇小可爱的企鹅来作为 OICQ 的标志，英文中的“cute”与“Q”谐音，所以用这个可爱的小企鹅做标志非常合适。

只是，软件虽然做出来了，但并没有受到太大的关注。或许，新产

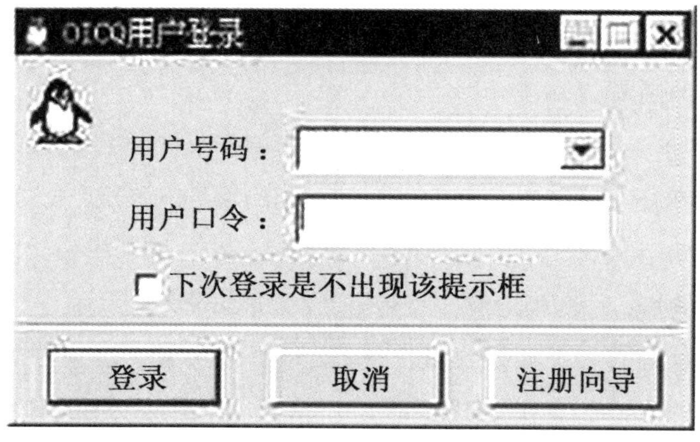

（OICQ 登录界面）

品上市总要经历这样的冷遇，马化腾并没有因此怀疑自己的软件，他不

断奔波着，在一次次宣传中积极开拓市场，寻找推销 OICQ 的有效途径。

1999 年的 5 月，马化腾经过一番深思熟虑后，毅然将 OICQ 挂在了网上，供用户免费下载使用。

一时间，OICQ 如同一枚重磅炸弹，在当时的互联网中炸响了。OICQ 很快拥有了众多用户，甚至跻身于时尚领域，成了年轻人最时髦的聊天工具。

当时，腾讯只有一名程序员，他每天的主要工作便是优化 OICQ 的服务器程序，使它的容量变得更大，今天 1000 人的容量，过两天可能就容不下了，程序员便会修改到 1200，过两天再继续修改到 1400、1600、2000……

后来，OICQ 的用户增长实在太快，腾讯自己的服务器根本就跟不上节奏，迫不得已，马化腾只能不断寻找新的服务器托管。1999 年 11 月，网络小说《第一次亲密接触》出版，这是国内第一本网络畅销小说，好巧的是，故事的主人公便是通过 OICQ 相识相知相爱。

或许，这就是趋势，少男少女的浪漫爱情打动了无数人，也让更多人疯狂下载 OICQ。那时网吧刚刚兴起，在年轻人眼里，去网吧上网是时尚，用 OICQ 聊天是潮流，这款便捷好用的即时通信工具就这样走向社会，替代了 ICQ 和 BBS。

然而好景不长，接踵而来的是一场从天而降的官司。当时间的指针拨到 21 世纪，OICQ 已经基本占领了中国在线即时通讯 100% 的市场，小小的企鹅已经发展成了一个强大的帝国。“OICQ”与“ICQ”只差一个字母，难免有模仿的嫌疑。AOL 公司得知有个中国人做了一个“OICQ”并发展得如火如荼甚至抢了他们很多用户的时候，觉得非常不爽，认为腾讯公司侵犯了自己的权利，因为“ICQ”是他们的注册商标。

1999 年 8 月，AOL 给腾讯公司发来了一封律师函，直指其侵犯了 ICQ 的知识产权，要求将“OICQ”改名。9 月，AOL 又发来起诉书，声称腾讯公司注册的域名 oicq.com 和 oicq.net 严重侵权，要求腾讯免费将这两个域名转让给他们。2000 年 3 月，AOL 又向美国明尼苏达州的最高仲裁论坛（NAF）递交了 OICQ 两个域名的相关争议书。

突如其来的跨国官司让马化腾很是吃惊：国内这样类似的取名方式可谓比比皆是，怎么到了美国就成侵权了呢？

他找到美国的一家技术信息服务公司 IDG 帮忙应诉，IDG 熟悉美国法律，便以 AOL 并未在美国或中国境内注册“OICQ”为由进行答辩，主张腾讯没有侵犯知识产权。

当然，AOL 并没有就此停止动作，开始控诉腾讯公司恶意注册——用“OICQ”来代替“OICQ”，即用数字“0”代替英文字母“o”。腾讯公司也未示弱，用 AOL 在诉讼之前恶意注册“oicq.org”从容应对，并附加时间佐证。

只是，不知是州级保护还是别的其他原因，最后腾讯公司还是在这场官司中败诉，不仅赔偿了对方一定金额的费用，还不得不改名。

那时，很多人非常喜欢用 OICQ，并在网络上亲昵地称其为“QQ”，这也引起了马化腾的注意。最后，他决定将这个可爱的“乳名”改为这款软件的“全名”，影响至今的 QQ 便正式问世。

2000 年 4 月，腾讯公司正式将 OICQ 改名为 QQ。在 QQ0325 版本中的唐老鸭、加菲猫、皮卡丘、史努比、汤姆猫等卡通聊天头像也统统替代为腾讯公司自己设计的卡通形象——一只系着红领巾的胖乎乎的小企鹅。

只是，糟糕的事情不止败诉，他们取好了新名字，却发现与 QQ 相关的 QQ.COM、QQ.COM.CN、QQ.CN 等域名都已被人注册，不得已，腾讯只能暂时启用 tencent.com 和 tencent.net 两个新域名。

QQ.COM 的域名是在 1995 年被美国软件工程师罗伯特·亨茨曼注册的，作为他个人电影艺术网站的域名。后来，罗伯特无暇打理网站，便决定将域名拍卖。

根据国际互联网著名的域名交易商的估价模式，QQ.COM 的域名估价达到 4 星等级的最高标准，预计在 10 万到 120 万美元，后来还一度竞拍到 200 万美元，但并未成交。直至 2003 年 3 月，腾讯公司主动与罗伯特·亨茨曼联系，最终以高价将 QQ.COM 收入囊中。

在通往成功的路上，挫折与磨难总是必不可免。马化腾以他的冷静与机智，解决了创业途中的种种难题。岁月如河，只有真正闪光的金子才会在河水中越洗越亮，任凭光阴流逝，在每一个时代都会熠熠生辉。

3. 步履维艰的岁月

有人说，腾讯是国内最赚钱的互联网公司，收入第一，利润第一。是的，如今，QQ 早已成为全球最大的聊天软件，可爱的小企鹅也早已成为生活中不可或缺的一部分。

小 QQ，大帝国，马化腾用十几年的时间创造了互联网商业奇迹，但他却从未遗忘那段步履维艰的日子。

创业初期，腾讯只是 5 个人的小公司，连起初的办公场地也是马化腾在深圳电信局的朋友帮忙找的免租金的小厂房。那是赛格科技园的一间几十平方米的小房子，他们只简单购买了几张桌子、椅子和沙发，便正式开始了整个公司的运作。

其实，在这 5 个人中，曾李青、晨晔、陈一丹三个股东都有自己的正常工作，只能在周末等空闲时间前来帮忙，于是，所有的担子便都压在了马化腾和张志东两个全职工作人员身上。为了更好地筹备创业，马化腾的吃住几乎全在这小小的房间内进行，饿了就吃盒饭，累了便在沙发上睡一会儿，剩下的时间便全部给了公司。

刚刚起步的腾讯并不像那些有模有样的小公司，它充其量只能算是一个计算机小作坊，平时只能靠他们几个创始人在深圳电信以及 IT 行业积累的人脉，做些深圳电信、联通或者寻呼台的小项目，这才勉强可以养活自己。

只是，寻呼台也不好做。那时候，深圳的寻呼市场已经饱和，寻呼台也开始走下坡路，马化腾意识到，只有寻求新的突破口，腾讯才能破茧而出，这一次，他们决定押宝互联网。

互联网是未来趋势，马化腾的眼光并没有错。说干就干，不知经过了多少个通宵达旦，他们的无线网络寻呼系统（TIPS）终于研制成功，这款融入互联网的寻呼系统很是便捷，用户不用拨打电话，直接通过网络便可以将信息发送到寻呼机上。

有了产品，马化腾和陈一丹直接去了北京推销。在北京，他们列出所有的寻呼公司一家家走，期间遭受了无数白眼和冷遇，甚至有些客户直接将他们拒之门外，但他们都没有放弃，坚持走遍了每一家寻呼公司，功夫不负有心人，TIPS 最终全面覆盖了北京电信、联通、中铁、中北、万立通等大型无线寻呼网络。

尽管如此，TIPS 最后并没有赚到多少钱，因为有些钱压根就收不回来。那是段难挨的年月，多年以后，马化腾依旧记得当时的窘境："腾讯最困难的时候，最怕的是周末。为什么呢？因为公司租了房子，要交水电费，周末几个创始人都来加班，但是机房要耗电，夏天要开空调，电费增加很多，就是这点电费当时都很难付得起。"

连电费都很难付起的公司，自然没钱聘请工程师的，于是软件安装调试的所有工作便落在了马化腾身上。事实上，那时他名片上所列印的头衔，不是"总经理"，而是"工程师"。

窘迫之中，马化腾开始认清市场。原来，做企业不只是做技术，更是做市场，没有市场，便没有发言权，有市场却收不回钱，一切也都是白搭。

QQ 成了最时髦的聊天工具

1999 年 2 月，腾讯正式推出 Tencent Instant Messenger 的第一个测试版本——OICQ99 beta build 0210。其实，QQ 的版权差一点就属于中国电信，因为当时中国电信广州分公司准备做一个中文即时通讯的项目，看到招标信息的马化腾以 30 多万的报价投标，结果未中标。这并未影响他对即时通讯软件的热情，于是网络的世界便多了现在的 QQ 帝国。

根据CNNIC在1999年1月发布的《中国互联网发展状况统计报告》可知，截止到 1998 年末，我国上网用户共有 210 万人，CN 下注册的域名达到 18396 个，WWW 站点 5300 个，国际出口带宽 143M。1999 年底，OICQ 注册用户 130 多万，平均在线人数 15000 万，几乎占领了中国即时通讯市场的 80%。

OICQ 攻占市场的速度很快，尤其是在腾讯推出第三个版本后，注册人数在两个月内便新增了几十万。2000 年 5 月，更名为 QQ 的 OICQ 同时在线人数首超 10 万大关，6 月，QQ 注册人数再破千万！

有人将 QQ 比喻成野草，暗喻其顽强的生命力。是的，如果 QQ 是野草，腾讯便是那源源不绝的阳光雨露，在马化腾的呵护下，QQ 才能如同野草一样野蛮生长。

只是，疯狂的野蛮生长并没有带来切实的利润。相反，用户的大量增加意味着服务器压力的不断增大，为了解决这个问题，腾讯只能不断增加设备、拓宽线路，再加上日益增多的服务器托管费及其他管理费用，花费的钱是越来越多，但马化腾却不知怎样回款。换句话说，QQ 用户多，便是赔钱多。

马化腾如是说道：“创业第一年里，我们一直喂不饱那只小企鹅，不知道什么赚钱模式。那个时候时间过得特别快，一眨眼一个月就过去了，你又要给员工发钱了，这是最头疼的日子。”

再苦不能苦员工，马化腾和张志东他们几个公司股东，总是先发员工们的工资，自己只拿一点生活费。虽然有时资金实在紧张，员工们也遇到过不能如期领到工资的情况，但看着这样以身作则的领导，他们也从不抱怨，因为创业需要大家一起坚持。

为了省钱，那时腾讯没有聘请专门的财务人员，都是马化腾的父亲马陈术免费帮公司做账。天无绝人之路，每每缺钱时，马化腾便会四处寻找一些可做的小项目，解一时燃眉之急。

只是，这终究不是长久之计，马化腾便想要找银行贷款，只是银行对这个既没有固定资产也没有收入的互联网企业不感兴趣。这时，有人劝他将 QQ 卖掉，这样或许还有活路。

在马化腾的眼中，QQ 并不只是软件这样简单，在很大程度上，他将其视为自己的孩子，点滴成长都承载着自己的一片心血。所以，马化腾是不舍得将 QQ 卖掉的，但又实在不忍看它毁在自己手里，无奈之下，他选择先同那些有意购买的公司接触。

网易、新浪、中华网、21N 网站……他们与许多互联网的大佬们谈过，但有许多都以看不清盈利方向拒绝了，还有一些公司要求独家买断，价格也不尽合理。后来，马化腾去找了联想投资筹备小组，岂料报告还未递到联想高层手里，便被人用“看不明白”四个字打发了。

这样的结果，马化腾真是既惆怅又欢喜，惆怅的是自己辛苦打造的软件竟是如此不被看好，欢喜的是 QQ 依旧属于自己。他如是说：“卖 QQ 的时候，我心情非常复杂，毕竟是自己养大的。一连谈了好几家公司，最高的一家只出到 60 万，没有达到我们 100 万的底线，最后，我们决定留下 QQ 自己养。”

但是该怎样养活这只小企鹅呢？马化腾想到了风险投资。

1999 年下半年，外国风险投资在中国疯狂寻找起有投资价值的网络公司。6 月，8848 成功融到了 200 万美元的种子基金；7 月，中华网在国外纳斯达克成功上市，首募 9600 万美元的资金，一举成为中国第一家在纳斯达克上市的互联网公司；紧接着，新浪网也获得了 2500 万美金的海外风险投资……

QQ 成了最时髦的聊天工具

别的互联网公司可以，腾讯也可以，马化腾的心里重新燃起希望，自 1999 年 10 月起，他开始积极寻找风投。

当时，曾李青代表腾讯做了一份商业计划书。在计划书中，他对腾讯公司价值进行了评估，大约是 550 万美金。另外，他对融资计划做了详尽介绍：这次计划融资 220 万美元，占总股权的 40%，资金用途主要是购买带宽和服务器。

11 月 16 日，他们带着这份商业计划书去了深圳第一届高交会。熙熙攘攘，人头攒动，他们走过了一个又一个展馆，来到一个又一个展台，只要对方稍有兴趣，他们便会滔滔不绝地解说互联网和即时通讯，只是这些投资人有的似懂非懂，有的摇头拒绝。

QQ 是什么产品？ QQ 的市场在哪里？一个又一个问题抛出，没有人说得清，也没有人看得清。当时，QQ 唯一的优势便是众多的注册用户，只是没有谁了解这么多用户的商业价值。

无数次谈判，无数次拒绝，马化腾没有在高交会寻到风险投资，只得另觅他法。后来，通过曾李青的好朋友刘晓松，马化腾结识了 IDG 公司的熊晓鸽和香港盈科的李泽楷，他们都颇具投资实力。

两个投资人问马化腾："你觉得你的核心价值是什么？"

马化腾回答说："以色列 ICQ 用户 1000 万，卖了 2.87 亿美元，我现在有 100 多万用户。"

这便是腾讯的用户价值观，幸运的是，投资人对此也颇为认可。2000 年 4 月，腾讯第一期融资到账，IDG 和香港盈科各出资 110 万美金，总共占据 40% 的股份。

这笔钱算是救了 QQ 的命，他们再也不担心工资、水电和服务器费用了。拿到融资款后，马化腾做的第一件事就是购买高性能的 IBM 服务器，将腾讯搬出了免费机房。

同年 5 月，腾讯 QQ 在线人数突破 10 万。这真是一个好消息，马化腾对此很是高兴，便托网友在新闻网站上发表了一篇介绍腾讯发展情况的文章。后来，这篇文章被人民网转载，腾讯就这样上了《人民日报》。

只是好景不长，互联网的寒冬猛烈降临。美国的亚马逊、雅虎、微软、eBay 等明星科技股价格大跌，纳斯达克指数也从原来的 5000 点一路下跌至 2000 点。这一年，股市惨绿，单单美国便有 210 家互联网公司倒闭。

中国的互联网市场也不容乐观。据统计，中国 60 多家做即时通讯软件的公司，不是倒闭便是出售整合，最后只剩下了四五家。尽管刚刚拿到融资的腾讯依旧坚挺，但风险投资商在动摇，QQ 的前途也是一片迷茫。

IDG 公司投资了许多互联网企业，受风暴波及很大，因此急于转让手中的股份。没有办法，马化腾只得继续寻找买家，但他去了搜狐、新浪、雅虎等互联网公司，都无功而返。在这动荡的季节，压根就没有企业愿意投资一个看不到前途的聊天软件。

香港盈科的投资也不尽如人意。当时，腾讯与李泽楷签订了一个 50 万美金的预投资协议，香港盈科还为此支付了一笔不菲的订金，只是最后还是不了了之，因为盈科在收购香港电讯时负债太多，已经无力对腾讯进行再投资。

腾讯的现金流愈发紧张，处境变得更加艰难，互联网市场上都在流传腾讯快没钱倒闭了。马化腾回忆说："要说煎熬，我创业最煎熬的就是这段时间。"

一天，腾讯来了一位意外的访客，他便是南非 MIH 中国业务发展副总裁，中文名字网大为，专门负责中国互联网策略的合并与收购工作。这个蓝眼睛、高鼻子的外国人说着一口流利的中国话，很是了解中国国情，因为 IDG 的推荐，这次专门来腾讯考察。

马化腾亲自接见了他，并向他详细介绍了腾讯的经营情况。这一次，马化腾终于遇到了志同道合之人，当他提及 QQ 的庞大用户群时，网大为当即表示这是腾讯最大的财富。

2001 年 6 月，腾讯公司 CEO 马化腾与 MIH 集团旗下的 OpenTV 公司首席执行官詹姆斯·阿克曼进行会谈，商谈投资合作事宜。

这是腾讯的转折点。经过协商，双方约定 MIH 花费 3200 万美元接手香港盈科、IDG 以及腾讯管理层的部分股权。至此，腾讯的股权结构再次发生变化，其中原始创业者股份 46.3%，MIH46.5%，IDG7.2%。

步履维艰的创业史让马化腾尝尽酸甜苦辣，但只要有眼光，有信念，肯吃苦，便总有峰回路转的苦尽甘来。如今，小 QQ 成就了千亿财富，腾讯锁住了用户，锁住了利润，也锁住了未来！

第四章 搜狐上市 2000

华尔街不懂中国的互联网

千禧之年，时代的列车正式进入 21 世纪的华丽乐章，中国互联网也开始向海外市场冲刺。2000 年 4 月 13 日，新浪网在纳斯达克上市，不甘示弱的网易和搜狐也紧随其后，在几个月内相继登陆纳斯达克，中国互联网业在喧嚣浮躁中正式拉开海外大幕。

股价的跌宕起伏，裹挟着一场又一场的博弈，是中国互联网与华尔街的博弈，是管理者与股东们的博弈。华尔街不懂中国互联网，在这样的博弈中，张朝阳赢过，也输过，如今，他仍在中西两种文化形态间寻找着平衡。或许，整个中国互联网业，都在摸索着这样的平衡。

1. 从爱特信公司到搜狐公司

千禧之年，时代的列车正式进入 21 世纪的华丽乐章，中国互联网也开始向海外市场冲刺。2000 年 4 月 13 日，新浪网在纳斯达克上市，不甘示弱的网易和搜狐也紧随其后，在几个月内相继登陆纳斯达克，中国互联网业在喧嚣浮躁中正式拉开海外大幕。

犹记得瀛海威那句经典的广告语，那时中国知道互联网的人还不多。而如今，在新世纪的开端，中国网民暴增至 890 万，连通网络的计算机达到 350 万台，互联网业在飞速发展的路上走得欢快！

网络的潜力初现，自然吸引了无数资本的火辣目光。“上市！上市！！上市！！！”这几乎成了中国所有互联网企业的共同口号和共同理想，其中走得最快的便是新浪、网易和搜狐。

时代幕布下，成功不只是机会，更是不懈的坚持与努力。这一次，让我们将目光聚焦搜狐网，去见证只属于张朝阳一人的传奇神话。

张朝阳，搜狐公司董事局主席兼首席执行官，他是很多创业者崇拜的偶像，是在太阳下一夜暴富的传奇人物。或许，有的人生来便是带有光环的，他的创业故事，依旧被无数人津津乐道。

1964 年，张朝阳出生于陕西省西安市。古都西安，这是我国最具历史感的城市之一，秦始皇、兵马俑、大唐盛世、唐明皇，六朝古都的积蕴，让这个城市沉香十足。但是，张朝阳并不是来继承历史的，而是来改变历史的，他注定用新的方式，为古都添加新的注脚。

童年时候的他，是爱幻想的男孩子，一不留神便会被各种离奇的想法抓住，然后在不停的尝试中寻找自己。9 岁那年，有英雄情结的他开始练习武术，梦想着有一天能够身怀绝技、打抱不平，只是，他对武术的狂热没有持续几天，转而迷恋上绘画。

10 岁那年，他又开始痴迷音乐，但后来觉得音乐与自己的兴趣背离太远，转而学做飞机模型。他是聪明的孩子，有学习的灵气，因此他的每一次尝试学得都还不错，但因为缺乏坚持，最后都半途而废。

这便是张朝阳的童年，一个不断尝试的、新鲜的童年。虽然他的童年并没有出彩的成绩，但却是属于孩子的真实童年。

1976 年，张朝阳小学毕业，成为一名初中生。这一年，张家被“抄”了，望着一片狼藉的房间以及随意翻弄物什的人们，小朝阳第一次觉得自己长大了。这一年，文化大革命结束了，中国迎来新时代，他的生活也慢慢有了变化。

当然，他最大的变化便是学习。在同龄人里，他属于较早拥有读书意识的一批人，准确地说，第一个影响他命运的人是邓小平。在《我的自白》一书中，他如是写道：

1976 年粉碎“四人帮”，1978 年邓小平逐渐开始恢复工作，他第一件事抓的就是教育和科技，1978 年恢复高考，这样对我们这代人影响非常大，所以我们开始念书，我从小时候一天到晚不念书，在外面玩，到后来开始念书开始准备高考，到 1981 年考入清华大学，这个就是在改革开放过程中实现的。

1981 年，张朝阳 17 岁，他以优异的成绩考入清华大学物理系。这是他人生之中的第一次跨越，走进中国最优秀学府的他，拥有了一个崭新的平台，虽然这并不是最终的舞台，但已经带给他太多收获。

当时清华学生念书是非常疯狂的，张朝阳也不例外，用他自己的话说，就是“对科学有一种宗教式的狂热”。那时候，他每天一大早就跑步赶到教室占前排的座位，晚上还会坐在自修室上自习。

当周边全是埋头苦学的优秀学子，自己还有什么理由不努力呢，这便是压力动因。因此，有人在枯燥的生活中精神苦闷，有人在激烈的竞争中自我怀疑，而他却只将其当作人生的一段寻常经历。后来，他诙谐地说，清华的几年也让自己学会了在极端压力下如何去生存。

1986 年，张朝阳的人生出现了新的转折，诺贝尔物理学奖获得者李政道发起的留美奖学金，为他的人生点亮了另一盏灯。

当年，李政道奖学金项目以考试的方式从全国各大学筛选 100 人远赴美国学习，其中清华大学占 8 人，幸运的是，张朝阳便是这 8 人之一。

这是一场残酷的选拔，前来参加考试的都是各学校的尖子，想要拿诺贝尔奖的也是比比皆是。因此，后来别人问他，面对风险投资能不能承受心理压力时，他如是回答说，“这些压力比起我在清华参加考试时的压力要小得多。”

有句话说得好，机会留给有准备的人。或许，在清华这么多年的埋头苦读，他已经优秀到可以驾驭一切压力和机会。就这样，他告别了清华园，开启了一段全新的留美旅程。

那时候，出国是一个热潮。国门打开后，闭塞的中国人发现，“世界上三分之二的人们都生活在水深火热之中”的论断是错误的，原来，西方是发达的、自由的、美好的！初到美国，张朝阳便被“倜傥不羁”的文化深深感染。

当时的他是完全颠覆了固有印象。后来，他回忆说：“当时我的梦想非常 crazy，想当好莱坞明星……我后来真的去广告公司拍过一个广告，还想能像迈克尔·杰克逊那样跳舞——跳自己发明的别具一格的舞。”

束缚少了，自由多了，美国的一切都是新鲜的，张朝阳因为多年苦读而压抑的反叛精神，开始在美利坚合众国的土地上尽情抒发。

是的，美国为他打开了一扇通往世界的大门，使他对生活倾注了更多的关注力。但是，在玩乐的同时，他并没有忘记学业。经过 7 年的艰苦奋斗，他在 1993 年获得了麻省理工学院的博士学位，并且，他选择留校继续攻读博士后。

如果张朝阳沿着这条路继续走下去，一定会成为出色的物理学家，但他没有。几个月后，这位物理学博士放弃了物理，他如是说，“突然感到学了很多年的物理学并不太适合自己。在物理实验中，我发现，我是个操作型的人，特别注重结果，不能容忍搞一套理论，而这套理论要在 100 年之后才能得到验证”。

多年心血，一朝放弃，这是需要勇气的，甚至会被冠上傻子的称号，但他还是做出了选择，毅然而决然。于是，中国互联网发展史上多了一位传奇人物。

在麻省理工学院的实验室里，他便被奇妙的互联网所震撼。那时，麻省理工校园内部网之间的互联，叫作“信息高速公路”，张朝阳可以通过 unix 代码和电子邮件与人进行网上交谈。其实，这只是一个简单的应用，并不像现在有人性化的图文界面，但他依旧感受到了网络的独特魅力，他决定不走寻常路，回国创办网络公司。

“顺应我们这个时代最伟大的两个潮流，一是信息高速公路时代的到来，另一个是中国作为全球大国的崛起。”赵朝阳将这句话写在了“中国在线”的封面上。这是他的第一份贸易计划书，只是，他还不知道自己的创业项目应该做什么，也没有任何国内的资源。

1994 年，张朝阳被任命为麻省理工学院亚太区（中国）联络官，1995 年，他又出任美国 ISI 公司驻中国首席代表。这个时期，他多次往返于中国和美国之间，ISI 公司的短暂工作经历，更加坚定了他创业的决心。

ISI 是一家互联网公司，主要从事互联网的封闭式服务。张朝阳在加盟 ISI 之初，曾经与公司有过君子协定——“只干一年，然后自己创业”，于是，他在一年后离开 ISI，开始自己的创业之路。

创业是需要大量资金的，那么钱从哪里来呢？张朝阳想到了融资，想到了美国的风险投资人。于是，他舟车劳顿，不断往返于中国、纽约和波士顿，只是，美国的投资人并不相信中国的创业者，他需要承受被投资人冷漠拒绝甚至赶出办公室的狼狈滋味。

这一次，他没有放弃，依旧斗志昂扬。很幸运的是，几番打击后，他遇到了 MIT 媒体实验室主任尼葛洛庞帝教授和 MIT 斯隆商学院的爱德华·罗伯特，在两人的风险投资支持下，他创建了爱特信电子技术公司（北京）有限公司，这便是搜狐的前身。

这是张朝阳经历的第一次融资，惊心动魄而又充满艰辛，他不无感慨地说，与国际资本打交道很残酷，也很痛苦。是的，风险投资是很本土化的，但是，因为真诚，他总算获得了成功。

古语有云，精诚所至，金石为开，张朝阳就是如此。后来，他回忆说：“要做一件事情，我都是特别的真诚，先得说服自己，让自己相信。这样哪怕是特别难的一件事情，别人也能感受到你的诚信，可能真是这么回事，对他来说，可能真是一个赚钱的机会。”

10 月 13 日，他在公司的账户上看到了 15 万美金，这是爱特信获得的第一笔风险投资。1997 年，尼葛洛庞帝又投资了 2 万美金，他终于可以用这 17 万美金，实现自己的创业梦。

有了钱，张朝阳还有一个必须考虑的问题，那便是做什么。经过两个月的探索之后，他决定先从域名注册和网页制作做起，就这样，他开始了自己的创业尝试。

当时，互联网行业的领头羊还是张树新的瀛海威，那张巨大的广告牌，给人无限的震撼与向往，但这并不包括张朝阳。虽然他对自己的业务方向还没有明确定位，但对瀛海威却颇不以为然：

“瀛海威做的不是互联网，他们建了很多服务器放在房间里，让人们通过拨号上网来访问这些服务器。他们当时使用的都不是互联网上通用的通信规程，所以应该说是一个个信息孤岛。”

1997 年 1 月，爱特信与国家电信部门合作，共同推出 ITC 中国工商网，后来，中国工商网一举成为中国主干网的重要组成部分。7 月，爱特信与美国热连线公司结为战略性伙伴关系，并一起推出特色栏目“网猴”。

与热连线短暂合作后，张朝阳发现网络运行模式的成本是非常巨大的，像爱特信这种新兴公司根本承受不了，因此，他开始尝试超链接的方式，让访问者看到更多的信息。

当时，中国的一些小网站上已经有了服务性的介绍，于是，他便用超链接的方式将这些内容罗列在自己的网站上，却没想到竟然收到了不错的效果。他兴奋地说，“很多人都去看，这样我就不用做内容而是直接罗列内容！”

他觉得，超链接才是互联网的本质。无论这句话是否严谨，但未来的趋势证明，互联网的迅速膨胀，靠的正是超链接。

（搜狐 logo）

很快，尝到甜头的张朝阳彻底放弃了做内容，将网站整体转向了超链接，并且给其取名为“赛博空间”，后来又更名为“指南针”。并且，随着链接的流量越来越大，内容也越来越丰富，其中还包括新华社的新闻，这时候，他开始为链接栏目规划新名字。

1997 年 12 月，爱特信公司为了竞争“169”网页制作，停下了其他的网页制作业务，这样便一时没了进账，再加上融来的资金也所剩无几，窘迫的张朝阳只得再次向爱特信的投资人求助。经过协定，他们决定提供 10 万美元的桥式贷款作为张朝阳的过渡资金。

后来，张朝阳又成功拿到了来自 Intel、IDG、道琼斯的风险投资，共计 210 万美元。这是他的第二次融资，过程也是几经起伏，但却帮助爱特信度过了成长期最初的艰难。

1998 年 2 月 25 日，爱特信推出了“搜狐”产品——中国第一个网上搜索引擎，并且正式更名为搜狐公司。从爱特信到搜狐，这是张朝阳在互联网领域漂流航行的标志性一步。

有人说，张朝阳成就了搜狐，搜狐也成就了张朝阳。是的，张朝阳是幸运的，他推出搜狐网站的时候，正是中国互联网走向高潮的前夕。因此，网站一经推出，便获得了极大的成功，人们立刻接受了搜狐，并为之津津乐道。

成功的光环是一样的，但成功背后的故事，却是不尽相同。张朝阳用早年的转折与发展，告诉我们成功便是顺势而为。

2. 泣血上市

搜狐的上市并不像想象中那般轻松，那是一场和新浪、网易的比赛。在这场比赛中，搜狐输了，但幸运的是，它并没有输光，还是赶上了资本市场的末班车。

由于股东内部意见不统一，搜狐上市前一年的融资并不是十分顺利，这直接影响了搜狐的发展速度，也导致了上市之路的一波三折。

1999 年，互联网概念在中国已是如日中天，各大门户以及概念网站都得到了很好的发展，搜狐也不例外。那时，很多投资银行都纷纷给搜狐送钱，联想、晨兴等企业也给搜狐抛出了橄榄枝，就连已经投资了新浪的盈科动力，也想向搜狐投入大笔资金。只是，由于股东间的一些矛盾，搜狐的融资一直很少，还不及新浪的十分之一。

其实，这些投资者的想法很简单，不过是想搭乘互联网公司上市的快车，让资本在短时间内快速翻番。当然，张朝阳确实也在筹划上市，同时，他知道新浪和网易也在进行上市运作。为了抢夺上市先机，他决定利用自己的美国绿卡身份，以及搜狐是美国公司的身份，躲开中国信息产业部的程序，为上市争取时间。

1999 年 12 月，搜狐融到了 3000 多万美元。这是搜狐上市前最后一轮融资，此时，公司总价值已经超过 5 亿美元，张朝阳决定将上市的筹划工作提上日程。

为了让上市工作顺利进行，他专门聘请了一家专业的证券承销商。只是，当张朝阳谈及自己想要绕过中国信息产业部的想法时，承销商很有顾虑。当时，中国的互联网行业还没有健全的法律制度体系，甚至连互联网公司受哪个部门监管都比较模糊，一些网络公司赴纳斯达克上市受阻，往往便是因为某个部长或处长的一番解释。

因此，对于互联网的一些政策性动向，承销商都是通过相关领导的讲话来揣测的，并且，他们还会就此整理出上市风险的文件。只是，门户属于互联网的新领域，没有多少领导讲话，更没有什么先例可循。

2000 年初，张朝阳多次向承销商以及公司董事会保证：“中国政府这边问题应该不大，因为已经有了中华网上市的个案。”就这样，他们总算被说动了，表示同意直接赴美上市的计划，于是，在没有告知中国政府相关部门的前提下，搜狐的上市工作“秘密”地进行着。

2 月 4 日，这是农历的春节，全国上下都沉浸在欢腾的节日气氛里，但张朝阳却一直埋头审定搜狐纳斯达克上市的 IPO 文件。经过斟酌、斟酌、再斟酌，他终于在下午 5 点钟，向美国证监会发送了上市申请。

第二天，美国证监会公开了搜狐上市的 IPO 文件，此后，搜狐正式进入上市程序。

当时，新浪的 IPO 并没有贴出来，但张朝阳知道，这并不意味着它的上市工作落在自己后面，因为新浪并不是在美国注册的公司，不用事先公开 IPO 文件。

没过多久，搜狐的第一轮审批通过了，接着，美国证监会也同意其进行路演，只是，张朝阳他们还未来得及高兴，中国信息产业部的工作人员便找上门来。

摸着石头过河，总有失足踏空的风险，好巧不巧，这一次风险竟真的成了现实。但是，张朝阳并不服气，他振振有词地说：

“搜狐是美国的公司，国内要管只能管搜狐在国内的业务是不是合法，而不是能不能上市的问题。上市其实与海外融资的本质是一样的，像 e 龙、亿唐这些公司都几千万几千万地拿风险投资，这跟上市融的钱有什么区别？为什么他们不用批？为什么我们要批，批什么？到底是批它的合法性呢，还是批它在美国可不可以公开融资？”

当然，他的话不是没有道理的，但是信息产业部也有自己的道理，他们明确地告诉张朝阳：“虽然搜狐是美国企业，但搜狐的业务在中国，所以，搜狐要上市还是要得到中国信息产业部的批准。”

听到这句话，张朝阳只觉脑袋“嗡”的一声，虽然他让律师继续和信息产业部沟通，但他隐隐觉得，政府这一关是躲不过去了，在上市的路上，搜狐要输给新浪了，但他并不知道自己会不会输得更多。

结果不出所料，新浪成了上市的最大赢家。2000 年 4 月 14 日，新浪以 17 美元的发行价格在纳斯达克上市成功，仅首日股值便上涨了 22%，募集资金多达 6600 万美元。

祸不单行，这时中国互联网络信息中心公布了 2000 年的门户网站排名，搜狐不仅落后于新浪，还落在了网易的后面，名列第三位。在当时，这个排名对国外投资人有着很大的影响力。

是的，网易也走在了搜狐前面。2000 年 6 月 30 日，网易在纳斯达克正式挂牌交易，开盘价 15.3 美元。但是，让丁磊大跌眼镜的是，等到收盘时，网易的股票已经跌破发行价，跌幅高达 21.77%！

一切都是可以预见的。当时，纳斯达克指数一路下滑，网易不太乐观的股票走势，似乎也注定了搜狐上市后的悲怆命运。

这时候，张朝阳可以说是走在绝望的边缘，即使没几天，他便收到了获准上市的消息。最后一轮融资后，搜狐的私募价格为 15.5 美元，但此时承销商愿意接受的发行价格只有 13 美元，这意味着先前盼望搜狐上市的投资者们，不仅等不来资本翻番，还会让其大幅缩水！

如此不划算的买卖，股东们怎么会同意上市！但是，张朝阳并不和他们算账，因为算来算去都是一个“亏”字，他自有别的办法，那便是连哄带吓唬地劝说：“不同意也没有办法，只有愿意。吵架也不是办法，如果不上的话，投资更会贬值，连退出的机会也没有了。”

这时的张朝阳已经决定背水一战。泡沫已经扎破，如今的互联网市场是一天不如一天，他清醒地意识到，上市虽然会亏，但却是小亏，如果不上市，则很可能血本无归！

其实，当时并不止张朝阳一人面临这样的处境，还有 8848 的王峻涛，只是他并没有说服投资者们同意上市，最终冻毙在即将到来的互联网寒冬。

还好，张朝阳获得了投资者的支持，搜狐最终于 2000 年 7 月 12 日泣血上市。当天，站在纳斯达克交易大厅的张朝阳有点忐忑，他不知道搜狐的股票会坚守还是雪崩。在这决定命运的时刻，他又如何能够不紧张！

就这样，他一直等到收盘的那一秒。还好，股票并没有跌破发行价，搜狐以每股 13 美元的价格筹集资金 5980 万美元，整整超过预期认购量的两倍。

张朝阳终于松了一口气，在他看来，如今一片低迷的情况下，

5980 万美元的现金可是比虚拟的市值重要得多，搜狐此举，正是用市值换取货真价实的现金。

在外人眼里，这样的做法太过冒险，但搜狐后来的强大，恰恰证明了张朝阳的决定是多么正确。有人说，上市不是神话，但正是因为他对上市的坚持，使搜狐成功搭上西方的资本之舟，顺利度过了互联网行业真正意义上的寒冬。

对于整个互联网行业来说，2000 年的冬天格外不同，也格外寒冷。泡沫一朝破灭，短短一年时间，中国的互联网产业便从狂热走到了剧冷，从热捧走到抨击，从掌声走到唾骂，从得意走到失意，走完了两个极端之间的全部历程。

进入寒冬期后，无数的网站沉沦解体，因此，“剩者为王”就成了中国互联网的最高追求。但是，寒冬过后就是春天。当最艰难的时刻过去，一切便都成了浮云，搜狐正是用“剩者为王”四个字，诠释了什么才是互联网时代的胜者。

上市之后，虽然搜狐表现平平，股价也一直震荡波动，但这并没有吓退张朝阳的信心与决心，他立志在整个行业最艰难的时候，把搜狐打造成中国互联网中的第一品牌。

2000 年 9 月，搜狐收购了国内最大的年轻人社区 ChinaRen，在全球互联网行业中首创了矩阵模式。是的，当别人为寒冬的到来黯然神伤时，他却发现了上市所带来的购买和兼并能力，就这样，他充分利用了自己的资金优势，大刀阔斧地推动新的战略举措。

当然，张朝阳的并购计划不是随意盲目的，他看重的是 ChinaRen 的社区和技术。后来，他是这样谈起这次收购的原因的：

“当时得与新浪和网易竞争，当时网易的势头还可以，网易以社区见长，而我也特别认同社区。”

“第二个原因是这支队伍不错，清华的技术高手很多。搜狐自创办以来，一直没有找到一个技术高手是我一个很大的遗憾。我也可以做技术，我也可以编程什么的，但是我太忙了，我没有时间，我得去融资，我得去管理，亚信是三四个人合伙创办的，他们可以分工，但我就一个人。”

“第三个原因是这两个人不错，是做事的人，都很诚实。”

被搜狐收购后，ChinaRen 获得了很大的发展空间，注册用户直接超过 8000 万。而搜狐，在收购 ChinaRen 后，也在短短一年时间内，创造出全中国最大的年轻人社区。此次合并是优势互补的好事，对企业的进一步发展起到了不错的推动作用。

另外，在这次收购中初尝甜头的张朝阳决定加大兼并力度。经过一年多的考察与接触，他又于 2003 年 11 月并购了 17173.com 和焦点网。17173.com 是国内最大的网络门户，焦点网是最大的房产门户，张朝阳花费 3 亿元人民币，完成了国内互联网最大的连锁并购行动。

他如是说：“搜狐的收购不是为刺激股市，而是看重未来，就像宝洁那样，搜狐以后要走多品牌、多域名的道路。”

当然，并购是需要资金的，而这全都来源于上市的筹资。在搜狐里程碑式的发展史上，2000 年 7 月 12 日是值得纪念的大日子。这一天，在张朝阳顽强的领导下，经历四次融资的搜狐，在美国纳斯达克成功挂牌上市！

另外，为了走出互联网寒冬，张朝阳所做的不只是并购，他还在减亏等方面做了很多大动作。

上市之初，互联网公司普遍缺乏明确、稳定而足够的盈利，搜狐也不例外。这样的情况下，张朝阳决定削减开支，包括减少 15% 的员工以及 50% 的市场推广成本，使搜狐减少了 50 万美元的亏损。

一个懂管理的人，都明白这样的做法不利于企业的长远发展，张朝阳亦然，但他不可不为。对于深陷寒冬的搜狐来说，50 万美元并不是一个小数目，这是他们活命的本钱。

众所周知，互联网是烧钱的行业，但他正是靠省钱，等来了搜狐的春天。并且，张朝阳的节俭是从自己做起的。作为公司的一把手，创业初期，他只给自己开 1 万元的工资，也从未想过要给自己买一台代步的车子。

身先士卒，以身作则，这是一个领导者难能可贵的品质。2001 年，搜狐面临摘牌危机，他没有丝毫犹豫，拿出自己的积蓄买了公司股票，誓与搜狐共套牢，在一定程度上，这增加了投资者信心，帮助搜狐度过了撤资危机。

他如是说："买股票是作为一项投资，也是为了给投资者信心，我一共买了 1 万股搜狐股票，按照那时搜狐的股价，也就是 14000 美金。"是啊，用 14000 美金换股东对搜狐的信心，他乐意为之。

另外，除了省钱，他还挣每一分钱。2001 年，他制定了 4E 发展策略，即面向企业在线广告、网站建设和市场活动等制定互动营销，面向企业互联网技术解决方案，面向互联网终端用户的高品质服务和电子商务。

其实，他想走的是多品牌、全方位的道路，抓住每一个利润点。这一年，他不仅涉足在线广告、网站设计、技术服务、企业客户服务等战略性的业务，还慧眼识珠地进行了短信业务的开展。

当时，短信刚刚兴起，张朝阳及时判断出其对于互联网的巨大利益，便开始尝试将短信业务与互联网结合起来运作，这为搜狐带来了相当可观的利润回报。

这便是张朝阳，眼光独到，又有魄力。面对互联网内外的恐怖寒冬，他说现在最重要的事便是保持冷静、善于否定，他在用实力证明，无论环境怎样艰难，搜狐都能做出骄人的成绩。

3. 华尔街与中国互联网

2000年搜狐上市，张朝阳悲喜交加。

喜的是，搜狐终于熬出头，成为被规则认可的公司，更重要的是，搜狐赶上了末班车，融到了足够多的资金，没有被纳斯达克的彻底崩盘淹没。悲的是，搜狐的上市晚于新浪和网易，只能可怜巴巴地游走于垃圾股和摘牌区之间。

2002年，股市回暖，搜狐第三季度的财务报表实现了全面盈利，成为国内首家不再“烧钱”的互联网公司。

只是，或许是在纳斯达克的经历太过惊心动魄，尝过太多酸甜苦辣的张朝阳叹息，华尔街不懂中国互联网。

他如是说：“从2003年开始我觉得不能再听华尔街的话了，再听下去搜狐会完蛋的，花钱买市场，买收入，为了财报选择公司的业务，那不是互联网。那个时候我开始想我们是不是应该往回走，走到互联网应该走的路上来。另外，应该怎么往回走，选择什么切入点往回走，这很关键。互联网最核心的是什么？互联网公司最核心的又应该是什么？”

其实，张朝阳不是唯一一个质疑华尔街的，李开复曾发微博称，中国网民在增长，无线网民涨的更快，每人收入在成长，并在网上花更多的钱，所以那些真正有价值的公司价钱绝不高，华尔街分析师和外国投行不懂中国，这直接造成互联网泡沫。

是的，虽然大洋彼岸的华尔街造就了张朝阳、丁磊等中国网络界的年轻富豪，但在华尔街与中国互联网之间，依旧缺乏真正的默契，华尔街真的不懂中国互联网。

美国华尔街，寸金寸土，是当今世界最著名的街道，全世界的金融中心，分布着无数投资公司和金融分析师，那一个个西装革履的干练身影，主宰着整个金融市场的命运。

纳斯达克市场便是诞生在华尔街上的,作为证券交易所的场外市场,许多选择海外上市的中国企业都瞄准了这里,比如新浪、网易、搜狐。这么多年,纳斯达克一直预告着全球经济走向,牵动着企业名流们的敏感神经。

生死由命,成败在天。很多时候,一个上市企业的存亡,不过是纳斯达克市场上一个数字红绿的转化。

当然,选择在这里挂牌上市的中国企业,也不可避免地卷入这样的经济洪流。1999 年,中国第一家互联网公司中华网在纳斯达克上市,2000 年,新浪、网易、搜狐依次在此上市,以后的许多年里,盛大、百度等也加入纳斯达克的大家庭,但是,他们在纳斯达克的命运,可以说是大起大落。

不可否认,纳斯达克为中国的互联网业造就了几个财富英雄,但是,以网易为代表,过半的中国网络公司都曾遭遇过股票价格跌破发行价的苦涩经历,甚至有的公司直接跌到几毛钱。当然,在这动荡命运的背后,华尔街的影响力是不容忽略的,那里的分析师们曾将中国的互联网业捧上天堂,也曾将其狠狠摔进地狱。

因此,财富英雄张朝阳、丁磊、陈天桥等,先后在不同的时间、不同的地点不约而同地表达了同一种声音——不要相信华尔街,他们不懂中国互联网。

这是中国网络精英们的独白,以提醒自己,也警醒业界。他们或言辞激烈,或语气激愤,或态度强硬,充分体现了不被理解的痛苦。有人戏谑地说:"华尔街制造的这些中国网络英雄们,已经不自觉地组成了'骂街'俱乐部。"

首开骂"街"之先河的网络人是盛大集团 CEO 陈天桥。作为生意人,他们的郁闷往往与财富直接挂钩,试想,你辛辛苦苦打拼了一年,结果发现兜里的钱缩水了 60%,能不郁闷吗?当然,中国首富也不例外,也免不了发几句牢骚。

2005 年 3 月，盛大网络成功收购了新浪 19.5% 的股份，随即盛大股票飙升至 42.90 美元，这是当年的最高价。只是，短暂的春天过后，盛大股价便一路走低，为了挽回颓势，陈天桥决定将营收很是可观的《传奇》等三款游戏免费运行。

显然，陈天桥的初衷是好的，但他没料到，此消息一出，华尔街多家证券分析机构竟然都对盛大的未来持悲观态度，于是，盛大股价开始连续暴跌。粗略估计，其股价跌幅达到了 16%，市值损失更是高达 2.3 亿美元！

他无奈地说："免费不等于我没有收入。只是我的收入来自增值服务了。《泡泡堂》这类游戏也是免费的，但我们靠出售个性化的虚拟道具，现在每天还有 70 万元的收入。"

免费并不败家，陈天桥只是想要转变盛大的盈利模式。但是，华尔街的分析师们并没有对这步棋产生好感，因为他们只相信数据——盛大第三季度的财务报表上，《传奇》所创造的营收占到总营收的 31%，如果真的推行免费政策，盛大势必会损失惨重。

从这个层面来看，确实是华尔街分析师们的冷眼评断，直接造成了盛大股价的大幅缩水。其实，更加明确的表达应该是，充分自信的陈天桥高估了华尔街分析师们的理解能力，也高估了他们与自己的默契程度。

如果说纳斯达克市场是一个盛满资金的"水库"，那么，每一个想要在这里上市的中国老总，都想豪气万丈地饮上几瓢。只是，"水库"里的"水"虽然貌似平静无澜，但实是暗涛汹涌，资本主义的投资，哪是那么容易控制的！

美国作家霍华德·库尔茨曾在《股市发言人》一书中如是写道："竞赛每日周而复始，令人目眩。股价、公司的红利和几百万笔个人投资左右着股市的行情……事实上，美国就要被淹死在财经信息的汪洋大海之中了，任何一个渴望在股市中遨游一番的人都可以迅速从世界各个角落的网站中下载成百上千的统计数据、分析报告、方案规划和各种故作权威状的评论。”

其实，无论是纳斯达克市场，还是国内的深市、沪市，股票分析师的判断并不总是对的，但不幸的是，纳斯达克的投资者们对于华尔街分析师的信任，远远超过了对企业本身的信任，尤其是这些与国际投资者缺乏有效沟通的中国互联网企业。

因此，网易创始人丁磊这样警告中国的互联网企业家：“中国互联网企业家如果想自己从事企业经营活动的话，一定要相信自己的判断，不要迷信一些华尔街分析师或一些顾问。华尔街的许多分析师并没有完全了解中国市场，他们总是想用美国的方法去思考一个中国公司。”

并且，他进一步补充道：“华尔街的分析师们并不是企业家出身，而且绝大部分都没有管理经验。事实上，与华尔街打交道的人或企业中，有很多在华尔街分析师的指挥棒下犯了很多错误。”

搜狐 CEO 张朝阳也这样抱怨：“华尔街投资者并不是中国互联网的用户，因此它们不能认识到中国最有价值的网站的真实价值，致使其股价长期被低估。”

不可否认，在财务数据分析方面，华尔街的分析师确实比国内更专业，但是，对于那些未表现为财务数据的公司业务，他们便不再具有前瞻性。

或许，分歧就在这里，华尔街看不到中国企业背后的努力，因此他们看不清中国互联网企业的无量前途，也不了解张朝阳、丁磊等互联网企业家的壮举。

其实，早在网易、搜狐上市之前，华尔街的分析师们便认为这两家公司的上市会受到冷遇，理由是大多数亚洲的网络公司都无法实现赢利，即使中国网站可以挣到钱，但产生利润也需要两到三年。

正是因为这份不信任，网易的股票一度跌至 0.6 美元。但是，2002 年 8 月，网易的第二季度报表率先实现盈利，并且，难能可贵的是，网易的业绩增长点不是来自华尔街紧盯着的广告收入，而是来自短信、网上游戏等新的领域。

这完全出乎了华尔街的意料！此后，网易股价大幅上扬，惹得无数相信华尔街分析师的投资人捶胸顿足。中国社会科学院互联网发展研究中心主任吕本富先生如是评价说：

“中国的互联网发展和美国的模式不尽相同。特别是网易，做了很多特别中国化的产品和经营，吸引客户通过短信下载图片、铃声等移动增值业务，美国的华尔街的投资人包括分析师就不怎么理解了，当然判断自然失去准确。”

其实，对于张朝阳来说，这样的体会也是颇为深刻的，面对媒体，他不止一次地说：“跟着华尔街投资人走，就会倒霉，以前搜狐跟着他们的指挥棒走，投资人不认可搜索引擎和即时通讯的价值，搜狐为了报表，没有对此加大投入而丧失了长远发展的机会。”

2000 年搜狐上市后，股价便一路暴跌，直接由原来的 13 美元跌到 1 美元，毫不夸张地说，这已经到了随时停牌的地步。于是，远在大洋彼岸的董事们坐不住了，他们开始对搜狐的发展方向指手画脚，甚至质疑起张朝阳的团队管理能力。

2001 年年初，搜狐股价跌至最低点。这时，有人问及张朝阳，最大的压力是不是来自股市，他是这样回答的：“事实上，最大的压力来自于和董事会的沟通,他们不了解中国市场,却对公司的方向指手画脚。”

他如是说：“按照美国的惯例，创始人把公司带到了上市，是个里程碑式的阶段，下面如果业绩不好，就证明创始人缺乏管理一个上市公司的能力，就应该换帅了。”

西方的资本主义世界，并没有太多人情的成分，一切都凭冷冰冰的数字说话，这不是没有好处，但却太过残酷。就这样，董事会对张朝阳的不满越来越强烈了，他们不停地质问，为什么强大的搜狐品牌不能兑换成报表上的收入？

对此，张朝阳无奈地说：“每一个话题都因为我们的知识背景不同而导致分歧，如果任由西方投资者摆布，我们就跟雅虎的中国分公司没区别了：你做任何事情都需要向他们汇报，而他们不懂中国正在经历的竞争状况。”

所以，在这段难挨的日子里，他一直用太极的功夫，慢慢争取着时间，虽然这样耗费了很多时间，也耗费了公司大量的成本，但他的功夫总算没有白费。2002 年，搜狐财务状况好转，提前实现盈利，在纳斯达克的股票也是一路高升，张朝阳凭借这样的业绩重新收回董事会的主导权。

他补充道：“董事会是不理解管理者的，但还是需要一种诚信为本的沟通。我不会和董事会或员工胡乱承诺，一旦胡乱承诺后没有办到，我作为一个企业管理者的威信和信誉将大大降低，这样也许可以一时得逞，但时间长了是不行的。”

这是一场又一场的博弈，是中国互联网与华尔街的博弈，是管理者与股东们的博弈，在这样的博弈中，张朝阳赢过也输过，如今，他仍在中西两种文化形态间寻找着平衡。

或许，整个中国互联网业，都在摸索着这样的平衡。

第五章 海北天南 2001

论坛成了没有硝烟的战场

在互联网家族中，有一个成员不容忽视，那便是论坛。

论坛又名网络社区，英文简称BBS（Bulletin Board System），是Internet上的一种电子信息服务系统。从最初的电子公告板，到如今五花八门的论坛网站，BBS早已成为网民生活的一部分。

天涯社区、猫扑社区、搜狐论坛、网易论坛、QQ论坛、百度贴吧……如今，论坛是网络时代不可或缺的一部分，混迹论坛也早已成了一种生活，或许此时你已经点进某个社区，浏览着今日的头条新闻。

1. 你没用过猫扑，也一定用过人人

在互联网家族中，有一个成员不容忽视，那便是论坛。

论坛又名网络社区，英文简称 BBS（Bulletin Board System），是 Internet 上的一种电子信息服务系统。从最初的电子公告板，到如今五花八门的论坛网站，BBS 早已成为网民生活的一部分。

追本溯源，BBS 最早出现在 1978 年的芝加哥。这是一套基于 8080 芯片的系统，主要用来公布股市价格等相关信息的，没有文件传输功能，并且只能在苹果机上运行。

1981 年，IBM 个人计算机诞生。1982 年，Buss Lane 用 Basic 语言编写了一个适用于 IBM 个人计算机的原型程序，几番增修后，他终于在 1983 年改写出个人计算机的 BBS。后来，经过 Thomas Mach 的整理，RBBS-PC 新鲜出炉，这是个人计算机的第一版 BBS。

RBBS-PC 是 BBS 的鼻祖，后来开发的五花八门的系统，皆是以此为框架，但在当时，它还未解决站点之间的联系问题。1984 年，美国工程师 Tom Jonning 成功开发了一套具有电子功能的电子公告板程序—FIDO。FIDO 具有站际连线以及信息自动互传功能，这给 BBS 带来了网络化蓬勃的生机。

论坛成了没有硝烟的战场

但是，如果将目光聚焦国内，我们会发现中国 BBS 的诞生足足比西方国家晚了十几年。直到 1991 年，“中国长城站”才在北京架设成功，这是按照 FIDO Net 体系建设的最早的 BBS 交换系统。

1994 年，曙光 BBS 上线，这是中国大陆第一个互联网 BBS。1995 年，腾讯创始人马化腾建立了深圳站区。1996 年，求伯君在珠海架起“西线”BBS 站，广州飞捷 ISP 也开始提供 BBS 服务。另外，这一年，雷军在北京架起“西点”，四通利方论坛也成立了。

这个时候的 BBS，还处于聊天室的时代，网民只能通过界面简陋、操作烦琐的 Telnet 进行登录，因此，使用者大多是专业人员，全网化普及很有难度。

其实，中国互联网论坛真正崛起于 1997 年。那是一个冬日的凌晨，痴迷足球的福州男人老榕带着 9 岁的球迷儿子飞到大连金州看世界杯预选赛，只是兴高采烈的球迷父子最终以失望收场。几天后，义愤填膺的老榕在电脑前写下了《大连金州没有眼泪》，并将其贴在了四通利方论坛的体育沙龙上。

四通利方是新浪论坛的前身，它的体育沙龙版块聚集了一大批体育迷，是体育记者寻找新闻线索的天地。在这里，老榕这篇帖子被《南方周末》整版转载，短短两周时间，他发自肺腑的文字几乎让所有球迷潸然泪下，四通利方连同论坛版主的名字也第一次登上了报纸！

这就是论坛的巨大力量，这就是网络的传播效应！这次事件让众人深刻体味到论坛的魅力，从此，报纸、电视等传统媒体开始关注这个看似摸不着边际的新媒介。

1998 年以后，随着网络的进一步普及发展，除了新浪、搜狐、网易三大门户网站的论坛以外，天涯、猫扑、西祠胡同等后起之秀也如雨后竹笋般冒了出来。近年来，甚至连国内的搜索引擎巨头百度也建立了“百度贴吧”，正式成为互联网社区的一员。

其实，真正给论坛发展带来革命性转折的，是一个叫做戴志康的人。

戴志康是康盛创想的 CEO，2001 年，他发布了软件 Discuz，使论坛

（猫扑网 logo）

的构建开始变得简单。并且，随着时间的推移，他还做了一个震撼业界的举动——开源免费！

地方论坛、软件论坛、小说论坛、网赚论坛……一时间，无数中国网民加入到论坛的建设中，一时间，各种论坛出现在人们的视野之内，真正拉开了中文论坛的新篇章。

猫扑网（MOP）就是趁着这样的互联网大势发展来的。1997 年 10 月，猫扑网成立，雏形是猫扑大杂烩。这是中国知名的中文网络社区之一，也是中国网络词汇和流行文化的发源地之一。

2004 年，猫扑网被千橡互动集团并购。2012 年，猫扑的资产被换归至美丽传说股份有限责任公司，同年 6 月，美丽传说正式进驻广西南宁，猫扑也随之搬离北京。据悉，美丽传说 CEO 孙锁军披露，包括猫扑网在内的美丽传说公司将于三年内上市。

如今，经短短过十多年的发展，猫扑网早已发展成集猫扑大杂烩、猫扑贴贴论坛、猫扑地方站、猫扑小说、猫扑游戏、猫扑频道、猫扑 Hi 等产品于一体的综合性富媒体娱乐互动平台，主要分布于消费力比较高的经济发达地区，活跃人群为 18~35 岁的年轻人。他们激情新锐、思维灵活，他们张扬个性、追求自我，他们是新一代娱乐互动门户的核心人群，正是他们这群乐观积极的年轻人，始终引领着中国互联网文化

的时尚潮流，成为众多网民的流行风向标。

作为综合性的娱乐互动平台，猫扑网包含了丰富的产品内容，其中最核心的就是猫扑大杂烩、猫扑贴贴论坛和猫扑地方站。

猫扑大杂烩（DZH）是网络流行文化的发源地，是国内一线论坛、全球领先中文论坛，其左右分栏式阅读模式当属世界首创。目前，经过十几年的发展，DZH 已经成为一体化的娱乐互动平台，下设大杂烩、娱乐八卦、贴图区、原创区、游戏烩、汽车烩、小白区、鬼话等模块平台，俨然成为公众舆论的策源地和扩散平台。

是的，从猫扑大杂烩走出的网络红人可谓数不胜数，比如“叫兽”蠢爸爸小星，比如 ayawawa 杨冰阳，比如长腿美女孔燕松、孔瑶竹，比如奶茶妹妹章泽天，比如 PS 高手胡子男……

从点击过亿的《我和美女同事被困电梯一夜》，到轰动全国的“虐猫事件”、抵制家乐福事件等，猫扑大杂烩俨然是一个吐槽的好地方。另外，这里还诞生了众多典型的网络流行语，比如“不要迷恋哥”，比如“寂寞系列”等等。

猫扑贴贴论坛（TT）于 2004 年年底正式上线，是猫扑网最核心的产品之一，也是国内一线的图文、图片分享平台。贴贴论坛采用典型的分版阅读模式，页面清晰简洁，使用门槛低，用户可以根据自己的喜好选择相应的试验田版面。

如今，猫扑贴贴早已发展成为集图片、文字、视频为一体的国内最优秀、最具人气的社区之一。其中，贴贴的图片是国内社区中最强势的，搞笑图片、猫女郎、鬼话文学、生活馆、萌宠等最显其特色。

猫扑气质一脉相承，BT 精神发扬光大，在猫扑贴贴论坛，不仅有流行网络话题，还有精彩热门图片。这里美女众多，一些知名美女模特、视频拍客和原创写手云集于此。同时，这里还诞生了白领美女魔女花茶、“浴霸女”天使也魔鬼、蚊子静、妖妃娘娘等网络美女红人，甚至连国内对 90 后年轻一代的关注，也是源自这个论坛。

总的来说，猫扑大杂烩和猫扑贴贴论坛都是面向全国的综合性论坛，而猫扑地方站，则是猫扑网全力打造的本地化社区联盟。地方站主要依托猫扑网的品牌影响力、用户、资源、经验、平台等优势，并联合本地具有资源优势的合作伙伴，共同建设起本地化的城市生活信息综合社区。

突出地方特色，宣传地方文化，猫扑地方站主要活跃在一二线城市，并且兼顾有潜力的三四线城市，致力于同当地政府、主流媒体合作，提供身边的全新、全面的一手资讯信息。

目前，猫扑已经上线了 65 家地方站，主要包括猫扑厦门、猫扑青岛、猫扑南京、猫扑南宁、猫扑西安、猫扑郑州等。其中，猫扑厦门站已经成为厦门本地最大的社区门户之一。

有人说，猫扑并非仅仅是变态，如果你不理解什么是跳跃性思维，你就无法了解什么是 BT。是的，凭借活跃的年轻用户资源，以及网站的流行文化感染力，猫扑早已成为中国最具影响力的网络社区。

说了这么多，可能有些 90 后或者 95 后的年轻人，还是第一次听说猫扑网。在这日新月异的网络时代，新生事物可谓层出不穷，他们不知道也是情有可原，但是，即使你没有用过猫扑网，也一定知道人人网。

人人网也是千橡互动集团旗下产品。1999 年 5 月，校内网成立，这就是人人网站（renren.com）的前身。2000 年 3 月，人人网的香港母公司人人媒体控股有限公司购入香港上市公司安佳集团有限公司 82% 的股权，进而实现了买壳上市，并正式更名为人人媒体有限公司。

这一年，新闻集团以 2.3 亿元人民币的投资入股人人媒体，持有其 14% 的股权，另外，美国历史最悠久的的风险投资公司 J.H.Whitney 持有其 21% 的股份。同年 5 月 22 日，人人媒体在香港主板正式挂牌交易，此后，它还并购了奇迹网、中雇网和 360 全景网三家网站。

只是，人人媒体的辉煌并没有持续太久。事实上，人人网站的用户流量增长缓慢，再加上整体受众对象太过宽泛，本就不大的用户规模，其商业价值更是大打折扣，这直接限制了其广告总收入的增长。

广告总收入不见增长，但是随着上市和收购的一系列动作，人人媒体的成本支出却是日益高涨，与此相比，广告总收入可以说是杯水车薪、微乎其微。2001 年 2 月，股市代码 0059 的互联网公司终因入不敷出停牌整顿。

就这样，人人媒体悄然沉寂在浩浩荡荡的互联网大潮里，直到 2005 年 2 月才被千橡互动集团 CEO 陈一舟赋予新的生命，完成长达六年的轮回。

六年风云变幻，人人青山依旧。此时，网民对网络的依赖今非昔比，生活消费也在各种互联网诉求中脱颖而出，乘着这股春风，人人网以“本地人、新发现”为思路，切入“生活消费资讯”，拉响了新的战役号角。

2006 年 5 月，互联网大鳄千橡互动集团高调复活人人网，悄无声

（人人网 logo）

息间，那个特色鲜明的黄色小人 logo 就在全国 33 个城市跃然启动，但遗憾的是，因发展过慢，半年多后，人人网再次歇菜。

2009 年 8 月 4 日，千橡互动集团在网站发布消息称，“为了给校

内网带来一个更长远、更广阔的发展前景，我们需要割舍对校内品牌的依恋之情，去积极、勇敢地创造一个更伟大，更具延展性的新品牌，一个广大用户心目中的至爱品牌。”

在此之前，世上只有人人网的前身——校内网，在此之后，千橡集团正式将校内网更名为人人网。就这样，人人网跨出校园范围，成为中国领先的实名制 SNS 社交网站。

其实，人人网跳出校园限制的最实际原因，是因为当年热衷于校内网的许多大学生已经毕业，他们觉得自己不在学校却每天都要登录校内网很是不合时宜，于是，在广大网民的深切诉求之下，千橡集团将校内网改造成为更具广阔性的社交网站——人人网。

解读人人网 LOGO，那两个抽象的人字变形，寓意每个人的人际圈，那两个人字的红色交集，寓意人际圈的重叠交叉，这个由图形和域名共同组合的新标志，象征人人网是一个人与人沟通分享的平台。

沟通快乐，分享真实，人人网是为中国所有互联网用户提供服务的 SNS 社交网站，社会上的所有人都可以在这里互动交流，都可以通过发布日志、相册、音乐、视频等实现资源的分享功能。

2011 年 5 月，人人网在美国纽约交易所挂牌上市。9 月 27 日，人人网以 8000 万美元的价格全资收购 56 网。千橡集团 CEO 陈一舟表示：“收购完成后，56 网和人人网之间将进行深入密切的合作，可以更好地满足我们用户的需求，并进一步提高 56 网和人人网用户活跃度和网站流量，同时也可以为我们的客户提供更丰富的广告形式。”

外有 Facebook，内有人人网。有人说，人人网正是中国的 Facebook。或许吧，无论是 80 后还是 90 后，学生生涯的我们肯定都是用过人人网的，或许，你现在仍然混迹于人人网，又或许，这已经成为生活常态。

2. 人在天涯

行走论坛，有一个地方总是吸引无数人的目光，那就是天涯社区。

（天涯社区 logo）

天涯社区，又称天涯虚拟社区，是中国大陆很有影响力的网上论坛社区，提供论坛、博客、相册、影音视频、站内消息以及虚拟交易等多种服务。

自 1999 年创立以来，天涯社区一直以“全球华人上网家园”为愿景。目前，其注册用户已经超过 1 亿，月覆盖用户超过 2 亿，拥有着许多高忠诚度、高质量的用户群，天涯社区开放、包容、充满人文关怀的特色深受国内网民乃至全球华人的推崇。

作为网络社交平台，天涯有互动原创内容，有超强人气、人文体验，可以满足不同年龄层、不同角色、不同追求的网民的不同需求。其实，天涯一直以网民为中心，具有线上线下信任交往文化，并通过站长在线认可信用度、影响力和用户满意度。

作为华语圈网络聚焦平台，天涯有众多产品版块，内容丰富，应有尽有，比如天涯博客、天涯相册、天涯邮局、天涯收藏、天涯游戏、天涯问答、天涯来吧等。另外，天涯还有大大小小的分社区，比如天涯民生、天涯文学、天涯财经、天涯汽车、天涯娱乐、天涯体育、天涯情感、天涯娱乐等。在天涯，你总能寻到自己感兴趣的模块。

说天涯，从博客开始。天涯博客，是天涯社区在 2004 年正式推出的，在国内极具影响力的博客网站之一，也是国内第一家将个人博客和社区公共论坛相结合的综合类社区。在这里，社区的注册会员都可以免费使用。

而天涯相册，则是天涯社区为了更好地服务广大用户而推出的增值功能服务。在此模块，天涯用户可以建立自己的相册，并可以通过群组与自己的朋友分享图片，还可以欣赏几百万天涯网友的精彩照片。另外，这里还会定期举办在线摄影比赛，大大丰富了社区生活。

在天涯，还有一个内容充盈的领域，那就是天涯收藏。天涯收藏主要由五个版块组成，即主版、天涯别院、职业交流、大学校园和天涯网事。其中，主版还包括天涯八卦、天涯杂谈、经济论坛、情感天地、闲闲书话等 54 个版块，在业内具有较高的地位。

天涯别院也可分为 10 类 81 个版块，主要包括文学、情感、娱乐、时尚、女性、兴趣、影音、聚会、专题、其他；职业交流共计 20 个版块，包括房产观澜、警察天地、会计、打工一族等；大学校园共计 16 个版块，包括青春杂言、校园贴图、考场加油站、女生宿舍、男生夜话、毕业之后等；而天涯网事，则包括天涯网刊、天涯居委会、天涯玫瑰园、天涯交易所等 13 个版块。

另外，天涯游戏是天涯社区打造的专业游戏平台。目前，该平台上已经拥有了《宫廷计》《神仙道》《天地英雄》《墨攻》《缥缈西游》《十年一剑》等众多优秀网页游戏。在这里，天涯始终坚持人文主义的社区经营理念，致力于为网友提供丰富有趣的休闲选择，打造出了独特美丽的游戏乐园。

天涯问答是天涯社区和谷歌联合开发出的互动问答知识社区，于2007 年 8 月正式上线。2008 年 8 月底，天涯问答开始举办“回答问题送话费”的活动，迅速汇聚了大量人气，直接挤入同类产品第一阵营。2010 年 7 月，谷歌停止了对天涯问答的技术支持，彻底同天涯中断合作，就这样，天涯问答成为天涯社区的独立产品。

在这里，用户可以通过知识搜索，查找在学习、生活、专业等方面遇到的问题答案。另外，注册天涯账号的用户，还可以与有共同疑问或有共同兴趣爱好的人交流。问问题，找答案，答问题，赢话费，在天涯问答，交流互助和传播知识就是这样简单有趣。

最后，天涯来吧是天涯社区旗下的子产品，主要为时尚男女和个性人群提供交流交友服务。在这里，用户只要输入关键词，就可以自动生成讨论区，使网友能够立即参与。目前，网友已经在来吧创建了 7 万多个主题，日平均浏览量达到 1000 万人次，可以说是名副其实的社交互动平台。

天涯社区是由 CEO 刑明一手创立的。他如是说：“中国的互联网产业是一个最纯洁而干净的行业，互联网背后的神话富豪没有资本的原罪，所有的财富都可以理直气壮地站到阳光下来。”

是的，从因缘际遇下的创立，到如今声势浩大的天涯社区，刑明一直理直气壮地站在阳光下。

刑明是一个内敛拘谨、老成持重的人，这颠覆了大多数人对于Web2.0 创业者意气风发的形象定位。1991 年，毕业于中山大学的他成了海南省政府信息中心的一名普通公务员，就算是在 20 世纪 90 年代的股市大牛市之中，他也不过是一名普通的大户。

1995 年，刑明成了中国第一代网民，跻身互联网时代，但在当时，互联网于他只是爱好，他有更为朋友们所熟知的身份——炒股能手。正所谓，海南出疯牛，在那个牛股频出的年代，刑明长期关注的几只海南本地股票，让他赚到了足以发家致富的第一桶金。

1999 年，刑明的股票账户从最初的几十万突破到两千万，他正是用这笔资金创办了天涯社区。这一年，他还建立了一个普通的文字版股民论坛，他如是说，“我只是很喜欢跟人在网上讨论股票，我们聚拢的是同一群人，大家都是因为喜欢”。

这就是天涯社区的雏形。另外，刑明还创办了海南天涯在线网络科技有限公司。后来，经过近五年的发展，这个名不见经传的小公司迅速成长为拥有 120 余人的中型高科技民营企业，成为海南省 IT 业的龙头企业之一。

他不是海归，也没有特别豪迈的梦想，就连启动资金，也不是经常出现在互联网创业神话中的风险投资。或许，他的创业路注定与众不同，天涯社区的建立和发展，是自然而然的水到渠成。

他这样说道：“我只是很喜欢跟人在网上讨论股票，后来又增加了杂谈和电脑技术论坛两个板块，我不知道这些论坛板块是怎么增加的，也许我们聚拢的是同一群人，大家都是因为喜欢。”

多么简单纯粹的理由！海内存知己，天涯若比邻，他只是想搭建这样一个平台，于是，他将自己的个人收益全部押在了当时还是未知的行业，因为喜欢。

其实，也正是因为喜欢，整个天涯社区的发展都是建立在一群人的共同爱好之上。因此，刑明从来都不用担心论坛的内容更新，因为一切都来自网友，也从来都不用担心网站推广，因为各个论坛都会自发组织活动。另外，他甚至从来都不担心内容管理，因为论坛版主也是从网友中自发产生。

天涯就是这样的社区，还一度被评选为“最有人情味的社区”。后来，刑明解释道：“天涯之所以这么火，是因为我们没有过早地对它进行商业化，天涯保持了最自然的发展状态。”

是的，拒绝过早商业化，为天涯社区的成长筛选出最优秀的基因。

但是，天涯的发展并不总是一帆风顺。步入 21 世纪后，互联网泡沫破灭，寒流来袭，成百上千的网站陨落天际，天涯社区自然也受到了很大的冲击。

天涯的气质一如刑明，内敛低调却又意志坚定，在这铺天盖地的混乱浪潮里，在刑明夹裹下，还未来得及成熟的天涯社区小心翼翼地退守一方。

据刑明回忆，在天涯社区最困难的时候，事业部压缩到只剩一人，但他还是克制住了烧钱取暖的欲望。踏实内敛的天涯，用控制成本保存战斗力的方法，扛过了一整个冬天。

寒冬过后，新四通利方摇身变成了新浪，网易也走上了多元化的发展模式，难以支撑的西祠胡同更是被低价收购。事实上，不只是西祠胡同，大多数的窄众社区不是倒闭了，就是被收购了，但天涯一直坚挺着，苦苦守着最初的理想。

当然，还是有资本想要将赚足眼球的天涯社区收入麾下，但刑明一直倔强地扛着“人文情怀”的旗帜。相当长的一段时间里，支撑天涯活下去的只是刑明在海南在线的微薄收入，正是他这样的坚持，天涯的凝聚力和品牌效应也慢慢累积起来。

2003 年，天涯社区扛过互联网泡沫，会员数一路暴涨至 300 万，日访问量更是达到 2000 万，在天涯，每天都有 3 万人同时在线。2004 年，天涯新推出了博客项目，又轻松吸引了 9 万多名会员。作为综合性的社区网站，那时的天涯是中国大陆唯一上榜全球 500 强的网站。

对于企业来说，没有利润，就等于没有明天，无论人气多高，盈利才是硬道理。因此，网络社区一直逃脱不了“靠点击率和访问流量增加和聚集品牌”的模式，天涯亦然，如果没有成熟的赢利模式支撑，网络社区只能生死难料。

但刑明骨子里有一种单纯的人文意念，他想要做的是充满人文气息的个性化社区，满足如他这般具有人文情结的网民。不可否认，这样的理念是极好的，只是，当天涯想要在赢利的道路上迈步时，就会因此面临更多的问题，比如不能单纯依靠展示和弹出广告，因为这样招人烦，既影响人气，还违背了人文理念。

因此，天涯社区一直为开启第三代网络广告模式而努力。第三代网络广告模式就是用户行为定向广告，在这种模式下，广告不再针对所有使用者，而是直接精准地找到有需要的那个人。

这就是天涯式的精准营销，在这背后，是用户多年的使用行为。经过多年系统数据分析，天涯对注册用户的基本信息是有一定了解的，他们正是利用这样的平台，去寻找真正有需求的人，因此，任何企业都可以在这里建立自助的营销系统。

从中山大学的一介书生，到海南省的炒股高手，刑明在不经意间创立了股民论坛，然后又水到渠成地将其变成国内深受瞩目的天涯社区。如今，他早已不愁盈利，低调如他，是最容易被忽视的 Web2.0“创业家王者”。

他如是说：“人们用最真的态度，在天涯过最真实的生活，反而会衬托出最真实的商业需求。”是的，人在天涯，举目皆是真实和简单，那简洁明朗的版面，是最舒心的反映。

刑明是成功的，不仅将人文底蕴转化成天涯独有的风格，还让色彩浓郁的人文主义成为天涯的核心竞争力之一。他认为，天涯之所以成为天涯，其中很重要的一点原因，就是这里聚集了一帮高素质的人，并就此形成了强烈的人文关怀。

海内存知己，天涯若比邻。在这样的关怀底蕴下，是满满的用心和贴心，人在天涯，同天涯人一起，共同演绎与众不同的天涯人生！

3. 混迹于各大论坛成了一种生活

2015 年 5 月 4 日，天涯社区公布了《股权公开转让说明书》和《财务报表及审计报告》，正式宣布将在新三板挂牌上市。这家成立了 16 年的网络社区，终于要上市了！

十几年网络风云变幻，多少论坛消失，又有多少论坛兴起，比如被艺龙网出售的西祠胡同，比如孕育出两家纳斯达克上市公司的四通利方。如今，混迹于各大论坛早已成了一种生活。

其实，天涯社区早在十年前就谋划过海外上市。2005 年，邢明在开曼群岛注册了天涯控股公司，并获得了 IDG 和清科的投资；2006 年，天涯社区又得到了谷歌、联想、江南春的共同投资；2007 年，天涯社区和谷歌中国合作开发“天涯问答”“天涯来吧”等产品，另外，天涯还获得了谷歌中国的流量支持；2010 年，天涯回购了谷歌所持有的股票，两家的合作连同海外上市计划，一起中止在摇篮里。

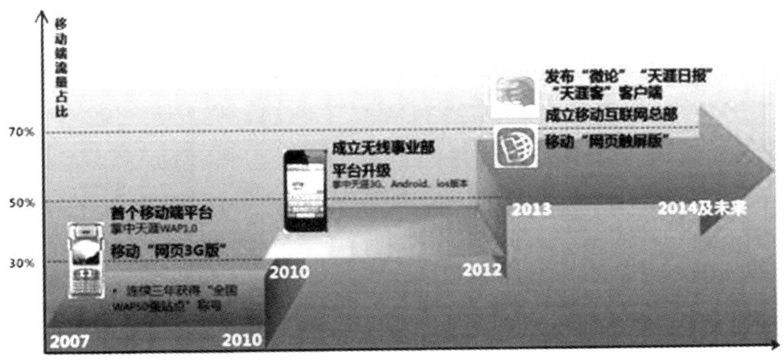

（天涯社区移动端流量占比趋势）

2010 年以后，移动互联网开始如火如荼地发展，但是天涯社区并没有追上这股热潮，逐渐淡出公众视线。目前，天涯旗下的主要产品是天涯论坛和海南在线，主要依靠广告和游戏联运维持收入。

是的，天涯没有变，它的主要收入来源依旧是广告，但在这更迭换代太过迅速的互联网产业，不变恰恰是最致命的。最近两年，天涯社区连续亏损，分别达到 3161 万元和 4465 万元。

在《股权公开转让说明书》中，天涯并没有掩饰这样的亏损，直接归结为如下财务风险：持续亏损，经营现金流持续为负，每股净资产较低。另外，天涯还解释说，目前公司正在根据客户需求调整战略方向——建设移动兴趣社交平台。

2012 年，天涯发布类微博产品“微论”。另外，天涯还围绕“社区型电子商务”和“社区游戏化”进行转型升级布局，开发推出了“天涯客”、打赏等奖励性众筹类型的手机客户端。

正所谓“瘦死的骆驼比马大”，即使是这样没落的境地，天涯社区的注册用户依旧超过 1 亿，平均日发帖回帖量达到 45 万，移动端流量占比超过 60%，就连“微论”的装机量，也突破了 1000 万。

据此，我们可以推断，天涯社区的月活跃用户，至少要用百万计算。这不是一个小数目，天涯人依旧散布天涯，依旧有无数人混迹论坛之上，或许，这已融入生活，成为不可或缺的一部分。

时光追溯到 1998 年。这一年，四通利方和华渊资讯合并建立了新浪网，这一年，张朝阳用风险投资建立了搜狐，成功打造出新兴生活时尚门户，这一年，出售免费邮件系统获取资金的网易，开始参照 AOL 模式进军门户行列，这一年，叱咤风云的张树新正式离职，瀛海威开始全面转型……

1998 年，这是值得纪念的一年，号称中国互联网元年。其实，也正是从这一年开始，论坛的影响力也开始逐渐凸显出来。当今社会，大部分的年轻人都不太喜欢读报纸、听广播、看电视，网络论坛成了他们获取信息的最主要途径。

在论坛上，大家不仅可以浏览到各种各样的资讯，还能对看到的、听到的甚至是想到的任何一件事情进行评论，谁也不知道自己的帖子会获得多少人的支持。

曾经，四通利方论坛上一篇名为“大连金州没有眼泪”的帖子感动了无数人，仅仅 48 小时的时间就被阅读了两万多次。但在二十一世纪的今天，论坛上的帖子被阅读两万多次早就算不上什么惊天动地的大事，因为其本身不再只是娱乐交流工具，更是一种新兴媒体——网络媒体。时代在改变，我们的网络媒体也在不断发展，不断革新，不断在前进的社会中增强其影响力和引导力。

是的，网络发展迅猛，一个个社区论坛如同雨后春笋般出现，并迅速吸引年轻公众的视线。现如今，论坛几乎涵盖了我们生活的方方面面，无论是谁，每个人都可以在论坛的世界里，寻觅到自己感兴趣或者是想要了解的角落。

纵观整个虚拟世界，无论是综合性的门户网站，还是功能性的专题网站，他们都青睐于开设自己的论坛，这样既可以丰富网站内容，还能增加互动性，促进网友之间的交流。因此，论坛就其专业性，可以分成综合类论坛和专题性论坛两大类。

综合类论坛往往包含更为广泛丰富的信息资讯，几乎可以吸引全部的网民。但是，广易不精，这类论坛往往存在着这样的弊端，即很难面面俱到、处处精细。

通常情况下，综合类论坛需要足够的人气和凝聚力支撑，还需要强大的资金后盾支持。因此，大多数的综合类论坛是属于大型门户网站的，比如新浪的四方利通论坛。而对于那些小规模的网络公司，往往更倾向于专题性论坛，以追求处处精致。

与综合类论坛相比，专题类论坛更能够吸引真正的志同道合之人交流讨论，这有利于信息的搜集和分类整合。另外，专题性论坛往往对学术科研教学起到十分重要的作用。

购物类论坛、动漫类论坛、军事类论坛、电脑爱好者论坛、情感倾诉类论坛……一般情况下，专题性论坛是可以在单独的领域进行版块划分设置的。甚至，有些论坛直接将专题性做到最细化，这样往往可以得到更好的效果。

从天涯社区、猫扑社区，到搜狐论坛、网易论坛，再到 QQ 论坛、百度贴吧，论坛早已成为网络时代不可或缺的一部分。混迹论坛是一种生活，或许你已经点进某个社区，浏览着今日的头条新闻。

第六章

网游天地 2002

在网络里开辟一个虚拟的世界

那是一个神奇的天地，纷繁的种族、唯美的界面、眼花缭乱的职业、公平的竞争机会、绝不平等的实力，这个弱肉强食的游戏王国，吸引了无数年轻人的目光，他们沉迷其中，玩得不亦乐乎。

一个虚拟的世界，丰盈而让人着迷。史玉柱用《征途》征服世界，陈天桥用《传奇》开创传奇，从《石器时代》《魔兽世界》到《大话西游》《魔域》，如今的网游市场，充斥着各种各样的大型游戏，缔造了网络时代的又一大神话！

1. 一个盛大的网游帝国

21 世纪初，随着国民经济的持续迅速发展，以及国家计算机普及计划的推动，我国每年的电脑使用数量不断递增，上网人数在持续增加，中国的互联网事业迎来新的高潮期。与此相伴，盛大的网游天地也逐渐

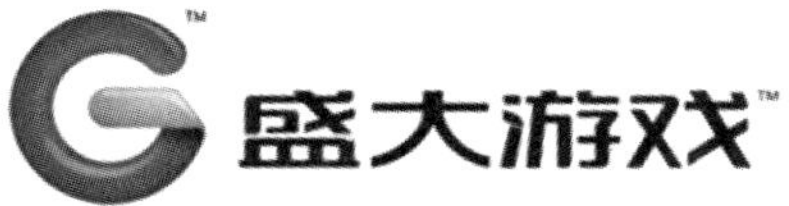

（盛大游戏 logo）

被开发出来。

那是一个神奇的世界，纷繁的种族、唯美的界面、眼花缭乱的职业、公平的竞争机会、绝不平等的实力，这个弱肉强食的游戏王国，吸引了无数年轻人的目光，他们沉迷其中，玩得不亦乐乎。

在网络里开辟一个虚拟的世界

提到网络游戏，有一个人物大家都不陌生，那就是盛大网络创始人陈天桥先生。作为一名资深的网游玩家，没有谁不惊叹《传奇》的强大，没有谁不知道《龙之谷》的大名，而这一切，都归功于盛大，都属于陈天桥。

有人说，网络游戏成就了陈天桥，也有人说，陈天桥成就了网络游戏。谁知道呢？在我们的认知里，陈天桥之于网游，已经成了不可分割的存在。

陈天桥，盛大网络董事长兼首席执行官，1973 年出生于中国绍兴，1994 年毕业于复旦大学经济学专业。学生时代，他始终担任学生领导职务，凭着优秀的成绩和不错的活动组织能力，他还于 1993 年被授予上海市唯一的“优秀学生干部标兵”称号。

毕业之后，他进入了陆家嘴集团工作。男人是需要眼光的，作为复旦大学经管系的高才生，炙手可热的他没有如其他的好学生那般，选择人人欣羡的外企，而是另辟蹊径，选择了国企，选择了资讯行业。

没有人知道他的真实想法，但他后来在陆家嘴集团一路高升，很好地说明了他的独具慧眼。1997 年，陈天桥 24 岁，一举成为陆家嘴集团的总经理助理，创下当时的最高提拔记录，羡煞集团内外许多人。其实，他的经历还告诉我们这样一个事实：放对了地方的人才，才是真正的人才。

人才集中的地方，资源浪费也必然多。或许，在陈天桥看来，与人才扎堆的外企相比，同样的禀赋，同样的努力，自己在求贤若渴的国企会更有机会。是的，他是对的，除了少年老成的天性，这段国企任职的经历，教会他许多为人做事的分寸尺度，在他的身上，有着与年龄不相符的成熟稳重。

1998 年，他从陆家嘴集团跳槽到金信证券公司。正是在这里，他接触到了互联网，爱好打游戏的他突发奇想，想要将两者连在一起，创立一个社区游戏网站。他如是说：

“有人告诉我，陆家嘴的黄浦江上有一座桥。如果他的说法符合逻辑，符合道理，即使我看不见这座桥，也会一脚踏上去。我就是一个极其感性、又非常理性的人。”

这是他的创业箴言。是的，那时候的中国，还没有什么像样的网络游戏，但有了想法，就要付诸实践！就这样，说干就干，他踏上了自己的创业之路。

1999 年，他与妻子、弟弟还有几个志同道合的同学一起创办了盛大网络有限责任公司，从卡通网站开始做起。2000 年，盛大网络获得中华网 300 万美金的风险投资，制定出网上迪士尼的发展战略。2001 年，陈天桥宣布盛大网络正式进入互动娱乐行业，并先后代理运营了《传奇》《新英雄门》《疯狂坦克》等多款大型游戏。

其实在创业之初，陈天桥就认定了自己绝不可能失败，因为自己了解游戏，了解玩家，也了解投资市场。因此，当游戏网站的用户注册异常火爆时，他在欣喜之余并没有太过喜出望外，或许对他而言，这个网站的成功是理所当然。

盛大网络成功获得中华网投资，此时正是 IT 泡沫破灭之时，大多数互联网网站风光不再。这时，陈天桥真切地感觉到，盛大顺势而为的成功无法重演，他决定主动出击，改变公司的盈利方式。

创业初期，盛大网络主要依靠单个网站上的简单休闲游戏赚钱，而现在，陈天桥要通过遍布全国的网吧，代理和推广流行日韩的“多人角色扮演”游戏！

2001 年，陈天桥花费 30 万美金，取得韩国 Actoz 公司旗下的大型网络游戏《传奇》在中国的独家代理权。其后，盛大开始联合中国电信，在成千上万的网吧向玩家兜售。也正是这款游戏，启动了盛大的财富传奇，在陈天桥的带领下，凭借优质的服务和严格的密码保护等核心竞争力，盛大网络一举成为中国网络游戏业的领头羊。

当然，一切并不如表面那样简单。当时，他花费的 30 万美金代理费，是盛大所有的资金，但他还是力排众议，全部投入到《传奇》的项目之中。后来，他如是回忆说："合同签完后，我就没钱了，但游戏运营才刚开始，形势十分危险。2001 年之前盛大几乎每天都有可能死去，但我下定决心去做，因为网络游戏当时在中国还知者寥寥，我认为它一定会成功。"

是的，他成功了，尽管那段日子太过难挨，几乎每天都能感受到死神的脚步。2002 年，盛大网络的年营业额有 6.8 个亿，纯利润达到 1 亿人民币。在企业的发展过程中，最让人信服的就是利润值，盛大做到了！目前，盛大注册用户达到六千万人，同时在线人数超过六十万，是世界上拥有最多同时在线用户数的网络游戏运营商！

2004 年 5 月，盛大网络在纳斯达克股票交易所上市。其实，这并不是新股上市的好时机，因为中国的概念股正在遭遇寒流。

在这转折点上，一贯自信的陈天桥也是忐忑的，在上市前夕的 24 小时内，他几乎没有合眼，最后，在反复权衡之后，他做出了这样的决定：下调发行价，将每股 13 美元下调到 11 美元，并减小 50% 的上市规模。

在外人眼里，这样的决定很难理解，因为盛大会因此足足损失两千万美金。但精明如他，当然还有自己的如意算盘，陈天桥如是说，"上市以后，我们以每个季度百分之二十的增长率，肯定很快就可以获得投资者的认可，我们可以通过融资获得资金。"

这一次又在陈天桥的预料之中。同年 10 月，盛大网络的股价大幅上涨，这时候，他打电话给高盛，要他们在一个礼拜之内完成盛大可转换债券的发行，否则就会考虑聘请别的证券公司。

高盛自然不愿意失去盛大这样的大客户，他们马上行动起来，真的用短短一个星期的时间，做完了盛大可转换债券的发行工作，后来，盛大将这笔钱用在了游戏内容商的控股之上。

后来，陈天桥如是说："在半年之内，从上市、发季报、融资、收购，我们在半年之内完成，我觉得在这里面就存在对节奏的把握，如果任何一步你没有踏准，或者缺钱或者说缺地方都不行。人家也是看到你有钱才谈，你没钱怎么跟你谈？所以在这里面，我觉得第一阶段专注，第二阶段节奏，这是我们对整个企业的理解。”

他是有眼光的男人，不只在创业，还在于觅得佳偶。在西方国家的社交圈，流传着这样一句真理，想要了解一个男人，先要看看他怀里的女人。是的，好眼力的陈天桥，找到了一位眼光精准的妻子，事实上，他的创业之路走到今天，得益于妻子雒芊芊的地方数不胜数。

创业伊始，雒芊芊就职于证券公司，他们的第一桶创业资金，正是来自股市。后来，雒芊芊成了公司首席财务官，专业扎实、思维缜密的她，还为盛大争取到软银 4000 万美元的投资。另外，她还是丈夫的精神支柱，在陈天桥登顶事业巅峰时，她如是激励道：“别人一辈子也许只要爬一座山，但是你可能要爬三座、四座山。”

正是妻子的激励，陈天桥总能重新感受到奋斗的价值和乐趣。在他的人生哲学里，“和而不同”“与时俱进”是重要法则。有时候，他也会自省，如果不这么执着于创新，如果只满足于做个跟随者，将现成的

（传奇世界 logo）

产品和商业模式做大做强，也许盛大的资产规模会更大更强。但是，谁知道呢，陈天桥不会轻易妥协，因为创新已经融入血液。

2004 年注定是与众不同的一年。这一年，盛大不止上市了，还用 9170 万美金的价格，买下了韩国 Actoz 公司 28.96% 的股份，成为其最大股东。

盛大和 Actoz 之间宿怨已久，双方因为《传奇》的代理费和知识产权问题，已经打了好几年官司。Actoz 认为，盛大的发迹完全依靠自己旗下的《传奇》游戏，但盛大却不知饮水思源，始终不能给出合理的分账比例。而盛大认为，在韩国，《传奇》只是二流游戏，如果没有自己的营销战术，也不可能在中国拿到上千万美元的分账收入。

针对这个问题，双方各执一词，争论不休，合作不断出现摩擦。为此，盛大深感受制于人之苦，就在代理合同到期之前，拼命研发出拥有独立知识产权的《传奇世界》，当然，被盛大一脚踢开，Actoz 怎能甘心，他们转而起诉《传奇世界》抄袭自己的《传奇》……

数年的宿怨纠纷，终于在 9 千万美元的收购计划中应声落地。还有什么事情，比把敌人收归麾下更让人扬眉吐气？昔日的对手转投盛大营帐，如此漂亮的釜底抽薪，令无数人刮目相看。

盛大网络从事的是游戏产业，但陈天桥做事，丝毫没有游戏的态度，即使是收购 Actoz，也是他深思熟虑后作出的决定，这对盛大打造世界级的网游帝国，具有非常重大的意义。

他说，盛大的目标是做一个迪士尼式的互动娱乐帝国。是的，这个男人从来不缺乏野心，他梦想着，盛大有一天会像迪士尼公司那样，从一个简单的网络游戏提供商和运营商，变成跨媒体、全方位的娱乐帝国。为此，他仍在不遗余力。

2. 史玉柱的必胜信念

在互联网网游史上，有一个传奇人物不得不提，他就是巨人集团的创始人史玉柱。

提到史玉柱，有些人可能不太熟悉，低调如他，并没有过多地走进公众的视野。但是，如果提到“脑白金”“黄金搭档”以及网游“征途”，恐怕国人就无人不知、无人不晓了。这三款产品，皆是史玉柱的得意之作。

中国企业家网如是评价他：“回顾‘巨人’的创业大事记，史玉柱可谓是中国商界最耀眼的东山再起者。从一个一穷二白的屌丝青年，到全国亿万级富豪，再到负债两亿多元的‘中国首负’，再到身价数十亿元的资本家，在史玉柱身上上演了一场惊心动魄的咸鱼大翻身，他也无可争议地成为商界领袖的典范人物。”

是的，他是商界怪杰史玉柱，他用跌宕起伏的人生告诉世人，什么才是必胜的信念。

1962 年，史玉柱出生于安徽省怀远县的普通家庭，父亲是普通民警，母亲是普通工人。但是，警察出身的父亲有着极严的家教，他告诫儿子：“即使别人打你，也不许还手”、“为人一生，要做好事，以后会流芳百世；倘若做坏事，就会像秦桧似的留下千载骂名”。

父亲身体力行的教育，深深影响了他的性格和价值观，也对他后来的创业经商起到了非常大的启示作用。民间有云，三岁看大，七岁看老，史玉柱在小的时候就表现出执着的个性。

童年的他大多数时间都是在学校度过的。当时，他每次放学回家，总是坚持先做作业再吃晚饭。如果作业没做完，他是坚决不会中途停下来先吃饭的，无论父母怎么劝说都没用。因此，学生时代的他从来没有完不成作业的时候，也正是这样的坚持和耐心，让他养成了倔强的性格，可以说受益终身。

1980 年，史玉柱 18 岁，以优异的成绩考入浙江大学数学系。当年，他是怀远县的高考状元，老师们都希望他填报清华或者北大，但史玉柱并没有随波逐流，他有自己的想法——去数学家陈景润曾授课的学校学习，当“中国第二个陈景润”！

怀揣着远大的理想抱负，史玉柱开始了自己的大学生涯。只是他的数学梦在大一的时候就破灭了，因为他发现，看似简单的“1+1”其实是非常难的，很多问题已经被数学家们研究得太多了。他遗憾地说，“我很想做成一件事情，但是我又意识到我做不成这件事，这正是我理想破灭的主要原因。”

理想破灭后，他开始寻求属于自己的路，探索起其他领域中可能有所突破的东西。后来，他在大三时抛弃了枯燥的纯数学，开始转向计算数学方向，这个阶段的编程学习，为他今后的创业打开了大门。

1984 年，史玉柱毕业了，并被顺利分配至安徽省统计局，主要负责农村抽样调查数据的处理，使用的工具是最简单的计算器。当时的大学生还是“物以稀为贵”，因此他在统计局颇受领导重视，不久便被安排到西安统计学院进行几个月的进修。

这是一次难得的机会。在统计学院，负责授课的是一位美国教授，他所介绍的抽样调查方法，几乎都需要计算机的辅助，这让史玉柱深深感觉到这个庞然大物在未来社会的发展潜力。

当时，计算机绝对是奢侈品。进修结束后，他向领导申请“买一台计算机”，得到同意后，他又亲自去广州采购回来一台价值 5 万元的 IBM 电脑。

单位有了电脑，他经常在下班后泡在机房研究，不久后就编写出一套统计程序，该程序大大提高了工作效率，为统计局节省了很多人力和时间。后来，他还针对统计数据编写分析软件，结果还真分析出很多有价值的信息，让同事们刮目相看。

1985年，史玉柱的分析软件在全国统计系统年会上获得一致好评，全国各地的农村抽样调查系统都被要求使用这款软件，他还因此获得了奖金和“技术进步奖”的荣誉。

这一年，他不过23岁，参加工作刚满一年就取得这样优异的成绩，大大激发了他对电脑程序开发的浓厚兴趣。后来，这个聪明的青年根据软件分析出来的数据信息，整理成文章向相关杂志投稿，竟然真的被行业内非常权威的杂志采用发表。

就这样，史玉柱获得了安徽省副省长的赏识，在副省长的推荐下，他被保送到深圳大学软科学管理系进修研究生，而且毕业后就可以直接担任处级干部。这真的是天上掉馅饼的好事，他未来的前途，可谓一片光明灿烂！

1989年，他研究生毕业，成了27岁的处级干部。只是谁也没想到，在深圳开了眼界的史玉柱，并不甘于这样的人生，一回到安徽，他就提出了辞职，丢弃铁饭碗，选择下海。

他如是说：“我以前在安徽省政府的统计局上班，因为觉得那种工作环境使人的想法与个性受到了压制，所以决定下海经商。最初的创业在深圳开始，那时感觉特别好，从很低的起点一步步往上爬，是最快乐的时候。”

正所谓时势造英雄，当时正是下海大潮，于是他选择做时代的弄潮儿。当时，他只有东拼西凑的4000块钱，以及刚刚开发出的M-6041桌面汉字处理系统，但他还是义无反顾地踏上了创业征程。

编程是枯燥的，夜晚是孤独的，但有梦想的人是幸福的，为梦想而努力的人是充实的，经过反反复复的可行性论证，M-6014日趋成熟，他将这个汉化的软件压缩成卡，准备推向市场，因此，这个软件又被称作“汉卡”。

只是，怎样将“汉卡”卖出去呢？万事俱备只欠东风，没有资金支持的他瞄上了中国IT媒体先锋《计算机世界》，想要以软件版权作抵押，

"赊"打广告。

这样的想法是史无前例的，但他就是敢想，或者说对自己的"汉卡"有信心。经过一番努力，广告部主任看过软件演示后，终于同意了他的想法，为他打三期广告，但广告费用必须在半个月内结清。

（巨人 logo）

1989 年 8 月，《计算机世界》上首次刊登出 M-6401 的广告，虽然只是"M-6401，历史性的突破"这句普通的大白话，但由于是权威媒体的宣传，史玉柱的汉卡销售迎来了春天。自此以后，空手套白狼的他与广告结下了不解之缘。

1991 年 4 月，史玉柱成立了珠海巨人新技术公司。当时，他新研发的 M-6402 也已投入市场，并用"巨人汉卡"四个字称呼全新的软件，他如是说："IBM 是国际公认的蓝色巨人，我用'巨人'命名公司，就是要做中国的 IBM，东方的巨人。"

巨人公司横空出世，史玉柱与巨人血脉相连！

但是，史玉柱很快就发现 M-6402 还不够完美，于是就进行了新一轮的升级。同年 8 月，M-6403 面世，这套软件是 M-6401、M-6402 的深化版，在造字联想、自定词组、编辑排版等方面都有了很大提升。

在汉卡的销售市场上，巨人一直有一个劲敌，那就是 WPS。怎样应对竞争对手的强烈冲击呢？经过考察，史玉柱想到了渠道的重要性，他抓住机会，果断发起连锁会议，并承诺凡是订购 10 个巨人汉卡，就能获取参会的往返路费。

在营销的路上，他总是先人一步，他的这一举动，吸引了全国各地的电脑经销商，在总投入几十万的会议现场，巨人收到了 3500 万的现金支票，销量一下子超越了 WPS。

1992 年起，巨人俨然成为中国电脑行业的领头羊，史玉柱也被冠上“中国十大改革风云人物”的头衔。这一年，有权威媒体对北京、上海、广州等城市的万名青年做了问卷调查，其中，你最崇拜的青年人物中，史玉柱仅次于比尔·盖茨，排名第二。

1995 年，史玉柱 33 岁，被列入《福布斯》大陆富豪榜第八位。从放弃铁饭碗白手起家，到排名第八的新晋富豪，他仅用了七年时间，这绝对是令人兴叹的奇迹，也正是因为这样的奇迹，他成了青年人的偶像。

事业的顺风顺水让他意气风发，他觉得，按照巨人当前的发展速度，一定能成为资金雄厚、规模宏大的集团公司。但是集团公司应该是多元化的，单一的电脑产品并不能满足史玉柱的扩张需求，他将目光瞄向了生物工程领域。

后来，他回忆说：“1992 年时，我便萌生了进军生物工程的念头，当时只是朦胧地意识到生物工程是一个利润很高的产业。1993 年下半年，王安电脑公司的破产对我影响很大，感到巨人集团也迫切需要新的

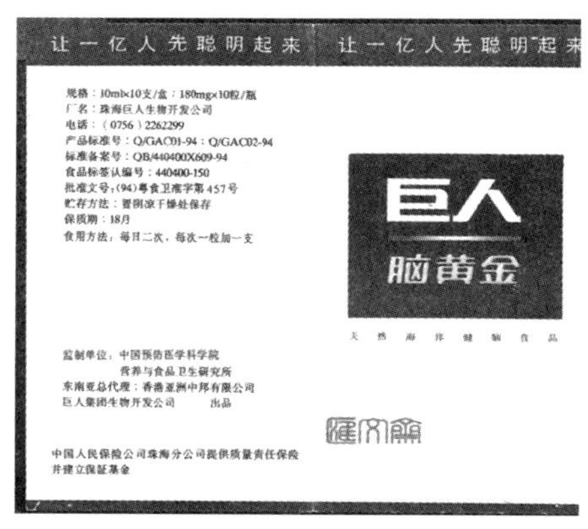

（脑黄金 让一亿人先聪明起来）

产业支柱。出于这两方面的考虑，我就决定跨入生物工程领域。”

就这样，他悄无声息地注册了巨人生物开发公司，为进军保健品市场埋下了伏笔。那段时间，他不断往美国跑，考察寻找着可行性机会，机缘巧合下，他碰到了自己的大学校友袁彬。

当时，袁彬正在美国攻读生物化学方面的研究生，他向史玉柱介绍了一种具有健脑功能的神奇技术，这就是后来的“脑黄金”。史玉柱对此很感兴趣，他力邀袁彬回国，共同开发研究新的项目。

不久后，“脑黄金”问世。史玉柱将当年推行 M-6401 的方式巧妙地运用到保健品中，一时间，巨人脑黄金的广告在各大媒体铺天盖地，他甚至还亲自上阵，频繁出现在媒体中进行产品宣传解说。为了脑黄金的口碑，可谓不遗余力。

当然，大手笔的广告投入是很有效果的，脑黄金的盈利很是可观，在全国范围内产生了巨大的影响。但与此同时，广告效应也带来了质疑，对巨人产生了一些负面影响。

脑黄金的广告语灵感来自邓小平那句“让一部分人先富起来”，巨人将其巧妙地更改为“让一亿人先聪明起来”。当时，“让一部分人先富起来”是在国内叫得最响的口号，因此，脑黄金的广告刚打出来，就引起了轰动，但凡事都有两面性，史玉柱没有想到，这句广为传播的广告语，会给脑黄金带来麻烦。

1994 年 5 月，《重庆晚报》专刊批评巨人广告，称其不健康，存在错误导向。接着，很多媒体都跟风撰文，相继攻击巨人系列广告，一时间，巨人陷入无休止的声讨之中。

祸不单行，国家工商局也紧急发文，暂停巨人系列广告：珠海巨人高科技集团近来推出的所谓“巨人健康大行动”系列广告，其中一些广告创意内容在全国引发了众多的猜忌和讨论，造成了不良的社会效果和政治影响。为此，特紧急通知各地，立即暂时停止发布珠海巨人高科技集团公司“巨人健康大行动”系列广告。何时恢复，另行通知。

这真的是当头棒喝！史玉柱马上行动起来，对外界的相关批评积极回应，并进行了一系列反思："巨人公司正在努力改正这一切，新的广告将会在合法的前提下，重新创意。"

创意变了，广告形式换了，宣传的侧重点也转向了儿童。史玉柱运用正面的广告元素和极富亲和力的宣传，不仅挽回了舆论，还达到了很好的促销效果。截止到 1995 年 2 月，脑黄金的回款已突破 1.8 亿元大关。

脑黄金突破市场，引起强烈反响。之后，史玉柱又不失时机地推出了巨人吃饭香、巨人补钙、巨人养胃、巨人肝黄金等 12 个系列的保健产品。只是，这么多产品，生产中难免出现纰漏，再加上珠海巨人大厦建设资金告急，史玉柱在 1996 年将保健品方面的全部资金调往大厦建设，最终导致脑黄金市场回落。

1997 年 1 月，正在主持集团大会的史玉柱被一条以《"巨人"史玉柱身陷重围》为题的新闻彻底击垮。在强大的舆论压力下，他深切感受到自己的大意，二十分钟后，他在本子上重重写下"天亡我也"四个大字，唱响悲歌。

这就是所谓的大起大落吧。当史玉柱带着遗憾离开珠海时，他成了"中国首负"，穷得连汽油都买不起。从原来的偶像形象，到这时的失败者代表，他成了人们茶余饭后的一大谈资，巨人总部的大楼，也从曾经的灯火辉煌变得冷冷清清……

这一年，遭遇滑铁卢的史玉柱淡出大众视线。然而，他并没有销声匿迹，因为无法放弃当初的梦想，他要卧薪尝胆，东山再起，将巨人建成中国真正的 IBM！

1998 年，巨人复出之战悄然开始。这一次，史玉柱向朋友借了 50 万，推出全新保健产品"脑白金"。在正确的营销策略和强有力的统筹保障下，他拿下了一个又一个县、一个又一个市、一个又一个省。虽然有人指责他的广告太过恶俗，但"收礼只收脑白金"的广告语传遍了大江南北，"脑白金"赢得了寻常百姓心。

2001 年，他凭借脑白金所创造的利润，终于还清了 2 亿元的高额负债，获得重生。他是一个不断创造奇迹的人，并不满足过去创造过的奇迹，因此，在脑白金畅销全国的时候，他又成立了黄金搭档生物科技有限公司，准备进军维生素市场。

从脑白金到黄金搭档，他依旧坚持着自己的营销方式——广告先行。有人说，史玉柱是个怪人，或许吧，他的坚持让黄金搭档连续六年位列维生素类保健品销量第一。

2002 年，史玉柱在闲暇时开始玩盛大公司开发的网络游戏《传奇世界》，并且很快上了瘾。当时，他在游戏中的名字是“收礼只收脑白金”，这个怪人不会放过任何一个做广告的机会。

刚开始玩网游时，他只有 30 多级，与人 PK 时总是被砍，于是，他找到区里级别最高的玩家，花了 3000 块钱买下他 70 级的账号。但他没想到，即使是这么高级别的账号，他依旧没办法叱咤风云。

不解其中道理的史玉柱直接找到了盛大的 CEO 陈天桥，陈天桥告诉他，装备更重要。这一次，他总算搞懂了，原来，在网游的世界里，光练级别是不行的，还要有好的装备，这样才能够所向披靡。

因此，他花了 1 万元买了一套顶级装备，后来，为了提高自己的战斗力，他又多次从别的玩家那里购买装备。就这样，他慢慢玩出门道，但他不只是玩家，还是个商人，他用敏锐的嗅觉发现网游世界里流淌的牛奶和蜂蜜！

从中国“首负”，到巨人资本家，他用最独特的创业之路，诠释了坚持的含义。他是商界怪杰，用怪异的营销，创造了一个又一个奇迹，这个倔强的人，用必胜的信念，将梦想牢牢托起。

后来，他如是感叹：“我们作为曾经失败过，至少有过失败经历的人，应该经常从里面学点东西。人在成功的时候是学不到东西的，人在顺境的时候，在成功的时候，沉不下心来，总结的东西自然是很虚的东西。只有失败的时候，总结的教训才是深刻的，才是真的。”

或许，人生最大的精彩就在于波澜起伏。一次失败，一生受益，他所缔造的商业王国，在时间的检验中留下丰富的营养，供时下的我们各取所需。

3. 缔造网络时代的神话

史玉柱是一个雷厉风行的人。当程序员出身的他捕捉到网游的商机，就萌生了进军网游行业的念头。

诚然，他是靠着保健品行业东山再起的，但却一直对互联网行业情有独钟。他曾这样说过，“其实我们最早就是做巨人汉卡起家的，跟着我们的大部分干部都是做软件工程师出身，我们迟早是要回到这个行业里的。”如今，机会来了，他当然会振臂一试。

说干就干，他召集起巨人集团的高管，共同讨论开发网络游戏相关事宜。另外，他还专门找来专家咨询，并拜会了一些行业内的主管领导，最终得出这样的结论：在未来 8 年或者是更长时间里，网络游戏的增长速度都会保持在 30% 以上。

史玉柱认为，如今中国的游戏玩家比例相对较低，但国人对娱乐的需求正在不断增长，这意味着巨大的潜力。因此，他断言中国的网游市场是一个朝阳产业，并义无反顾地投身其中。

2004 年 11 月，上海征途网络科技有限公司成立，史玉柱正式进入网游行业。当时，做网游的两个必要条件是资金和人才，显然，史玉柱是不缺资金的，多年的保健品业务积累给他带来了巨大的财富，他缺的是一个能够胜任的团队。

当时，史玉柱正在玩一款叫做《英雄年代》的游戏，他觉得这款游戏比《传奇世界》更有吸引力，只是让他有些不解的是，游戏中明明有很多不合理的地方，为什么开发公司一直不改进呢？无奈之下，他又换了另外一款游戏，但却仍然觉得不如《英雄年代》好玩。

原来，当时《英雄年代》的开发团队和东家盛大公司产生了严重分歧，双方各持己见互不相让，关系正在急速恶化。得知此消息后，史玉柱就顺藤摸瓜，用高薪将这些开发人员挖了过来。就这样，“万事俱备，只欠东风”的征途网络，顺利借到“东风”。

随后，征途网络在将近一年的时间里，都在秘密状态下开发、测试新游戏。外界几乎没人知道这家公司的存在，也很少有人知道保健品行业的广告怪才投资了一个网络游戏项目。

征途网络开发的第一款游戏就是为人所熟知的大型网游——《征途》。在研发阶段，史玉柱是一个大度的管理者，考虑到开发人员本身就是游戏玩家，年龄普遍较小，在考勤等方面并没有设置严苛的纪律。另外，他在待遇方面也颇为慷慨，只要开发人员技术能力强，就愿意付

（征途游戏 logo）

出高额报酬。如此一来，他轻易笼络了研发团队，与他们一同埋头于游戏开发的攻坚战。

另外，在研发过程中，史玉柱还广泛听取研发人员的意见，并邀请更多人参与到讨论之中，共同探讨最佳方案。由于研发人员本身就会参

与游戏，再加上年轻人思维开阔，总会不定时地跳出各种各样的新奇想法，这都对游戏模式的开发起到了很好的促进作用。

当然，对于整个开发过程，史玉柱本人也是全程参与的。他是资深玩家，经常会在玩游戏的时候发现各种各样的问题，然后就会打电话反映给自己的研发团队，让他们第一时间改过来。

对此，他曾如是回忆说："我们的游戏刚做出来的时候，是很不好玩的一个游戏，非常难玩，我每天就在里面玩，平均每天有15个小时在游戏里待着，除了吃饭、睡觉，剩下的时间我全在游戏里面……这么熬了两年，玩的时候发现哪个地方设计得不好，连夜把技术人员叫起来，叫他去改。之后我睡觉了，醒来后就看改好了没有……"

是的，正是这种精益求精的态度，在他与研发人员逐渐打成一片的同时，游戏也变得越来越好玩。在他的领导之下，征途团队从来都是群策群力，有着非常和谐的工作气氛，他们碰撞出来的一些游戏模式，后来成为《征途》游戏的主打特色。

2005年9月，《征途》开发完成，正式进入测试阶段。只是，出乎很多人意料的是，出现在玩家面前的不是最新潮的3D游戏，也不是最初计划的教育益智游戏，而是2D角色扮演游戏。

经过多年发展，当时的网络游戏已经进入3D时代，2D的游戏似乎有些更跟不上潮流。但史玉柱表示，他之所以做2D写真游戏，是因为这是日韩游戏商的薄弱环节，征途的目标是要将2D游戏做到极致，让其他的游戏商都望而却步。

他认为，无论是2D游戏还是3D游戏，都有其各自的特点，比如，3D的动作细腻度高，而2D的画面和音效效果更好。对此，史玉柱可谓自信满满："这是我们几十个人的团队，用一年多时间制作出来的。音效也是特别从好莱坞音效库里购买的，不得不说好莱坞在音效方面还是处于绝对领先水平——马蹄踏在沼泽里还是踏在石头上，包括马蹄上水珠从上往下滴的声音，都制作得十分逼真。"

另外，史玉柱还这样分析，根据中国网络游戏的发展现状，3D 游戏虽然有自己的独特优势，但却并不是最主流的产品，当时 70% 以上的网络游戏依旧是 2D 的。并且，2D 游戏适用的电脑配置要比 3D 广，因此，他坚持 2D 游戏才是征途最佳的选择。

他对《征途》是充满信心的。当时，国内网游格局已经非常明显，史玉柱的竞争对手主要有四个：一是经验丰富、实力雄厚的盛大，但他并不怕，从开发到运营，《征途》丝毫不逊于盛大的游戏；二是网易，这是史玉柱眼中的最大威胁，但所幸的是，网易做的是卡通类，并不和他在一个市场；三是腾讯，但腾讯的游戏主要是休闲类，对《征途》也构不成威胁；四是九城，当时九城的《魔兽世界》是很火的，但他如是分析：“《魔兽世界》的确是好，3D 里面可能 5 年之内出不了能超过它的，但它的致命伤在文化。举个例子，中国人很怕死人，外国人不怕，美国人当个亡灵可能很开心，中国人谁愿意当僵尸？所以，《魔兽世界》30 万在线，已经到头了。”

2005 年 11 月，《征途》正式开启内测。这一次，史玉柱如法炮制了保健品的推广方式，在全国范围内铺开，遍及 1800 个市、县、乡镇，但他觉得，《征途》并不适用“脑白金”那种恶俗的广告模式，他要靠游戏的口碑，让玩家进行口碑宣传。

他说：“做网络游戏和做保健品一样，你真正赚钱要靠回头客，也就是看能不能吸引住他。”是的，这就是所谓的口碑宣传，他相信《征途》就是 2D 游戏的关门之作，可以征服所有游戏玩家！

2006 年 4 月 8 日，征途网络召开《征途》新闻发布会，史玉柱将自己的网游事业进行了热情洋溢的宣传介绍。另外，他还郑重表示，巨人这次涉足网游行业，并不是为了敛财，更不会卷到钞票就闪人，他们的梦想是缔造互联网时代的神话。

4 月 21 日，《征途》正式进行公测，公测期间，游戏的同时在线人数达到了 20 万。5 月 31 日，《征途》公测不过短短 40 天，同时在线人数已经突破 30 万。6 月 3 日晚上 8 点，最高在线人数超过 31.9 万，史玉柱兴奋地冲进采访区，他打断正在给媒体演示的员工的话，大声呼喊道："差点就冲到 32 万了！"

当时，史玉柱的计划是《征途》正式版本上市一年时间内，在线人数超过 60 万，争取达到 80 万，最好能够冲击 100 万，即所谓的"保 60、争 80、望 100"。他做到了！ 2006 年 11 月 11 日，《征途》对外宣布，同时在线人数突破 68 万，一举打破《传奇》曾经 67 万的记录，创造新的历史高度。

2007 年 3 月 23 日，《征途》同时在线人数超过 86 万；5 月 20 日，在线人数笔直飙升至 100 万，这是继《魔兽世界》和《梦幻西游》之后，全球第三款同时在线人数突破 100 万的网络游戏；2008 年 3 月 1 日，《征途》的最高同时在线人数又一举突破 150 万大关……

这就是《征途》的辉煌历史。史玉柱并不是第一个做网游的人，但却是能将这一行业做大做好的人，他用与众不同的"征途模式"，颠覆了网络游戏世界。

传统网游行业一般是按点卡收费的，即以玩家进入游戏的时间作为收费的标准，但史玉柱从来不是循规蹈矩之人，他主动放弃了点卡收费这一稳赚不赔的运营模式，开创了免费游戏之先河。

"因为以前网络游戏的收费模式，全部都是时间点卡。也就是不管你玩不玩，你先交钱，比如 5 块钱 1 个小时，你要买就买 100 块钱的，我就让你玩 20 个小时，以前都是这样的。我在这个游戏里面玩的时候，发现大部分玩家都是学生。我那时候没收费，因为他们说只要一收点卡他们就不玩了……"

这是史玉柱在自己的自传书中的一段话。他是亲身体验的游戏玩家，早已看透了不同玩家们的心态，除了学生族，还有许多舍得在游戏里花钱的主儿，他们想要用钱突显自己的优势，用钱追崇"荣耀感"，而这正需要那些没有钱的人作为对比。

或许，现实世界的人无法理解虚拟的世界，但在那个世界里面，玩家有自己的荣耀，有独立的社会关系，如果能量足够强大，甚至可以成为国王。这是一份无与伦比的成就感，当别的国家前来侵扰，玩家在游戏里吼一声，就有千军万马拿着刀往前冲。

史玉柱如是说："他的那种成就感，其实我觉得不能说就一定是负面的，某种程度上不是负面的，它是现实中无法体验到的那种荣耀，那种快感。所以作为一种娱乐，有人愿意花这个钱买到这种享受。"

其实，史玉柱恰恰抓住了玩家这种追崇"荣耀感"的心态，他坚信新的"免费"模式更能吸金。2006 年 1 月，《征途》免费版正式上线运营，据不完全调查，83% 的征途玩家都是免费用户，真正收费的只占 17%，但在这 17% 之中，甚至有玩家在一个虚拟角色上花费了 20 多万！

《征途》确实吸引了一大批不愁吃穿的年轻人，他们大多有丰厚的家底，并且从事一份相对清闲的工作，喜欢在游戏里寻找那种"呼风唤雨"的感觉，于是，他们愿意砸钱，买顶级的装备，大量招兵买马，不停扩大着自己的领导力和影响力。

而对于那些经济条件不太好或者是没有固定收入来源的玩家来说，《征途》也是很有吸引力的。有些玩家不愿意投钱玩游戏，没有关系，在《征途》的世界里，有时间、技术和头脑也是可以的，他们可以通过技巧性地蹲点打 BOSS 爆装备，然后通过装备交易，获得自己在游戏中最需要的资金，这也是很有成就感的事情。

另外，史玉柱还创造性地推出"给玩家发工资"的广告，宣布每月的 7 号为"60 级以上玩家"的发工资日。只要 60 级以上的玩家每月在线超过 120 小时，就能拿到价值 100 元的全额工资。

其实，这个工资是以虚拟货币形式发放的，玩家只能通过相互之间的交易获得真实的现金。也就是说，史玉柱并没有花费实际的金钱，但这样节约成本的创意，却给人一种"出手大方"的感觉，整个行业都感受到了他的独特思维模式。

2006 年 9 月 1 日凌晨，史玉柱开始向玩家发放工资，当天晚上，《征途》同时在线人数就创新高，达到 45 万，让关注者为之震惊。业内人士普遍认为，在线人数的快速突破，恰恰证明了“征途模式”的巨大成功，史玉柱颠覆性的创新，给《征途》带来人气的收获！

一个虚拟的世界，丰盈而让人着迷。史玉柱用《征途》征服世界，陈天桥用《传奇》开创传奇，从《石器时代》《魔兽世界》到《大话西游》《魔域》，如今的网游市场，充斥着各种各样的大型游戏，缔造了网络时代的又一大神话！

第七章 网购成瘾 2003

一入淘宝深似海

2003 年注定是与众不同的。这一年，淘宝网成功上线，在国内首开 C2C 概念，颠覆了传统商务模式。这是马云的传奇，更是整个阿里巴巴的传奇。

电子商务发展迅猛。如今，“淘京当”已经组成了新的名词，淘宝网、京东商城、当当网，作为网络时代的新人类，如果你没有用过这三大网购平台，那你就 out 了！

1. 阿里巴巴的传奇

2003 年注定是与众不同的。这一年，淘宝网成功上线，在国内首开 C2C 概念，颠覆了传统商务模式。这是马云的传奇，更是整个阿里巴巴的传奇！

时间追溯到 1997 年，马云辛辛苦苦创办的“中国黄页”成为历史，他带着自己的创业团队，泪别杭州电信，二次北上加盟外经贸部所属的中国国际电子商务中心（EDI），出任信息部总经理。

作为政府机构，EDI 带有浓厚的政府色彩，主要工作都要依靠政府力量和红头文件。当时，EDI 重金邀请马云团队的目的是做网站，所谓的网站就是外经贸部的官方内网，这个内网当然是收费的，收费的方法靠的依旧是红头文件。

从杭州到北京，马云搬家舍业，可谓破釜沉舟，互联网起家的他，想要的不仅是优渥的薪水，还有献身互联网大业的那份激情。因此，对于 EDI 提出的内网方案，他是反对的，并试图说服其将网站建设在真正的互联网之上。

尽管如此，奈何人微言轻，他只是 EDI 下属部门的小经理，并且刚进单位没什么资历，只好按照官方的意思进行内网建设。当时，马云的团队已经在网络江湖摔打过好几年，做网站可以说是轻车熟路，很快，内网做好了，但运营却不顺利，越来越市场化的中国企业已经不会轻易为政府买单。

那段日子，马云从未停止过游说。几个月后，EDI 成立合资的国富通信息发展有限公司，马云也带队转入国富通，并在之后的一年多时间里，成功推出“网上中国商品交易市场”“网上中国技术出口交易会”“中国外经贸”“中国招商”“网上广交会”等一系列网站，外经贸部成了国内部委中最早上网的政府部门。

在外人眼里，马云在国富通是成功的。新公司和新网站势头都还不错，“网上中国商品交易市场”网站在创立当年就实现了 287 万的盈利，但他并没有成功的感觉，正所谓时势造英雄，他不想继续受政府的控制，于是选择回杭州二次创业。

做出决定后，他召集自己的团队成员说：“我近来身体不太好，打算回杭州了。你们可以留在部里，这儿有外经贸部这棵大树，也可以到雅虎，工资会很高，也可以去刚刚成立的新浪，这几条路都行，我可以推荐。你们也可以跟我回家二次创业，工资只有 500 元，不许打的，办公就在我家那 150 平方米的房子里，做什么还不清楚，我只知道我要做一个全世界最大的商人网站。如何抉择，我给你们三天时间考虑。”

一石惊起千层浪，他的这一决定在团队里引起轩然大波，有人表示支持，有人不理解，也有人反对，但在作抉择时，大家都没有丝毫犹豫，全部跟他回杭州。合作多年的团队，彼此早已相知相惜，他们是情同兄弟的战斗集体，金钱诱惑不了，利益也无法拆散！

1991 年 1 月，雅虎、亚马逊等美国网站先行者纷纷上市，杨致远等人一夜暴富，买了网络股的股民也赚了个盆满钵满，全球互联网第一个高潮悄然而至。当时，中国的互联网市场也是热闹非凡，各大网站如雨后春笋般崛起，新浪、搜狐、网易三大门户网站还在为上市跃跃欲试。

只是，这并不包括马云。刚刚回到杭州的他，不仅两手空空，还身体欠佳，团队成员也是内心迷茫，士气低落。

一天，马云将十几个创始人召集起来，他如是说："我们开始创业了。请大家把自己口袋里的钱放在桌子上。但有一个原则，第一不能向父母借，不能动用老人的退休本钱；第二不能向亲友借，影响人家一辈子的生活。我们是愿赌服输，输了，钱都是自己的；如果不成功，大不了重新来过！"

说完这席话，马云身先士卒，将自己的全部积蓄放在桌子上。接着，大家纷纷你 1 万我 2 万地凑起来，总共凑出了 50 万，这就是阿里巴巴的种子资金。

对于阿里巴巴的全体员工来说，1999 年 2 月 21 日是值得纪念的日子。依旧是湖畔花园小区的那间普通民房，只是做了简单装修，添置了些许家具，在这里，马云召开了阿里巴巴历史上第一次全体员工会议，参加会议的全是元老级的创业人物，后来，他们还得到了"十八罗汉"的美名。

在这次会议上，马云呐喊出阿里巴巴最原始、最纯真的梦想："我们要办的是一家电子商务公司，我们的目标有三个，第一，我们要建立一家生存 80 年的公司；第二，我们要建设一家为中国中小企业服务的电子商务公司；第三，我们要建成世界上最大的电子商务公司，要进入全球网站排名前 10 位！"

梦想是充满激情的，但创业时代却是艰苦卓绝的。当时，世界上成功的电子商务模式有两种，B2C 和 C2C，但在马云的脑袋里，他要搞成 BBS，并要将其分门别类，再搞一个人工检查。

当他将自己的想法和盘托出时，不出意外地受到了程序员的激烈反对。在他们看来，这就等同于给自由自在的东西加上框架，是违背网络自由原则的，但马云依旧坚持："你们立刻、现在、马上去做！"

其实，马云并不是一个独裁的人，借用他自己的话说，“我很少固执己见，一百件事里难得有一件。但是有些事，我拍了自己的脑袋，凡是觉得自己有道理的，我一定要坚持到底。”

1999年3月10日，阿里巴巴网站正式推出。当时他们还没有注册公司，可以说是零信息、零会员起步，如何证明这个网站有价值就成了迫在眉睫的问题。

网站的启动是异常艰难的，但马云对员工说，六个月内不见媒体。他就是这样自信，不见媒体，不做广告，所有的发展全靠客户口耳相传，但无形之中，这也增加了推广的难度。

刚开始的时候，网站上每天只有十多条信息，后来变成二十多条，又过了好多天，才总算突破了一百条。但几个月后，网上就有了几百条信息，根据马云的指示，阿里巴巴的员工对每条信息进行人工检测核实后才发到网络上，信息多起来后，他们又对其进行了分类。

（阿里巴巴 logo）

另外，阿里巴巴网站是实行会员制的。刚开始的时候，会员的增长速度也非常缓慢，但后来，EDI“网上中国商品交易市场”网站的许多会员听说了马云的阿里巴巴，纷纷前来加入，短短两个月的时间内，会员人数就突破了2万。

阿里巴巴的崛起速度是惊人的。从3月的零起步，到5月的网站注册会员人数突破2万人，再到7月的阿里巴巴中国控股公司在香港成立，再到 9 月的阿里巴巴（杭州）研究发展中心正式注册成立，马云只用了仅仅 6 个月的时间。届时网站的会员人数已经突破 8 万，库存买卖信息 20 万，每天新增信息 800 条。

2000 年，对马云和阿里巴巴而言，用“福祸相依”一词形容最合适不过。这年初春，他们拿到了 2500 万美元的风险投资，搬离了湖畔花园小区，开始进行海外市场的扩展，一切都是欢呼雀跃的节奏。但好景不长，到了 3 月，纳斯达克丧钟长鸣，整个互联网行业进入最冰冷的时期，无数网站纷纷如落叶般倒下，阿里巴巴也是凄凉一片。

但是，阿里巴巴最终成了“先驱”而非“先烈”，因为马云中气十足的呐喊：“哪怕站不住了我们也得跪着，跪着过冬！不要躺下，不要躺下！不管多苦多累，哪怕是半跪在地下！”在这互联网的寒冬天气，他带领阿里巴巴及时开展了“延安整风运动”“抗日军政大学”“南泥湾开荒”三大运动，并借以绝处逢生。

2001 年 12 月 27 日，对阿里巴巴而言，又是一个具有纪念意义的日子。这一天，江苏一名做建材生意的商人成了阿里巴巴第 100 万个注册会员，100 万，这是一个里程碑式的数字，一个让所有阿里人为之兴奋的奇妙数字，也是一个给阿里巴巴带来好运的数字。

这个月，阿里巴巴正式实现盈利，尽管整年算下来依旧亏损。这个月，马云提出了 2002 年的“伟大”目标——全年盈利 1 元钱！

当时，阿里巴巴推出了“中国供应商”服务，开始向全球推荐中国优秀的出口企业以及商品，与此同时，他们会向这些出口企业收取 5000~8000 美元的年费。另外，对于那些在阿里巴巴开店的厂家，马云还想到了按竞价排名收费的全新模式，即谁出钱高，就将谁的信息放在最显眼的位置，这无疑给阿里巴巴带来了丰厚的收益。

2002 年 2 月，互联网的寒冬尚未谢幕，纳斯达克的股指曲线依旧举棋不定，但阿里巴巴却获得了日本亚洲投资公司 500 万美金的投资，这对正处于贫血状态的阿里来说，无疑是绝处逢生，雪中送炭。就这样，阿里巴巴撑过寒冬，顺利迈入 2003 年。

2003 年年初，马云将投资部经理孙彤宇叫到办公室，并神秘兮兮地问他说："如果我们打算投资做一个像 eBay 那样的 C2C 网站，你有什么想法？"

这个孙彤宇，就是日后淘宝网的首任掌门人。以前，他一直在销售一线冲锋陷阵，直到 2002 年年底才被马云调到投资部当经理。其实，经理的名号不过是外表的光鲜，刚刚成立的投资部只有他一人，可谓既当将又当兵。

当然，这并不是最重要的，让他始料未及的是，自己这个光杆司令还没有当几天，马云就开始问起对 C2C 网站的想法。对于一直在跑市场的孙彤宇来讲，对 C2C、B2C 的概念并不熟悉，这一次，他决定回去好好钻研一番。

但他没想到，这一钻研，竟然钻研出浓厚的兴趣。一直以来，孙彤宇就觉得面向消费者的行业比面向企业的行业更有兴趣，这个直接面向消费者的平台模式可谓正中他的下怀。

就这样，他和马云一拍即合，投资部被公司撤销了，而他，直接成了 C2C 项目的领航员。

（淘宝网 logo）

2003 年 3 月，马云从不同部门秘密抽调了 10 名成员，专门进行 C2C 网站的开发。他一脸严肃，一个接一个地对他们说："公司有一个秘密任务需要你去完成，如果你愿意去做，那么就在桌上这份文件上签字；如果不愿意去做，那你可以离开办公室。但无论是否愿意，你都必须承诺保密。如果你签了这份协议，那就必须单独与一个团队工作一阵子，甚至连家人也不能告知。”

协议签好后，马云终于将自己的伟大计划和盘托出。他给这个临时组建起来的小团队定下期限，30 天内，让这个 C2C 网站上线运营！

4 月 10 日，这个小团队离开了阿里巴巴当时的办公楼，去到当年的创业基地湖畔花园闭关工作。对于马云来说，湖畔花园是有特殊感情的，他希望这套公寓可以再次孕育奇迹。当然，这一次也没让他失望，5 月 10 日，淘宝网成功上线！

淘宝一上线，就陆续有会员注册开店。尽管当时流量没有很大，交易也不是很多，但淘宝的出现，还是渐渐引起会员们的关注，连下设的论坛也逐渐活跃起来。

2003 年 7 月，马云率领阿里巴巴的高层分别在杭州、北京、上海三个城市召开新闻发布会，高调宣布阿里巴巴进军 C2C 领域。发布会的现场，那张醒目的宣传海报，让无数人过目不忘：

淘宝模式——中国行得通的电子商务！

这就是阿里巴巴的传奇。从初涉互联网，到泪别中国黄页，从阿里巴巴成立，到淘宝网成功上线，这一路走来，马云的艰辛与压力不为外人所道，关于互联网和电商的梦想，总算看到了成功的希望！

2. 支付宝成了大家的宝

有人说，电子商务在中国落地生根，需要两个基点支撑，一是彻底实现从信息服务向交易服务转变，二是适应市场需求，创造交易模式及规则机制，以确保交易双方的安全。

早年，马云曾经和 8848 网站创始人王峻涛争论过电子商务模式的问题，结果 8848 被庞大的配送体系拖垮，而阿里巴巴却活了下来，并促使淘宝网成功上线。

众所周知，全世界的电子商务核心业务，归根结底可以分成三个模块，即信息流、资金流和物流。而马云也清楚地知道，一个真正的电子商务平台，必须建立在实现信息流、资金流和物流的“三流一体”基础之上，想要绕开其中任何一个体系都不可取。

关于信息流，阿里巴巴有淘宝网，马云很快在信息流平台的打造上取得成功，为参与电子商务的买卖各方提供了一个庞大的沟通平台。关于物流，马云也不担心，他选择将其外包给邮政系统以及大大小小的快递公司，这样既可以节省经费，还能免去自己打造配送体系的各种麻烦，而对于资金流问题，这是无法回避的一环，网络安全支付问题亟待解决。

2003 年 7 月，淘宝网成立不到一个月，马云在接受《经济观察报》的采访时如是说，“要等到别人把支付问题都解决了，那我们还有什么机会？我永远不会等到机会成熟了才会做一件事……”

是的，这个小个子的男人，想做的事从来都是先锋。此次采访过后仅仅三个月，到了 2003 年 10 月，他就为淘宝网量身定做了第三方在线支付工具——支付宝。

其实，在马云决定进军第三方支付平台的时候，美国已经有了一款非常强大的支付工具贝宝（PayPal）。当时，贝宝风靡了整个西方世界，可以说是在全世界都很成功的系统。

只是，这样成功的系统是否真的适合中国呢？要回答这个问题，我们需要先对贝宝做一个简要的介绍。

首先，贝宝的业务模式是典型的个人对个人（P2P）流程，即买家支付的钱会直接汇入卖家的账户。显而易见，在这样的支付流程下，买方是完全处于弱势的，如果卖家不认账，一旦买家的钱已经汇入账户，那就很可能“肉包子打狗——有去无回”。

另外，贝宝并没有严格的身份认证机制。用户在使用贝宝前的注册是非常简单的，只要填写一个电子邮箱就可以，完全不需要进行实名认证。因此，有传闻称，国外的不法分子利用贝宝洗钱，最终导致其受到法院处罚。

看到这里，你可能会觉得不可思议。有这样的安全漏洞，为何贝宝还能稳定运行，并风靡西方国家呢？其实，很简单，由西方国情所致。在欧美国家，有着非常严格的信用体系，无论是买家还是卖家，只要被抓到一次不合规行为，就会被列入黑名单，并可能永远无法使用贝宝。在这样完善的信用体系下，以及健全的法律系统，几乎不会有人去冒险做违法之事。

当然，这样的模式是不适合中国的。从一开始，中国的商业文化传统就是建立在交情、关系等人情网的基础之上，存在着很强的主观性，因此，在电子商务的平台之上，买家和卖家也有着很强的主观性，如果再缺乏有力的约束机制，显然会出现各种有失公允的情况。

其实，在考虑进入第三方支付平台的初期，马云有过照搬贝宝模式的想法，但经过综合考虑后，他很快就放弃了，并决定设计出一套符合中国人消费习惯的支付系统。

就这样，支付宝横空出世。这个全新的支付系统，有一个虚拟的第三方账户，买家在付款的时候，就是先将钱汇入这个账户，然后支付宝会通知卖家钱已到账，可以发货，而买家在收到货物并检查没有问题后，就可以确认收货，并通知支付宝可以付款，接着，支付宝就会将买家虚拟账户的钱转移到卖家的虚拟账户，而卖家就可以通过银行将虚拟账户的钱取走。

这就是支付宝最早版本 1.0 的最基本功能，它成为淘宝网推荐的支付手段，马云自豪地宣称，支付宝是淘宝“最伟大的产品”。

2003 年，中国的网购市场尚处于萌芽阶段，网络交易量少，并且主要依赖银行间转账或同城面对面付款完成支付，这给整个电子商务市场的发展造成了很大的资金流瓶颈，只能处于小众市场的状态。

对此，马云是自信满满的，他如是说：“支付宝不仅要成为淘宝的好帮手，更要成为整个行业使用的工具。”

梦想是伟大的，但前进的道路，总是荆棘密布。最初的时候，支付宝并没有专门的运营团队，只是由淘宝网财务部门的三位员工兼职来做，三台笨拙的台式电脑以及一台破旧的传真机，是其所有的家当。

支付宝的第一笔业务是一台二手的富士相机，成交额 700 多元。只是，买家付款后就反悔了，但财务部的一个小姑娘比较相信风水，认为第一笔就被退款很不吉利，就努力说服了买家。2003 年 10 月，淘宝网上的支付宝交易只有 30 多笔，共计 1 万多块钱。

说服买卖双方后，支付宝还有一个重要的合作对象需要说服，那就是银行，淘宝网的首任总裁孙彤宇首先去到工商银行西湖支行洽谈。彼时，工行是国内最大的银行，其银行卡的发行量、交易额、存款余额都占到全国金融机构总量的 10% 以上。

其实，孙彤宇找上门时，工行恰恰处在向商业银行转型的艰难时期，正在为网上银行找客户的事情发愁。可想而知，淘宝正是工行网银急需开拓的潜在客户，利益的互补让双方一拍即合，迅速成为合作伙伴。对此，支付宝的一位高管如是说：

“我特别感谢工行。那时候我们刚开始做，真不容易，工行是第一家和支付宝合作的银行，那时我们是并肩作战的兄弟。”

是的，工行和支付宝曾是并肩作战的兄弟，但是，工行并没有预料到，这个兄弟是那样的“麻烦”。

淘宝是工行西湖支行第一个电子商务客户。最初的时候，支付宝系统还没有和银行实现无缝对接，这导致他们的合作老是出问题，工行西湖支行三天两头就要派人前往淘宝的办公地——湖畔花园。

后来，支付宝的日交易量达到了两三万笔，而一个柜员每天最多可以手工处理转账 200 笔，这就意味着工行西湖支行需要 100 多个银行柜员专职处理，远远超过了他们的实际处理能力，结果导致淘宝商家的货款在半个月甚至一个月时间都无法提现，遭来无数抱怨。

（支付宝 logo）

没有办法，工行西湖支行只得请示杭州分行，并迅速调动周边几十个储蓄所和分理所的人力。当时，西湖支行每天会派人去湖畔花园取走支付宝对账单，然后专车送到各个网点分工处理。

另外，由于支付宝交易额的增速飞快，并且还具有单笔额度小、交易笔数多等特点，工行慢慢发现仅靠手工对账不再可能，只好专门升级了系统，以确保和淘宝的顺畅合作。

2004 年 12 月，浙江支付宝网络科技有限公司成立，支付宝正式开始独立上线运营。这标志着在电子商务的圈子里，阿里巴巴的信息流、资金流和物流已经开始明晰。

2005 年初，马云受邀前往瑞士达沃斯参加世界经济论坛，论坛上，他专门针对电子商务进行了一番讲话，新华社还专门为此发表了一篇新闻稿：

昨日，在瑞士达沃斯参加 2005 年世界经济论坛的阿里巴巴 CEO 马云在会议上表示，2005 年将是中国电子商务的安全支付年。不解决安全支付的问题，就不会有真正的电子商务而言。安全支付的问题一旦解决，电子商务将让阿里巴巴和淘宝网商踏踏实实地赚到钱。

马云在回忆中表示，电子商务，首先应该是安全的电子商务，一个没有安全保障的电子商务环境，是无真正的诚信和信任可言的，而要解决安全问题，就必须先从交易环节入手，彻底解决支付问题。

（新华社，2005 年 1 月 27 日）

马云的预言是正确的，从 2005 年 2 月开始，做第三方支付工具的互联网公司开始逐渐增加。对于这种趋势的变化，有位阿里巴巴的高层解释说是马云在财富论坛的一番话引起了人们的注意。当然，这个解释是否真实，我们无从定论，但有一点可以肯定，从 2003 年到 2005 年，支付宝的提前诞生让马云结结实实地走在了电子商务的最前沿。

2005 年 3 月，支付宝与工商银行总行正式签约，这是支付宝首次与总行级别的商业银行成为合作伙伴，对此，当时工行的副行长特意强调说："双方的合作，是国内最大的商业银行和国内用户量最大、成交量最大的电子商务企业的强强合作。"

同年 6 月，支付宝又和招商银行签订协议。这段时间是支付宝与银行的"蜜月期"，没过多久又同农业银行、建设银行、广发银行、浦发银行等多家银行达成合作协议，有人如是说，"那时候银行和支付宝互相需要"。

是的，传统银行的金融功能可以简单概括为"存贷汇"三个方面，其中，银行 80% 左右的营收是依靠存贷之间的利差，"汇"的发展速度明显滞后于"存"和"贷"。而支付宝，其最初的业务只框定在"汇"的范围内，和银行的业务并没有冲突。

就这样，支付宝不仅留住了买卖双方，又获得了银行的全面支持，开始进入如火如荼的发展期。据统计，中国网络购物用户数在 2005 年达到了 1855 万人，其复合增长率高达 72.6%，第三方支付平台市场规模也扩大至 161 亿元，而淘宝用户也突破 1390 万人，总交易额达到 80 亿！这一年，更是被业界称作"网上支付的春天"！

另外，在帮淘宝网创下可观的交易额后，支付宝开始逐渐向其他合作伙伴开放，主要包括巨人网络、E 龙、戴尔、亚马逊等行业巨头。并且，在航空领域，支付宝还和深圳航空、厦门航空、海南航空等多家航空公司合作，用户可以通过支付宝平台购买机票。

除了网上购物，支付宝还开始涉足公共事业缴费领域。2008 年 10 月，支付宝和光大银行合作，在上海首推“公共事业缴费平台”，市民只要轻点鼠标，就可以缴纳水、电、煤气等费用。此后，这一平台逐步向北京、天津、杭州、重庆等城市延伸。

随着公共事业缴费业务的发展，支付宝开始向更多领域横向扩张。同年，它与徐州网通、云南电信合作，使上网缴纳通信费成为可能；在广州韶关，它还与医保系统达成协议，使全市参加社保的人员都可以通过支付宝进行医保缴费；在浙江，用户还能通过支付宝缴纳物业费、养路费、交通罚款等。除此之外，支付宝还增添了很多生活化的场景，如发红包、信用卡还款、线下支付服务，这都大大丰富了用户的生活方式，也有越来越多的人加入了支付宝的大家庭。

2009 年 7 月，支付宝用户突破两亿人，成为全球用户量最大的电子支付平台。2010 年年底，支付宝推出“快捷支付”，用户无须开通网银就可以完成网上支付，这个小小的软件，改变着人们的消费方式和生活方式。

人人都用支付宝，这是马云的心愿，也是阿里人的心愿。如今，这个心愿早已成为现实，支付宝成了大家的宝，是所有人必不可少的生活助手！

3. “淘京当”组成了新名词

彼时，正是千万学子奔赴高考，阿里巴巴在三地召开新闻发布会，淘宝网高调走进大众视线。此后，手握巨资的 eBay 易趣女总裁惠特曼放出狠话：18 个月内灭掉淘宝！

2003 年 6 月，中国易趣网通过官方网站向外界正式宣布，全球最大的在线交易网站 eBay 将追加 1.5 亿美元的投资，收购余下 67% 的股份，实现对易趣的完全控股。这是一场早有预谋的收购，一场真正意义上的强强联合。易趣网董事长兼首席执行官邵亦波如是说：“在线交易提高了中国商业的效率，并且为这个全球人数最多的国家的中小型企业和广大消费者创造了前所未有的网上交易机遇。eBay 在全球各地创建在线交易平台方面拥有极其丰富的经验。在eBay的帮助下，我们有信心、有能力帮助促进电子商务在中国的发展。”

eBay 是个有野心的企业。早在 2002 年，它就买下了中国台湾拍卖网的全部股份，并在短短两年时间内，把市场从 5 个国家扩张到 27 个国家，而这一次大手笔买断中国易趣网的股权，表现出对中国市场乃至亚洲市场志在必得的信心和决心。

淘宝网就是在这个当口高调问世的，无疑是撞在了枪口上。在惠特曼的指示下，eBay 易趣大力加强市场推广力度，并且不惜花费两倍的广告费用，与搜狐、网易、新浪、TOM 等国内知名门户网站达成封杀淘宝的协议：一旦发现合作网站与易趣的竞争对手发生任何有关宣传和推广的合作，就要受到高额罚款。

这对新生的淘宝来讲，可谓是“灭顶之灾”。新闻发布会后，马云和淘宝的高层们就开始计划 1 个亿的网上宣传推广。然而，他们没有想到，当自己去各大门户网站谈广告合作时，竟然无一例外地碰了壁，解释更是如出一辙——eBay 不准接受同类网站的广告。

2003 年 7 月，谷歌、百度等搜索引擎上还出现了一条让人摸不到头脑的广告语：“想圆淘宝之梦？来易趣吧。”当然，后来经过淘宝的多方交涉，这条广告语被撤掉了，但那时已是 11 月份。

eBay 如此霸气、如此财大气粗，让马云很是大吃一惊。但马云不是一个轻易妥协的人，在拥抱变化的同时，他还拥抱竞争，如何避开 eBay 的封杀，成了他的核心思考问题。

思考再三，他决定模仿意气风发的毛泽东主席，走一条“农村包围城市”的迂回之路。所谓“农村”，是那些深受网民喜欢但却被投资者边缘化的个性化小型网站，这样的小型网站大多是由个人制作而成，更多的是出于站长的爱好和个性需求。

其实，聪明如他，寻找的就是 eBay 封杀计划中的漏网之鱼。这真的是一个天才般的构想。首先，小网站的报价低，以阿里巴巴的经济实力和社会影响力，拿下他们不成问题；其次，当时这些小站点已经有了站长联盟，团结就是力量，单纯从浏览量上分析，这些小网站未必会逊色于搜狐、网易一类的知名门户网站。

后来，淘宝人还慢慢发现，这种推广方式比门户网站上的广告支持更有效果，于是有人建议，干脆不要在三大门户网站上投放广告了。但考虑到品牌效应和搜狐、网易、新浪在中国互联网的巨大影响力，马云并没有采纳这种建议。

正如坚冰也会融化，马云用自己的真诚打动了张朝阳，两人在一次互联网高端论坛上诚恳地交换意见后，张朝阳就决定向马云抛出橄榄枝。2004 年 2 月，eBay 同各大门户网站的封杀协议到期，与此同时，搜狐率先与淘宝签订了广告投放协议。

2004 年 9 月，eBay 易趣开始进行易趣国内平台和 eBay 国际平台的正式对接，想要实现全球技术平台的整合。诚然，易趣的愿望是美好的，但这段对接之路走得并不平坦，在平台对接的第十天，就出现了用户大规模“搬家”的现象，甚至有些老用户还在论坛喊出“还我易趣平台”的愤怒口号。

当然，如果说业务模式的转变让用户一时无法适应，这是可以理解的，但是，随着时间的推移，整个平台完全整合完毕，但新平台的性能

（京东 logo）

却非常不稳定，经常发生掉线的事情，这种不友好的体验，造成了大量用户流失。

对 eBay 易趣来说，这无疑是一场大灾难。然而，他们并没有发现其中的真正原因，而是将其归咎于淘宝的“不正当竞争”。于是，他们决定加大广告投入，从 2004 年 11 月开始，eBay 易趣的广告再次铺天盖地，投入至少千万美元以上。

不可否认，广告投入是商业竞争的正常手段，但 eBay 易趣这样疯狂的烧钱行为，显然是没有技术含量的，确切的说，它正是被这样的行为拖垮的——2006 年，eBay 宣布撤出中国，TOM 全面收购易趣！

一切尘埃落定，战争以淘宝完胜鸣金收兵。倒立为赢，小逻辑让淘宝绝处逢生，阿里巴巴成了中国乃至世界最大的在线商业公司。

电子商务是网络时代的一个符号。当然，世上不只有淘宝网，还有京东、卓越亚马逊、当当等电商网站，它们共同构成了国内的网购体系。

京东是国内最大的自营式电商企业。1998 年，刘强东辞掉日企的

工作，开始在中关村创业，成立了京东公司。当时，京东商城还叫做京东多媒体，只是一家代理光磁产品的柜台。

如同所有刚刚起步的公司，成功从来不是轻而易举的事儿，必须付出千万倍的辛劳和汗水，刘强东也不例外，为了吸引客源，他常常跑到街上发小广告。对此，他如是说："但是做这些工作时并不觉得自己卑微，这个时候心里有个信念——这是我伟大事业的起点，我与其他发小广告的并不同。"

或许，只要心中有梦想，即便是平凡而辛苦的生活也会变得有滋有味。创业之初，刘强东将京东定位为传统渠道商，而到了 2001 年，他又开始复制国美、苏宁的商业模式，打算将京东打造成 IT 连锁店，2003 年，京东的 IT 连锁店已经发展到十多家，然而遗憾的是，由于来势汹汹的非典，京东连锁店被迫歇业。

歇业的一年时间里，刘强东并没有闲着，他开始尝试线上和线下相结合的商业模式经营店面。2004 年 1 月，京东开辟电子商务领域试验田，京东多媒体网上线并启用新域名，2005 年，刘强东最终决定关闭京东所有零售店面，正式转型为一家专业的电子商务公司。

2007 年 6 月，京东多媒体网正式改版更名为京东商城，以全新的面貌屹立于国内 B2C 市场。7 月，在刘强东的指示下，京东还建成了北京、上海、广州三大物流体系，这是他们构建全国覆盖物流网络的开端，总物流面积超过了 5 万平方米。

另外，这一年，京东还在北京、上海、广州三地启动了移动 POS 机上门刷卡服务，开创中国电子商务之先河。2008 年 6 月，京东商城完成了空调、冰箱、电视等家用电器产品线的逐一扩充，这标志着 3C 产品全线搭建完成，自此后，京东成了名副其实的 3C 网购平台。

2009 年 1 月，京东获得了亚洲著名投资银行家梁伯韬先生 2100 万美元的投资，这是自 2008 年金融危机爆发以来，中国电商企业获得的第一笔融资，刘强东将其主要用在了物流平台和服务技术的升级以及网络的扩建之上。

刘强东认为，当时国内的物流体系还不够发达，其服务品质和效率无法满足顾客需求，于是，构建和完善自己的物流体系便成了京东发展的重中之重。2009 年年底，京东商城在天津、深圳、杭州、苏州、南京、无锡等城市的物流配送中心全部投入运营，只是，新增的城市并不利于库房建设，他们将北京、上海、广州这三大城市的库房辐射出去，主要负责周边城市的配送业务。

自营电商网站、自家物流体系，这是京东与淘宝最大的不同。关于

（卓越亚马逊更名亚马逊中国）

淘宝，马云只是提供了一个网络平台，而刘强东却是大包大揽，从平台到产品再到物流，京东提供一条龙服务。

2010 年 6 月，京东在全国范围内开通了上门取件服务，彻底解决了买家对于网购售后服务的顾虑；8 月，京东还在北京市推出家电以旧换新业务，成为入围家电以旧换新销售和回收双中标的首批电子商务企业；11 月，图书产品正式登陆京东商城，使其实现了从 3C 网络零售商向综合性网络零售商的成功转型；12 月，京东商城团购频道正式上线，这是其涉足的又一新领域。

自 2004 年初涉电商领域以来，京东商城一直保持着飞快的成长速度，据统计，其业务增长率连续八年超过 200%。截止到 2012 年年底，中国网络零售市场交易规模高达 13205 亿元，同比增长 64.7%，仅从

增速来看，阿里巴巴 2012 年交易额增长超 100%，而京东商城的交易额增长则接近 200%。

亚马逊是美国最大的一家网络电子商务公司，也是网络上最早开始经营电子商务的公司之一。2004 年，亚马逊收购中国卓越网，正式进军中国市场，其全球领先的网上零售专长与卓越网深厚的中国市场经验相结合，更好地促进了中国电子商务的发展。

2011 年，亚马逊正式宣布将“卓越亚马逊”更名为“亚马逊中国”，总裁王华强强调：这次改名表明亚马逊对中国的长期看好。

亚马逊定位全球，打造优质电商品牌，在中国，亚马逊要做的是成为有领先地位的电商企业，他们为消费者提供的是以图书为主的综合性购物平台，其中还包括音乐、影视、家居、家电、手机数码、美容化妆、服饰箱包、钟表首饰等 30 多个类别的产品。

亚马逊中国一直秉承“以客户为中心”的理念，打出“天天低价，正品行货”的旗号，从低价、选品和便利三个方面，为消费者打造了可信赖的网上购物环境。

（当当网 logo）

当当网是知名综合性的网购商城，于 1999 年正式开通运营。俗语有云：夫妻一心，其利断金。在中国，从来都不缺少夫妻共同创业的成功样板，比如 SOHO 中国的潘石屹、张欣，比如当当网的李国庆、俞渝。

他们是电子商务领域公认的第一夫妻。1996 年，俩人在美国纽约邂逅，一见如故的年轻人就这样坠入爱河并注册结婚，当当的故事也因此开了头。

恋爱伊始，李国庆和俞渝就经常凑在一起探讨亚马逊的商业模式与传统贸易手段的根本区别。后来，随着探讨的逐渐深入，夫妻二人还聊到了图书行业赚钱的最关键环节是什么，李国庆有着多年图书出版运营经验，他肯定地说，是出版社和读者的直接联系。

立足中国，放眼世界，就这样，他们找到了自己最想要做的事业——中国图书市场的信息化门户建设。然后，两人立马行动起来，先去找风险投资商谈判，最终，他们说服了 IDG 和 LCHC 共同投资，共同成立当当网。

凭借发达国家图书市场成熟的运营模式和管理经验，结合当今世界最先进的计算机网络技术，当当网致力于中国图书市场的“可供书目”信息事业以及“网上书店”的门户建设，想要成为中国最大的图书资讯集成商和供应商。

当然，他们做到了。2003 年 4 月，当当网被文化部、国家新闻出版广电总局等四家政府部门推选为“网上购物”首选优秀网站。2004 年，亚马逊在进入中国前，曾经与当当网做过并购接洽，因为其与亚马逊最相似，都是以图书起家，运营模式也极为类似，但当当网拒绝了，李国庆和俞渝夫妇坚持的是自主发展道路。

敢作敢当当，这是他们一直在贯彻的口号！

从 1999 年正式成立至今，当当网已经走过了十几个年头，早已不是曾经那个只卖书的小网站。如今，在当当网的平台之上，有各式各样的百货商品，涉及图书音像、服饰、3C 数码、美妆、家居、母婴等几十个大类，涵盖百万种产品。并且，当当还建立了自己的物流体系，全国 600 多个城市当日达，1200 多个区县次日达。

电子商务发展迅猛，如今，“淘京当”已经组成了新的名词，淘宝网、京东商城、当当网，作为网络时代的新人类，如果你没有用过这三大网购平台，那你就 out 了！

第八章

搜索引擎2005

百度一下，你就知道

网络是个神奇的东西，搜索引擎是其中不容忽视的模块。作为中国本土的搜索引擎互联网企业，百度的崛起是“从技术迈向商业”的成功模板。它的缔造者李彦宏如是说：“我是一个有信仰的人。我的信仰就是搜索引擎！所以我从1987年上大学一直到现在，20多年做的事情一直都是跟搜索技术相关的。我就喜欢这个东西。”

通过技术改变世界，改变普通人的生活，这是李彦宏的信念。这个男人就是这样，总是将技术二字挂在嘴边，这是技术工程师最本质的东西，也是百度成功的最大原因！

1. 驰骋硅谷的李彦宏

网络是一个神奇的东西，其中搜索引擎是不可或缺的存在。所谓搜索引擎，是运用特定的计算机程序搜集互联网上的信息，并在对信息进行组织和处理后，为用户提供检索服务的系统。其中，百度是中国本土化搜索引擎的代表。

作为中国本土的搜索引擎互联网企业，百度的崛起是“从技术迈向商业”的成功模板。在某所大学的一次演讲上，它的缔造者李彦宏充满激情地说：“我是一个有信仰的人。我的信仰就是搜索引擎！所以我从 1987 年上大学到现在一直到现在，20 多年做的事情一直都是跟搜索技术相关的。我就喜欢这个东西。”

是的，李彦宏是个有信仰的人。其实，信仰和人生是不容分割的，做自己喜欢的事情，做自己信仰的事情，才是成功人生最坚实的基础。

李彦宏出生在山西阳泉的一个普通家庭，父母皆是工人出身，他们家一共有五个孩子，李彦宏排行老四，是唯一的男孩儿。小时候，他对文学很是痴迷，不仅在低年级就读完了《东周列国志》这样的古典主义文学，作文也常常被当作范文在班上朗读。

从小的文学熏陶为他打下了很好的写作基础。后来，在百度创业之前，他出版了一本叫做《硅谷商战》的书籍。

在书中，他对搜索引擎、浏览器大战、电子媒体战以及微软网络计算机竞争等进行了详细介绍，而在写作形式上，他采用的正是中国古典主义文学经典章回体。此书一经出版，就深受读者好评，并在 2006 年加印了一次。对此，他在自己的博客中记录道："《硅谷商战》清华大学出版社上个月又加印了 4000 册，还寄给我一本样书。封皮也换了，封面上注明'百度掌门人——李彦宏力作再现'。其实，我有些吃惊，怀疑这本八年前写的书对现在的人还有多大参考价值，今天得空又翻了一下，感觉像是在读历史，有恍若隔世的味道……"

1987 年，钱天白先生发出中国互联网历史上第一封真正意义上的电子邮件，也正是这一年，正读高中的李彦宏参加了全国青少年程序设计大赛。毫无疑问，他是喜欢计算机的，但在大学选专业时，他的第一志愿并不是计算机，而是北大的情报学，他觉得将计算机与某项应用技术结合起来更有前途。

其实，当时的情报学理论，就是如今计算机科学领域常讲的 Information，实为信息检索的基础。从情报学专业到搜索引擎，看似相差甚远，但却一脉相承，可以说，正是这样的专业选择，成就了李彦宏从"文学男"向"搜索王"的华丽转身。

李彦宏的大学时代与其他学生并没有什么不同，他谈过恋爱，也做过家教，还帮出版社翻译过图书，当化学系的三姐出国留学后，他也将自己的目标锁定其上，开始了与托福死磕的生活。但是，尽管他的托福成绩达到了 600 多分，李彦宏的留学之路，依旧走得一波三折。

最初的时候，李彦宏分别向美国的二十多个学校寄出了申请材料，但因为美国很少有大学开设情报学专业，直到 1991 年毕业，他才拿到了一份录取通知书，并且，由于没有奖学金资助，他还被怀疑有移民倾向，结果惨遭拒签。

出国的希望化为了泡影，但李彦宏并没有因此心灰意冷。首先，他放弃了不错的分配机会，自己找了一份市场调研的工作，一边工作一边继续自己的出国梦。功夫不负有心人，这年秋天，他等到了布法罗纽约州立大学计算机专业的录取通知书，并且拿到了奖学金。就这样，顺利办完签证后，他的赴美留学生涯正式开始。

到美国后，李彦宏暂时住在了三姐家，当时，他的三姐已经顺利毕业，并在美国找到一份不错的工作，日子过得风生水起。陌生的国度，这里的生活是新鲜的，但因为有熟悉的亲人，他又觉得无比适应。

李彦宏的三姐家有一个调试解调器，可以在网络上跟别人沟通交流，也正是通过这个调试解调器，他与互联网第一次亲密接触，发出了第一份电子邮件。对此，他非常兴奋地说："我离不开它了。我觉得这个东西我太喜欢了。"

原来网络是如此神奇的东西！自己在这端发出一封电子邮件，对方竟然立刻就能收到，还有比这更神奇的经历吗！第一次触网，李彦宏的惊奇和震撼是无以言表的。

另外，与国内大学相比，美国的大学老师是非常赶潮流的，会更多的应用计算机网络方便教学，比如作业的提交。李彦宏发现，在布法罗纽约州立大学，作业的提交都是通过电子邮件，或者直接上传到指定的 FPT 站点。并且在一般情况下，作业提交是有精确的截止时间的，哪怕只超出 1 分钟，老师也会在系统列示的时间中发现。

在北大的时候，李彦宏思考最多的问题是，信息检索理论如何让用户找到最相关的信息。而到了美国后，在布法罗纽约州立大学攻读计算机科学硕士学位的他，思维一下子开阔了，首先解决了如何将基于网页质量的排序与基于相关性排序完美结合的问题，并因此获得"超链分析"专利。

那么，什么是"超链分析"呢？简单来讲，所有的互联网都是通过一个个链接串连起来的，在某种意义上，这些链接可以看作是对别的网页的引用，就好像发表论文时对他人思想成果的引用。在网络的世界里，将这些相互链接的网站信息搜集起来，形成一个比较客观的评价，并据此评价进行索引的过程，就是所谓的“超链分析”。

在李彦宏发明“超链分析”之前，搜索结果的列示一般按照提交的“关键词”在网页中出现的次数多少进行排序，次数多的就排在靠前的位置。而他的“超链分析”，可以使越权威的网站排序越靠前，很好地提升了搜索引擎搜索结果的质量。

在布法罗，李彦宏读了两年半的研究生。后来，在一次暑期实习的时候，他进入了工业界，见识了工人们在做的东西，正是这些东西，影响着普通人的生活。正所谓“技术改变世界”，这一直是他的梦想，与学术研究相比，他发现正在影响和改变世界的工业研究与制造，才是自己真正喜欢的，才是自己的激情所在！

因此，他决定离开校园，踏上自己的工作之旅。刚开始做出这个决定的时候，他很担心导师会劝阻，但出乎意料的是，导师很开明地对他说：“你喜欢的是这个，你就应该去做你喜欢的东西……如果你的兴趣在工业界，那你就没必要在读这个博士了，再过几年拿了这个学位之后，其实跟现在也差不多。”

在李彦宏的心底，自己所有的成绩都离不开导师的教诲，因此他对自己的导师一直充满了深深的感激与尊敬。而这一次，导师的鼓励又给了他无数的能量，后来他还经常说，在美国遇到这样一个“老板”，自己是非常幸运的。

离开学校后，李彦宏只在两家美国公司工作过，第一家是华尔街的一家公司，第二家是硅谷的公司。从华尔街到硅谷，他的寻梦之旅，走得并没有想象的那般顺利。

其实，刚离开布法罗找工作的时候，他对自己的工资收入并没有什么要求，只要公司有互联网就好。那是 1994 年，即使是发展超前的美国，也并不是所有的公司都有互联网，但他的心中，对互联网燃烧着无比的激情，因此他给自己定下了近似苛刻的标准——没有互联网的公司，一概不予考虑。

暑假之前，他被华尔街的道琼斯子公司录用。因为那里有电脑，他毫不犹豫地去了，并且一干就是三年半的时间，先后担任过高级顾问和实时金融信息系统设计人员。

在道琼斯，李彦宏曾经试过向老板推广自己的“超链分析”，慧眼识珠的他早已意识到，这是具有革命性的东西。并且，他还以为，作为耶鲁大学博士出身的创业者，老板应该会对自己的发明感兴趣。

但这一次，李彦宏想错了，道琼斯的老板们并不能理解他的专利。刚开始的时候，他没有放弃，试图借用自己的力量在体制内推广，但却是处处碰壁，得不到任何支持。一年过后，依旧毫无进展的他终于意识到，在华尔街，最有前途的不是计算机天才，而是金融家，作为技术人员，或许自己的舞台并不在华尔街，而是在硅谷。

这是他职业生涯中的第一个低潮，他决定离开华尔街，前往硅谷追寻梦想。在《硅谷商战》的自序中，他写道：“我离开了华尔街，来到硅谷，并加盟搜索引擎 Infoseek，从此我的‘做大家需要的东西’的理想算是有了用武之地。现在，每天看着数百万人在使用自己设计的东西，心里真是有说不出的满足感。”

在 Infoseek，李彦宏有机会去澳大利亚参与学术研讨会。研讨会上，他在会议室的墙板上贴了一个小纸条，希望能同对搜索引擎有兴趣的大腕们过招，成功吸引来了 Google 的创始人谢尔盖·布林和拉里·佩奇，只是那时 Google 还没有成立，两人还是穷大学生。

当时，李彦宏与这两位“搜索引擎巨匠”交流了什么，我们不得而知，但重要的是，李彦宏的信念更加坚定了，他坚信：伴随着互联网的兴起，搜索应用迟早会成为热点！

他是兴奋的，准备在 Infoseek 大干一番：“我甚至下定决心，自己在 Infoseek 一天，就要保持它搜索引擎技术世界第一的位置。”只是，后来他就慢慢发现，Infoseek 虽然应用了自己的“超链分析”技术，但却并没有对搜索引擎赋予足够的重视。

对此，李彦宏是非常沮丧的。他曾经一次次去找公司管理层交流，但都无法说服他们采纳自己的建议。在 Infoseek，李彦宏只是一个纯粹的技术人员，在管理层的眼中，技术人员只要干好技术工作就好了，公司发展方向问题岂容他这个小小的技术人员置喙！

他如是说："后来一件件事证明我当时的判断是正确的，但没人听我的。于是我有一种强烈的感觉，仅仅身处硅谷仍然是不够的，对我来说，关键是要能掌握公司的方向。既然我对很多事情能看得比较清楚，为什么不自己做呢？"

是啊，为什么不自己做呢！驰骋硅谷的李彦宏，第一次萌生出创业的想法。刚到硅谷的时候，他怀着"学好技术，报效祖国"的单纯梦想，但是，一次次碰壁后，他渐渐发现，单靠技术的力量是无法真正影响世界的，创业才是最好的办法。

在硅谷，多少怀揣梦想的人走上了创业的道路，这给予李彦宏很大的鼓励。就这样，自主创业的愿望在他的内心不断膨胀，他要将自己掌握的搜索引擎技术带回中国！

2. 八个人的百度公司

《周易》有云：上古结绳而治，后世圣人易之以书契。远古时代，结绳记事的方式开创了人类沟通的历史。世界文明的发展少不了信息的传递，无论是战时的烽火台，还是古老的驿站，都是传递信息之用。

回顾人类历史，我们不难发现，文字纸张的发明、印刷术的革新以及计算机网络的出现，这些都是规模宏大的"信息革命"。但从人类传播活动角度来看，国际互联网的诞生不仅使信息的远距离快速传播成为可能，还推动了当今信息社会的诞生。

人是有信息需求的。简单来讲，当你对一个信息不够了解的时候，可能会产生一定的恐惧感，比如“非典”来袭时，大家并不了解这个疾病到底是怎么回事，所以就有害怕的情绪。但当大家的信息需求获得了满足，就能获得一定的安全感，而信息搜索，或者说搜索引擎，就是为了解决人们对于未知事物的恐惧感。

放眼中国互联网，它先后经历了两个时代，一是以门户为代表的资讯服务时代，二是以搜索为代表的聚合服务时代。有人说，搜索引擎的出现使互联网不再是少数人的特权。是的，在聚合服务时代，搜索引擎填平鸿沟，降低了普通人获取信息的成本。

其实，这就是李彦宏认准搜索引擎的原因。孟子曰：“仰不愧于天，俯不怍于人。”李彦宏梦想的事业，是向善、向上而生的，他希望未来能有更多的人，特别是农村人口、低收入人群以及老人和孩子，都能享受到互联网的便利，都能从自己提供的服务中受益。

从北大到布法罗，再从华尔街到硅谷，李彦宏的思想在成长中慢慢蜕变。年轻的、众望所归的、成就卓越的、在中西方都具有深刻的影响力，他将自己的事业定位为搜索引擎，只待好的时机就会一脚踏入创业的大门。

1999 年 10 月，中华人民共和国建国 50 周年，李彦宏作为互联网专家被邀请回国观礼。正是这次回国，目光敏锐的他发现越来越多的国人将上网当作习惯，甚至在交换名片的时候都会附上自己的 E-mail。互联网与国人的生活日渐紧密，或许这正是他所等待的时机。

同年年底，Infoseek 被迪士尼收购，再次调整经营战略。这一次，李彦宏再也按捺不住创业的冲动，他主动放弃了到手的股票期权以及技术总监的位置，决定回国创业。

其实，对李彦宏来说，在美国创业也不失为一个可行的选择。当时，他在美国已经待了整整八年，有着优秀的从业背景和技术水平，可以很轻松地找到投资人，创立一家搜索技术公司。但在他看来，一个事业的成功是需要环境的支持，对比搜索技术竞争开始白热化的美国，巨大的中国市场虽然开发起来艰难一些，但却更具潜力。

就这样，李彦宏开始着手进行创业的准备工作。众所周知，创业是需要伙伴和团队的，当时，他的太太马东敏推荐了自己在美国的同学徐勇。徐勇，生物学博士后，李彦宏的北大校友，正在拍摄《走进硅谷》的纪录片，认识许多风险投资商，当他得知李彦宏的创业想法后，当即表示十分感兴趣。

那是一个周末，徐勇应邀来到李彦宏家共商大计。俩人一见面，李彦宏先拿出了一份保密协议，徐勇没有感到意外，同在美国闯荡多年，他们都已习惯美国人的商业作风。签完协议后，李彦宏直截了当地说：“我们回国做搜索引擎吧。”

其实，徐勇也早就看上了搜索引擎，俩人一拍即合，创业的激情犹如火山爆发般奔涌而出。徐勇是一个热情外向的人，商业意识敏锐，说话富有感染力，并且内心具有一种不安分的因子，渴望做出不同寻常的事业。显然，这与李彦宏的想法不谋而合，李彦宏渴望做出真正影响普通人生活的事情，但不同的是，李彦宏善于思考，个性内敛沉稳，刚好互补的两个人在日后的创业过程中，表现出高度的默契。

当时，国内网站如同雨后春笋般层出不穷，而网站的信息检索主要是以雅虎为代表的分类目录查询最为流行。网站分类目录是由人工精选并简要描述互联网上的优秀网站，然后分类放置到不同的目录之下，而用户要查询时，就可以通过层层的点击来查寻自己想找的网站。

有人将这种基于目录的检索服务称之为搜索引擎，但严格意义上来讲，这并不是真正的搜索引擎。所谓的搜索引擎，是根据一定策略，运用特定的程序搜集互联网上的信息，并在对信息组织和处理的基础上，向用户提供检索服务的系统。

互联网信息浩瀚万千、毫无秩序，就像汪洋里的一个个小岛，网页链接层层相扣、错综复杂，如同小岛之间纵横交错的桥梁，而现在，最缺少的就是一幅清晰明了的信息地图，即搜索引擎。因此，李彦宏和徐勇商量出了公司的盈利模式——做出最好的搜索引擎卖给各大门户网站。

有了创业方向、合作伙伴和盈利模式，李彦宏接下来要做的就是找钱。通过徐勇的人脉，他认识了很多投资商，那段日子，天天游走在旧金山的风险投资商中，寻找着合适的投资对象。

硅谷是一个创业气氛特别浓厚的地方，从来都不缺少风险投资商，前提是你要有好的项目。显然，李彦宏的搜索技术优势、团队组合以及中国概念，都是非常吸引人的，其中有三家风险投资机构表示了明确的投资意向，最终，他和徐勇选择了诚实合伙投资公司和半岛基金，让两家机构共同出资。

其实，当时也有风险投资商想要进行单独投资，但李彦宏没有同意，因为相对分散的股权结构更利于创始人对公司的管控，这是他从硅谷学到的经验。

1999 年的圣诞节，西方人都在喜气洋洋地向上帝祈祷，这个时候，李彦宏穿云破雾地回到中国。很显然，与地球上的大多数人相比，坐在飞机上的他距离上帝更近。

回国之后，李彦宏开始着手进行公司的筹建工作，这并没有花费太多时间，在美国的时候，他与风险投资商接触的同时，已经开始了技术研发团队的搭建工作。

对于互联网企业来说，技术研发团队是核心竞争力，只要有好的研发团队，无论办公地点在哪里，无论公司注册情况如何，都能用好的产品征服万千网友。因此，在李彦宏看来，建立好的技术研发团队是回国创业的最关键环节。

那么，自己的研发团队应该请谁呢？思索良久的李彦宏将自己的第一个目标锁定在刘建国身上。刘建国，北京大学副教授，主持过由国家科学基金委员会和国家计划委员会资助的多个研究项目，并且组织开发出第一个中文搜索引擎——天网。

李彦宏与刘建国结缘在 1998 年的夏天。当时，李彦宏打算在清华大学办一个关于搜索引擎的讲座，天网的主要开发者刘建国自然成了李彦宏的邀请对象。不过，由于种种原因，刘建国并没有参加这次讲座，俩人错过了见面机会，但李彦宏已经记下了这个人。

因此，在他想要创建自己的研发团队时，第一个想起的就是刘建国的名字。于是，他按照天网上的 E-mail 地址，给刘建国发了一封邮件，详细介绍了自己的创业计划，以及对中文搜索引擎的一些个人看法，邮件的最后，他诚挚地邀请刘建国一起做搜索引擎的创业项目。

很快，李彦宏就收到了刘建国的回复。接下来的时间里，素未谋面的两个人共同探讨了很多搜索方面的话题，他们惊奇地发现，对方的许多想法与见解，尤其是对搜索引擎的前景预测，都与自己不谋而合，可谓是志同道合。

高山流水遇知音，伯牙子期所见同，但刘建国依旧迟疑不定。当时，北大对教授和副教授是有分级的，其中教授分为一二三级，副教授分为四五六级，刚刚被提拔为副教授的刘建国是第四级，属于北大级别最高的副教授，过几年肯定可以升为教授，前途一片光明。无论是谁，到手的荣誉和地位都不是那么容易放弃的，更何况刘建国在北大颇受器重，包括系党委书记在内的北大老同事们都不愿他离开。

一边是学术氛围浓厚的北大，一边是蠢蠢欲动的创业梦，到底应该何去何从？刘建国的纠结情愫可想而知。犹豫不决之际，他通过美国友人对李彦宏进行了一番调查，结果告知，李彦宏人品很好，有着很强的创新精神，并在全球搜索引擎技术专家中排名前列。

所谓英雄惜英雄，刘建国完完全全放下了心，觉得李彦宏是一个值得信赖的人，他有着长远眼光，真正想要做出一番事业。其实，随着互联网商业化浪潮的不断推进，刘建国就看到了学术单位的局限性，他非常清楚，只有投身实业才能实现技术的真正价值，但却一直无法痛下决心。

做实业需要找对合作伙伴，此时他认准了李彦宏，自然坚定了辞职的决心，打起技术创业的大旗。

就这样，经过慎重考虑后，刘建国向系里提交了辞职报告，他的父母和很多同事都不能理解，北大可不是谁想去就能去的地方，多少人铆足了劲儿往里挤，而他竟然还想着往外跑，到一个刚刚创建、前途未卜的小公司冒风险！

无论别人怎么看，他顶住了种种压力，成功加盟李彦宏的团队，成为李彦宏在国内招聘的第一位员工。后来，刘建国还将周利民介绍进来，负责互联网架构设计。

（百度 logo）

将军有了，军师也有了，下一步就剩招兵买马了。李彦宏和刘建国都是技术出身，他们就想招聘些纯粹的技术人才做搜索引擎，于是就把目光投向了国内高校。当时的互联网行业还算炙手可热，他们几乎没费什么劲儿，就找来了一大群学生面试，没几天，整个公司团队也正式组建起来。

2000 年 1 月 1 日，百度正式创立于北京中关村。宋朝词人辛弃疾在《青玉案》中写下这样的诗句：“众里寻他千百度，蓦然回首，那人却在灯火阑珊处。”这就是“百度”二字的出处，象征其对搜索引擎以及信息检索技术的执着追求。

当时，他们在北大资源宾馆租下了1414和1417两个套房做办公室，其中1417是李彦宏和徐勇的办公室，中间还隔着一个小会议室，1414则是技术工程师们工作的地方，一共有10个座位，都是两人一组的卡座，位置非常宽敞。

1月3日，在北大资源宾馆1417房间，百度召开了第一次全体员工会议。此时，李彦宏的创业团队共有7个人，分别是他、徐勇、刘建国、郭耽、雷鸣、王啸、崔珊珊，他们就是百度的“七剑客”。没过多久，在刘建国的介绍下，天网的周利民也加入团队，就这样，百度成了八个人的百度。

百度的第一次会议是非常简单的，对于这帮搞技术的人来说，他们不需要高谈阔论的没完没了，简单分工后，话题就自动转移到搜索引擎的研发上。

会议结束的时候，大家都对未来工作有了大致认识。只是，或许这几个最初的创业者并没有意识到，他们正走向中国互联网发展史上非常重要的征程，百度正在缔造互联网时代的又一神话！

3. 通过技术改变世界，改变生活

《圣经》上说，虚空的虚空，凡事都是虚空。世间的荣华富贵、财富权势、名利地位，都无法长久拥有，如果一个人活在世上的价值是建立在名利和财富的基础之上，那他是可怜的。

人是要有梦想的，李彦宏的梦想就是通过技术改变世界、改变生活。他如是说：“通过技术来改变世界，改变普通人的生活，一直是我的理想。每当听人说‘百度是我最喜欢的搜索引擎’‘百度是我最常上的搜索网站’时，比给我钱更能让我感到开心。”

像硅谷的大多数技术员一样，李彦宏真正想做的，就是依靠自己的技术改变世界，他创业的目的，不是为了赚取更多的功名财富，而是为了实现一个技术人员的理想——将技术变成产品，让更多的人从中受益，这是他从未改变过的信念。

“这是一块圣地，近百年来，这里成长着中国数代最优秀的学者。丰博的学识、闪光的才智、庄严无畏的独立思想，这一切又与耿介不阿的人格操守以及勇锐的抗争精神相结合，构成了一种特殊的精神魅力，科学与民主已成为这圣地不朽的魂灵。”这是北大九十周年校庆时出版的《精神的魅力》封面上的一段话。那是 1988 年，李彦宏只是北大一名大二的学生，但却至今铭记。在北大求学时，他一直默默诵读，往后的二十几年风雨兼程，这些话一直指导着他的人生选择，他要选择一条真正能对人类社会生活产生影响、产生改变的人生道路！

1999 年，怀揣“技术改变世界、改变生活”的梦想，他回国创业。当时，他的心里有着非常明晰的创业之路——做互联网，做搜索。在硅谷摸爬滚打了这么久，搜索引擎是他看好的，也是他擅长的。

百度创业初期，搜索在国内并不是一个炙手可热的概念。当李彦宏参加一些互联网 IT 界的活动或聚会时，别人问他百度是做什么的？他回答说搜索引擎。这时就会有前辈跳出来善意提醒：都什么时候了，你还在做搜索引擎，当前最热门的是门户，是电子商务，是网游，是无线，却单单不是搜索引擎。

有一次，李彦宏发现了一名特别优秀的技术人才，极力希望他能加盟，但对方想做的是电子商务。还有一次，百度内部的一名技术工程师明确表示自己想做网购，最后因为被拒绝选择离开了。那时候，几乎所有人都不看好搜索这件事，但李彦宏一直在坚持，他坦诚地说：“我可以告诉大家，我每天早晨起来做的第一件事情，不是洗脸刷牙，而是跑到自己的电脑前，看一看昨天百度各个产品线的流量状况。有多少人在使用百度，昨天是涨了还是跌了，如果要是跌了的话，那我就要马上琢磨为什么跌了。每天支撑我去生活，去做事情的原动力，就是百度的发展。”

百度刚成立的时候，李彦宏定下的企业战略是为门户网站提供搜索引擎服务。功夫不负有心人，2000 年 5 月，百度签下了自己的第一个客户——硅谷动力；8 月，百度拿下搜狐，开始为其提供服务；11 月，百度官方宣布，正式向三大门户网站之一的新浪网提供中文网页信息检索服务，支持其全面推出综合搜索引擎。

做属于中国的全世界最好的搜索引擎，这是百度的理想，这样“寄人篱下”的企业战略肯定不是长久之计。一番深思熟虑之后，李彦宏做出了一个惊人的决定，要将百度从门户网站背后的技术服务商，转型成拥有自己品牌的独立搜索引擎提供商。

2001 年 8 月，百度发布 Baidu 搜索引擎 Beta 版，正式从后台服务转向独立运营，并在中国互联网历史上首创竞价排名商业模式。但这一举动几乎得罪了所有客户，再加上当时正巧赶上互联网泡沫破灭，纳斯达克指数一泻千里，百度的处境可谓举步维艰。

在这个互联网寒冬，绝大多数人都看不到互联网的未来，更别提搜索引擎的未来！因此，李彦宏的转型决定毫无悬念地遭受了投资人、企业高管以及员工们的一致反对：在大多数门户网站都在用百度的搜索引擎技术时，转型的意义何在？

而在李彦宏看来，做企业要把眼光放长远，不能急功近利。他放弃了硅谷的高薪工作回国创业，想做的不是一个平庸的、能够活下去的幕后服务商，而是想要成就一个能够真正产生社会影响力的公司，这就是转型的意义所在。如今确实有很多门户网站使用百度的搜索引擎，但他相信，将来不久的某一天，会有更多的人天天使用百度。

为了说服投资人和公司高管们，他一遍遍强调着自己的信仰，这也应该是百度的理想，即做最优秀的搜索引擎，让所有使用百度的人都能快捷地找到他们想要找的东西。每一个现代人都是离不开搜索引擎的，而百度是有能力做成这件事的，凭借这样坚定的立场，或者说是执着精神，他最终做通了投资人和高管们的工作。

还好，在李彦宏的英明领导下，百度顺利度过了这个寒冬。2002 年 6 月，百度正式推出 IE 搜索伴侣；11 月，三大门户网站之一的网易也开始接受百度的搜索服务；12 月，联想、康佳、可口可乐等国际知名企业成为百度竞价排名客户；2003 年 1 月，李彦宏荣获首届“中国十大 IT 风云人物”称号。

其实，就在几乎所有人都不看好搜索引擎的同时，百度却从来都没有缺少过竞争对手，无论是美国比较早期的搜索引擎 Oprisder，还是北京出现的一个叫做南帆的公司，抑或是进入中国市场的 Google。总之，竞争对手的实力是越来越强，也越来越重视中文搜索市场。

刚开始的时候，Google 并没有在中国建立自己的本土团队，但很早就推出了中文版的搜索引擎，并以惊人的速度培育自己的中国用户，甚至连新浪的搜索提供商图标也变成了 Google。种种迹象表明，虽然百度掌握着顶尖的搜索引擎技术，但它所面对的竞争对手，也是非常强大的。

因为各种不被看好，在中国本土找个合适的搜索人才实属不易，没有办法，百度只得一边培训，一边干活。这是一个巨大的挑战，再加上资金实力悬殊，百度实在是无法同财大气粗的 Google 正面碰撞。

当然，李彦宏是很看好 Google 的。当有记者让他谈谈对于这个国际搜索巨头的看法时，他愉快地回答说：

“Google 做得很不错，这从某种意义上说对百度是好事，如果这个市场上连竞争都没有，那么这个市场可以说根本没有前途了，有竞争反而会推进大家的技术都不断前进。”

真正的企业家都是喜欢挑战的，挑战让百度充满激情。其实，在某种程度上，李彦宏决定从幕后转向台前，率领百度众将士研发自主品牌的搜索引擎，就是为了能够更好地与 Google 竞争，他不会将中文搜索市场拱手相让。

面对强大的对手，他选择勇敢站出，知难而上，为自己的团队制定出伟大的目标，即年内必须在中文搜索技术上全面超越 Google。于是，一个内部代号为“闪电计划”的行动迅速实施，以最快的速度提升着百度的搜索质量，完善其搜索核心技术。另外，为了表示决心，他还专门开辟出一个专门的办公室，里面放置了很多张床，好让加班的工程师们有地方休息。

显而易见，“闪电计划”最终获得了成功。2003 年 2 月，百度推出常用搜索功能，大大方便用户使用。除此之外，百度还推出了中文搜索风云榜以及新闻、图片两大技术化搜索引擎。同年 6 月，《中国电脑教育报》举办的“万人公开评测”公布了评测结果，百度超越了 Google，成为中国网民首选的搜索引擎。

2003 年年前，李彦宏在接受记者采访时曾说：“搜索是互联网一个基本需求，国外甚至认为搜索引擎具有上帝一样的力量，它可以控制人们看到什么看不到什么，这个力量非常强大。2003 年，将是搜索引擎公司走到前台，让网民重新认识的关键一年。”

是的，他的预言是正确的。这年春天，是非典肆虐的非常时期，对于百度来说，也是创业攻关的关键时刻，需要所有人都沉下心来，齐心协力地认真做事。

然而，当时的社会只能用人心惶惶四个字来形容，更何况其他公司还都在放假。为了让员工继续坚持奋战，李彦宏选择以身作则，虽然公司制度允许员工在家工作，但他依然每天坚持去公司上班。

每天到写字楼，当他穿过空空荡荡的办公室，李彦宏的心里都很不是滋味，有时甚至会想要去美国避一避，但转念又想，如果连自己都放弃的话，大家对百度的信心肯定会大受打击。于是，他坚持留了下来，与技术工程们一起，脚踏实地地做着自己应该做的事情。

（百度贴吧）

正是他的坚持，百度的搜索引擎在质量上突飞猛进，使用流量也一天天增加，甚至一举超过强大的对手 Google。其实，虽然 Google 已经在国内提供了多年中文搜索服务，但却并未进入中国关键词搜索市场，之后又因政策方面的问题，致使一些服务不能在国内使用，大大降低了用户体验，而百度，就是抓住了这样的空隙，得以高速成长。

（百度知道）

当时，无论是搜集网页和网页更新频率的快慢，还是检索的速度，无论是相关性，还是对种类的处理，百度都已超过昔日的对手。另外，百度还陆续推出了贴吧、知道、地区搜索、新闻提醒等功能，都是Google 所没有的，在百度的带领下，搜索引擎步入社区化时代。

（百度搜索 百度一下，你就知道）

2003 年 12 月 3 日，百度贴吧正式上线，2005 年 6 月 21 日，百度知道测试版上线。这是百度的两项最重要的发明，让知识掌握者成为内容的生产者，弥补了服务器的不足。从社会现象来看，它们还让知识权威开始消解，使普通大众成为知识的分享者，从有限的网络资源，到无穷的人脑资源，内容源的转变是百度产品方面的重要创举。

对于百度来说，2005 年也是不同寻常的一年。8 月 5 日，百度在纳斯达克成功上市，与此同时，百度在 Alexa 的排名超越新浪，成为第一中文网。上市后，面对种种机遇与诱惑，李彦宏如是说，“通过技术来改变世界，改变普通人的生活，一直是我不变的信念。上市只是成功刚刚开始，真正的挑战还在后面。”

这个男人就是这样，总是将技术二字挂在嘴边，这是他的特质，也是百度成功的最大原因！

第九章 勿忘杀毒 2006

360 安全卫士为您守候

周鸿祎的性格是为互联网而生的，他桀骜不驯，敢做敢想，既赢得无数赞誉，也招来许多责骂，他的网络江湖有过太多风风雨雨，未来或许还会经历更多，但他就是他，360 安全卫士的红衣教主。

商业生涯几十年，周鸿祎几乎和所有的互联网巨头交过手。从微软、CNNIC、百度，到网易、阿里巴巴、雅虎，再到瑞星、卡巴斯基、金山，他的战争一场比一场凶险，也一场比一场的影响更大，其中最为人熟知的，就是和腾讯的那场“3Q”大战。

1. 让中国人能用自己的母语上网

有人说，周鸿祎的性格是为互联网而生的。是的，他桀骜不驯，敢想敢干，棱角分明的个性赢得了无数的赞誉和追捧，也招来许多责骂和批评，他就是他，360 安全卫士的红衣教主。

“我是这个行业里少数几个不装不端的人，我不掩饰自己的观点，有时候甚至会出言不逊，也会对竞争对手大打出手。我可能不是个完美的人，当然也不可能去影响所有的人，只有我们把产品做好，给用户带来价值。”

这是周鸿祎对自己的真挚评价，这一次，让我们走进他，走进奇虎 360 的网络历史。

1970 年 10 月，周鸿祎出生在湖北省黄冈市，但他从小就跟随父母迁居河南郑州。那是个风云变幻的年代，“文革”十年动乱终结时，改革开放浪潮起，但对于缺乏安全感的小男孩来说，“打架”才是最好的摔打，最好的成长方式。

一般来说，爱打架闹事的都是体格强壮的大孩子，但身体瘦弱的周鸿祎却是个例外，他虽然块头小，但总是迎头而上，越挫越勇，明知不敌对方也要争斗到底，从不肯轻易认输。并且，这种受不得欺负、说打就打的做派，一直从幼儿园延续到大学。

1988 年，周鸿祎被保送进西安交通大学。当时，西安民风彪悍，打架更是风行，而他，就是在这样的背景里度过了自己的青春岁月。

有一次，他的一位同班同学被大二的师兄欺负，实在看不过眼的周鸿祎直接出面制止，没想到却惹来了大麻烦，不仅遭到一顿暴打，最后还被送到派出所，挨了学校的通报批评。其实，愿赌服输，这些周鸿祎并不在乎，他郁闷的是，当自己因为仗义执言挨打的时候，其他胆怯的同学却只是在麻木的围观着。

这次事件让周鸿祎真真切切地看到了人性冷漠的一面，但他却始终按捺不住自己打抱不平的本性。如今，不惑之年的他依旧保持着鲜明的个性——招惹他的人，他必还手，看不惯的事，他必插手。

有人说，这样好斗的个性是致命伤。或许，对于有勇无谋的武夫来说确实如此，但对于一个高学历、高智慧的创业家来说，这可能不啻为一笔无形的财富。诚然，才华和抱负很是重要，但胆商也同样重要，正是如此“不服周”的个性，让周鸿祎最终赢得了自己的互联网地盘。

当然，周鸿祎的大学生涯不只有打架，还有一个计算机梦。其实，早在中学时代，周鸿祎就树立了自己的理想——“做自己的软件公司”。进入西安交大后，他偶然读到了一本叫做《硅谷热》的书，瞬间就被大洋彼岸的电脑天才们所倾倒。

乔布斯、休利特、格罗夫……他们的故事重新唤醒了周鸿祎深藏多年的梦想，他说：“只有实现超越物质的精神追求，才有可能称之为梦想。”

周鸿祎是理想主义者，也是实用主义者，他很是珍惜大学的学习机会，因此，在别的同学沉迷游戏的时候，他迷上了编程；在别的同学找不到方向感的时候，他专心于专业课；在别的同学疯狂追赶“出国风”的时候，他天天忙着泡机房。

1992 年，周鸿祎保送本校读研。当时，他对自己的人生已经有了比较清晰的定位，他不止一次地这样说："我特别喜欢创业，也善于思考，我一直觉得，只有创业，才能有快乐，才有成就感！"

当然，他知道，想要创业，开一家属于自己的软件公司，只会编程是远远不够的，还要会管理，会经营。因此，在研究生专业的选择上，他没有继续计算机专业的本硕连读，而是选择了经济管理专业。

研究生期间，周鸿祎并不像本科那般一心扑在编程的学习上，因为他发现，计算机并不是一门理论性很强的课程，自己还需要实践。于是，从研一开始，他就和两个同学一起走上创业之路。

当时计算机病毒肆虐横行，于是，他们仨就做起了反病毒卡。作为穷学生，他们并没有自己的电脑，只能靠导师和机房的电脑进行反病毒卡开发，周鸿祎甚至还被机房工作人员当成小偷送进了公安局，当然，因为证据不足，他很快便被放了出来。

尽管如此，他依旧坚持着反病毒卡的研发。功夫不负有心人，他终于研发成功，并在全国大学生"挑战杯"比赛中拿到头奖。对此，周鸿祎深受鼓舞，他决定将反病毒卡商业化。

暑假期间，他只身一人去了北京，租住在清华大学附近的地下室里，每天骑着一辆破旧的自行车，围着中关村一家家推销自己的反病毒卡，但结果并不尽如人意。

但是，创业上瘾的周鸿祎并不甘心，他借了几十万再次创业。在中关村推销的时候，他听说广告公司很赚钱，于是就和朋友一起开了一家广告公司，这一次进展还是颇为顺利的，据说公司最好的时候能有五六十名员工。

第二次创业，他洋溢着无穷的激情。为了拉客户、卖平面设计，周鸿祎和三教九流的人都打过交道，这极大地锻炼了他的口才和社交能力，这为他后来创立 3721 公司积累了经验和实力。

只是，这次创业最后还是以失败告终。后来，他回忆说："那个时候非常艰苦，这当然不是指物质上的，而是我给自己设置了比同龄人更高的目标，所以压力一直很大。我想，这也缘于我天生就渴望和别人不一样的性格。我一直觉得，什么事都应该去试试，哪怕会失败。”

年轻时的失败也没有什么不好，至少磨炼出了周鸿祎良好的心态、坚强的意志、非凡的胆商以及务实的作风，这对于他未来的人生之路，是一笔恒久的软财富。同时，创业的失败让他深刻认识到自身不足，研究生毕业之际，他不再盲目创业，决定先去企业历练一番。

1995 年 7 月，周鸿祎研究生毕业，选择进入北大方正工作。当时，方正给他的薪水只有区区 800 块钱，但他从未言过后悔，因为清楚自己来这里的目的：“我就是要到中国最大的软件公司干上两年，看看软件到底是什么工作，我不在乎他们给我什么头衔和多少年薪，我的目的就是想要学习。”

在方正，他从程序员开始做起，一直做到项目主管、部门经理、事业部总经理，最后做到了方正研发中心副主任。并且，这一系列晋升，他仅仅用了三年半的时间，如果没有过硬的本事，自是无法做到。

1997 年 10 月，他成功组织开发出中国第一款自主版权的互联网软件——方正飞扬电子邮件系统。方正飞扬是一款非常适合中国人使用习惯的优秀软件，不仅模拟办公室的工作环境，还充分利用了人性化的游戏界面。当时的一位用户感慨：“这是一款设计精美、非常讲究人性化的软件产品。”

是的，该软件产品一经推出，就受到了办公族的追捧，后来甚至有人预言，如果周鸿祎不离开方正，继续把软件做下去，那么现在使用最广泛的邮件工具，将会是方正飞扬，而非丁磊的网易邮箱。

在做飞扬软件的过程中，周鸿祎初步形成了自己的互联网世界观：只有推动大众上网的、免费的互联网产品，才会有发展前途。但遗憾的是，当他将自己的想法讲给上司的时候，并没有得到应有的重视，方正的领导们觉得这很矛盾，既然是好东西，为什么要免费呢？

最终，飞扬软件本身并没有取得预期的成功，只是成了内部使用的办公自动化工具。当然，周鸿祎是很想将其互联网化的，但互联网并不是方正的主营方向，就这样，想法被搁浅了，而他也产生了离开方正单干的想法。

1998 年是 IT 界公认的互联网元年。这一年，“互联网”成为流行语，这一年，中国互联网用户首次突破 100 万，这一年，新浪、网易、搜狐三大门户网站集体亮相，这一年，周鸿祎怀揣创业梦，放弃北大方正的工作，成立了国风因特软件有限公司，全力进行 3721 地址栏搜索软件的开发。

当时，周鸿祎发现身边不懂网络技术的朋友普遍对英文网址心存畏惧，敏锐如他，立即从中找到自己的创业机遇——中文网址搜索。而 3721 正是这样的搜索软件，他要让中国人更容易地使用互联网。

只是，在风起云涌的互联网大潮中，他的想法并不被人看好。后来，他回忆道：“在 1997 年、1998 年的时候，上网的人都是专家，大家都觉得这个想法很傻，敲入‘www’又不难，为什么要输入中文？四

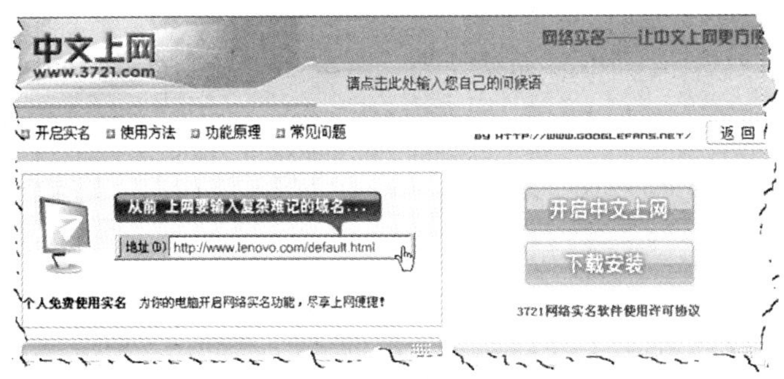

（3721 中文上网更方便）

年来，我们一直都是处在一种被嘲笑、被轻视的状态下。但我相信中国会成为互联网第一大国，中文会成为互联网使用最广泛的语言，中国人最终会选择用自己的母语上网。所以在别人不看好的时候，我对自己的 idea 始终保持信心。”

是的，无论面对多少质疑和嘲笑，他都坚信自己的市场嗅觉。其实，他为这个中文搜索取名“3721”，正是借用“不管三七二十一，都要闯一闯”的寓意，直抒胸臆。

市场并没有辜负他的预测。不久之后，3721 用简单方便的“中文上网”理念，赢得了很多网络“小白”用户的认可。据可靠媒体报道，3721 巅峰时期覆盖的中国互联网用户超过 90%，日均使用人次超过 3000 万，是当时使用量最大的中文上网方式。

著名儿童文学作家冰心有这样一句诗歌：“成功的花儿，人们只惊羡她现时的明艳，然而当初它的芽儿，浸透了奋斗的泪泉，洒遍了牺牲的血泪。”确是如此，任何创业史都夹杂着无数艰辛血泪，周鸿祎也不例外，刚开始做 3721 的时候，他只有五个员工，启动资金也不过区区几十万，最困难的时候，他靠的全是妻子打工赚钱来周济。

周鸿祎的妻子是个睿智温婉的姑娘，她无条件支持着丈夫的事业，并不断为他打气说：“对你这种高智商的人来说，挣钱是早晚的事，关键是做自己想做的事情才是最快乐的。”

人活一辈子，能做自己喜欢的事情是幸福的，得到爱人的支持更是给了他无穷斗志。功夫不负有心人，2001 年 10 月，3721 终于实现盈利，周鸿祎“让国人能用自己母语上网”的梦想，照亮了互联网的一方天空！

2. “红衣教主”　周鸿祎的网络江湖

周鸿祎是一个好斗的人，“打仗”是他商业生涯的真实写照，可以说，他的创业史，正是一部战争史。

有人说，3721 是互联网时代土生土长的异类。是的，当时的中国互联网落后西方国家很多，于是，许多海外归来的互联网创业者们走上了模仿甚至是完全复制美国互联网标杆的发展之路，比如搜狐成了中国的雅虎，8848 则成了中国的亚马逊，而 3721，在周鸿祎的带领下，完全是摸着石头过河。

但是，有机会就有竞争，有竞争就会有战争。3721 创业第二年，微软进入中国，与 Real Names 公司合作推出类似的中文上网服务。作为世界互联网巨头，微软的实力不容小觑，另外，Real Names 也有着颇为雄厚的资本，它不仅在世界范围内提供关键词搜索服务，并迅速在日本、韩国以及欧洲的多个国家占领市场。

竞争对手实力超群，周鸿祎是有压力的，但他毫不畏惧。Real Names 主动上门谈并购问题，他也是从容应对，在技术控制权问题上毫不妥协。其实，他是同意和 Real Names 进行技术和市场方面的合作的，但他绝不会让外国人控制中国网络实名的标准，因为这与他“让中国人用自己母语上网”的理念背道而驰。

他说：“其实，做别人的代理是很省心的，如果 3721 替 Real Names 卖它的产品，能比它挣得还多。但如果每个厂商都这样做，中国的互联网就没什么前途了。在某些领域我们很难与国外公司竞争，但在与中国文化有关的领域，我们不希望也被外国企业一统天下，外国公司从来不是一个慈善家，标准控制在对方手里，就必然受制于对方。”

细细数来，Real Names 代表和周鸿祎先后进行了不下 10 次的谈判，但他通通拒绝了。最终，Real Names 放弃了 3721 这块肥肉，与 CNNIC 合作进入中国市场。

CNNIC 是中国科学院下属的互联网信息中心，属于非营利的管理服务机构。但是，与 Real Names 合作之后，CNNIC 高举“规范服务，解决纠纷”的旗帜，同微软联手发布了一套“通用网址”，正式进军网络实名市场。

其实，对于新加入竞争的 CNNIC，周鸿祎并没有什么异议，毕竟有商业的地方就会有竞争，大家各凭本事就好。但是，一个月后，CNNIC 却通过代理商喊出这样的口号：CNNIC 通用网址是经信息产业部认可的国家标准。

这是什么意思，CNNIC 是国家认可的标准，难道 3721 就是山寨的吗？对于这样的言外之意，周鸿祎很是不满，火爆脾气的他在采访中直截了当地指出："我们欢迎市场竞争，但我们不欢迎不正当竞争。"

自此以后，3721 与 CNNIC 的口水战正式打响。那段日子，周鸿祎一直处于极度的恐惧之中，要知道 CNNIC 是具有官方背景的，他生怕接到政府发文，3721 就此毙命。

2002 年，在 3721 与 CNNIC 打得热火朝天时，百度为了争夺 IE 地址栏，也加入了战局。当时，无论是市场份额还是流量，百度都是不及 3721 的，为了提高流量，百度专门推出一个取名"百度搜霸"的客户端，开始抢夺地址栏。

三方恶战，3721 势单力薄。为了应对百度搜霸，周鸿祎选择将 3721 的软件卸载程序复杂化，使用户在卸载 3721 客户端时无法真正卸干净，而残留下来的程序，专门用来干扰"百度搜霸"的正常使用。

他的这一反击够狠，轻易重创了百度。但令他没想到的是，自己强迫用户安装，安装之后又难以卸载的行为，深深得罪了客户，他也因此背负上很久都无法摆脱的骂名——"流氓软件之父"。

2003 年，百度以不正当竞争为由，将 3721 告上法庭，中科院也因周鸿祎在公开场合发表的"CNNIC 私刻公章是非法机构"之言论，以其侵害自身名誉权为由，再次将 3721 告上法庭。而这两次诉讼，周鸿祎都以败诉告终。

接连两次的诉讼失败，再加上许多场外因素，3721 客户资源逐渐流失，代理商也开始转投对手旗下，这样的境遇让周鸿祎疲倦不堪，也后悔不已。他没想到，3721 竟然会从 IE 地址栏搜索的创造者，沦落为人人侧目的"无赖公司"！多年以后，当他再次回首 3721 的混战往事，依旧忍不住这样忏悔："千不该万不该，不该为了竞争而眼里已经看不到用户！"

是的，这个错误让他后悔一生。但冲动之下，他又做出了另一个后悔一生的决定——用套现的方式换取 3721 的发展。

他如是说："3721 本来是有机会在中国跟百度逐鹿搜索市场的，但是由于决策失误，错把雅虎抛来的诱惑当作机会，亲手葬送掉了 3721。对我而言，这是个至少 10 亿美金的失败。"

2003 年年底，在 3721 市场低迷之际，雅虎中国向周鸿祎抛出橄榄枝。当时，周鸿祎并没有多想，只是单纯看中了雅虎"有搜索、有品牌、又有钱"的豪门背景，于是就带着 3721 投入雅虎中国的怀抱，没想到却彻底断送了 3721 的未来。

2004 年 3 月，周鸿祎正式出任雅虎中国的总裁。当时，他在接受媒体采访时说道："3721 是我的事业，是我的孩子；雅虎中国也是我的事业，我会尽我的权利，与 3721 的感情是一样的。"

周鸿祎是意气风发的。作为执行总裁，一方面，他想让雅虎中国快速本地化，变成名副其实的雅虎"中国"，另一方面，他要改变雅虎中国此前"不求有功，但求无过"的做事风格。而显然，这是个吃力不讨好的过程，他强硬的做派以及强烈的个人风格得罪了很多雅虎中国的老员工，最终，包括副总裁在内的许多人选择了离开。

入主雅虎中国后，周鸿祎最大的挑战是本地化，而他对于雅虎中国的最大贡献也是本地化。有人说，杨致远对周鸿祎"逼走"这么多老员工并没有多加苛责，其主要原因是假借周鸿祎之手，做自己一直不敢做的事情。

事实上，周鸿祎的作风确是颇有成效的。自 1998 年进入中国以来，雅虎一直都是默默无闻的，直到周鸿祎成为总裁，才开始表现得虎气生生。

2004 年 6 月，在周鸿祎的推动下，雅虎中国推出"一搜网"，当即引起轰动。在当时，“一搜网”是“中国最大的娱乐音乐搜索”，主营 MP3 搜索业务。与百度 MP3 相比，“一搜网”最大的优点是没有商业广告，用户体验好。

对于“一搜网”的发展，周鸿祎是非常看好的，并将其看成是超越百度的利器。2005 年年初，他还特意向总部申请 1000 万美元的发展经费，但这一次，总部却犹豫了，直到 6 月份也没有批给他这笔经费。

然而，瞬息万变的互联网市场向来是不等人的，周鸿祎眼睁睁看着搜狐和新浪分别推出“搜狗”和“爱问”两大独立搜索引擎，而“一搜”的发展却因缺乏经费搁浅，实在难忍心中的不甘与失望：“我带了一支能干的团队，被困住了，要弹药没弹药，要人力没人力，2005 年仗已经打不下去了，百度要上市，Google 要进来，微软还要发力，门户还在效仿，白白地浪费战机，陷于内耗！”

正所谓道不同不相为谋，2005 年 8 月，周鸿祎带着无限遗憾，离开了雅虎中国。同年 9 月，他以投资合伙人的身份加盟国际数据集团风险投资基金（IDGVC），想要帮更多的中小企业获得快速发展机会，以推动整个互联网行业的发展。

（奇虎 360 logo）

2006 年 2 月，周鸿祎还成立了自己的天使投资基金，希望可以帮助更多的创新企业获得发展机会。在此期间，他先后投资了迅雷、酷狗、火石、Discuz！、快播等新兴互联网中小企业。

这一年，他拎着钱袋子，将天使投资人的角色扮演得有声有色，可一直眼看着别人创业，他血液中不安分的因子再次砰砰跳动。恰在这个时候，他的老朋友齐向东抛来了橄榄枝：“你来奇虎吧，咱们一起做一个伟大的互联网公司！”

在3721时，齐向东辞掉厅局级的工作，加入周鸿祎的创业团队，两人一个侧重技术研发，一个进行业务扩展，可以说是珠联璧合的“黄金搭档”。而在周鸿祎出任雅虎中国区总裁时，齐向东是副总裁，周鸿祎最得力的大将，后来，周鸿祎辞去总裁职务，而齐向东，早几天就离开了雅虎。

离开雅虎后，周鸿祎开始做天使投资，而踌躇满志的齐向东，则走上了创业之路。2005年9月，齐向东创办了奇虎网，并担任总裁职务，当时，他对奇虎的定位是搜索引擎技术提供商，主要帮助各大社区论坛增加搜索功能。

2006年3月，周鸿祎带着数千万美元的投资，加盟奇虎网，正式出任董事长。七年前，齐向东打破自己的铁饭碗，加入周鸿祎的3721团队；七年后，周鸿祎结束自己财源滚滚的天使投资人生涯，加入齐向东的奇虎网。缘分就是这样神奇的东西，因为一个伟大的互联网梦，他们再次走到一起。

这一年，互联网处于飞速发展高峰期，而在这股风潮中，做流氓软件成了风气，小到私人工作室，大到门户网站，谁不做流氓软件谁就是傻子，而广大网民，就成了最无辜的受害者。

其实，“流氓软件之父”的名号一直是周鸿祎心中的刺。3721如日中天之时，他为了彻底将用户攥在手里，曾经做过一次冒险的尝试——用插件绑架用户浏览器，并卸载用户安装的其他插件。

后来，3721的这种插件被命名为“流氓软件”，而周鸿祎也因此背负“流氓软件之父”的骂名。但是，周鸿祎手里的插件并不算是真正的流氓软件，因为它在弹出窗口时，会“礼貌性”地征求用户意见，如果用户选择了“否”，程序就不会强行安装。

这与真正的流氓软件是有本质区别的。然而，那些做流氓软件的人，为了自己的利益，不约而同地借用 3721 的名义，把所有的脏水都往周鸿祎身上泼。对此，他无奈地表示，自己干过的事他会认账，但他不能接受主观上去害客户，更不愿让竞争对手搞臭自己的名声。

他说：“当时大的杀毒公司都眼睁睁看着流氓软件横行，却不敢解

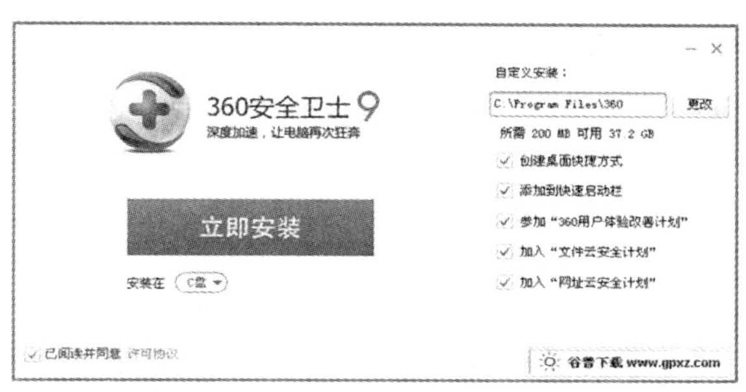

（360 安全卫士）

决，因为大家都清楚，当时做流氓软件的实力很强，他们光明正大地做，还形成了地下产业链。而作为同一个圈子的人，抬头不见低头见，去断同行的财路，无疑是需要胆量的。当时也有人呼吁用正规渠道去解决，借助政府和司法力量，但取证是一件很困难的事情，根本不可能打赢官司。”

既然大家都不愿意蹚这趟浑水，那么我来！周鸿祎觉得，是自己打开了流氓软件的潘多拉之盒，自己就有责任将其关掉。于是，他顶住各种压力，坚决与流氓软件对抗到底！

2006 年 7 月，奇虎推出 360 安全卫士，当时它还有一个简单粗暴的名字——“流氓克星”。发布会上，周鸿祎亲自宣布，“360 安全卫士”携全球顶级的专业杀毒公司卡巴斯基，为广大网友免费提供恶意软件查杀、系统诊断及修复、病毒杀毒等功能！

在流氓软件肆虐的当下，“杀木马、反盗号、完全免费”的杀毒软件，自然能够轻松获得用户推崇。2006 年年底，360 安全卫士用户量超过 20 万，而到了 2007 年 10 月，其用户量超过金山、瑞星等业界巨头，成为国内用户量最大的安全软件。

勿忘杀毒 2006，360 安全卫士为您护航！“红衣教父”周鸿祎成功了，虽然他的网络江湖有过太多风风雨雨，并且将来还会经历更多风风雨雨，但他依旧坚持着最真实的网络梦想。

3. 360 与腾讯的“3Q”大战

（3Q 大战）

周鸿祎说，人生就是不停地战斗。

商业生涯几十年，他几乎和所有的互联网巨头交过手。从微软、CNNIC、百度，到网易、阿里巴巴、雅虎，再到瑞星、卡巴斯基、金山，他的战争一场比一场凶险，也一场比一场的影响更大，其中最为人熟知的，就是和腾讯的那场“3Q”大战。

2010 年，360 安全卫士的用户规模突破 1 亿，周鸿祎的免费杀毒策略，让奇虎 360 赚得盆满钵满，一跃成为继腾讯之后的第二大客户端公司。同年 3 月，杀毒软件进入双核时代，360 不仅推动杀毒软件进入免费时代，更推进了双核时代的到来。

看着自己一手创立起来的免费杀毒软件如此受欢迎，周鸿祎颇为欣慰，因为这不仅是公司运营的一个简单项目，更是为自己正名的绝好机会。只是，欣慰之余，他的心中还有几分踌躇，树大招风，怀璧其罪，在当前的市场竞争形势下，他知道很多人都已瞄准了 360。

2010 年春节前后，腾讯推出 QQ 医生。刚开始的时候，QQ 医生只作为查杀盗号木马的小工具，但随后，QQ 医生 3.2 版本推出后，周鸿祎惊讶地发现，其界面和功能都酷似 360 安全卫士。

当时，腾讯运用强制的形式，开始在二三线城市推广 QQ 医生，没过多久，其安装量就突破 1 个亿，市场份额达到 40%。敏感如周鸿祎，自然从中意识到不小的威胁，他赶紧将正在休假的一些员工召回，积极应对这起突发事件。

360 的快速反应，加之 QQ 医生自身的尚不成熟，不明觉厉的用户们陆续卸载了 QQ 医生，其市场份额迅速下降到 10% 以下。此次交锋，360 完胜。

5 月 31 日，腾讯将 QQ 医生悄然升级至 4.0 版本，并将其同 QQ 软件管理合二为一，并称为“QQ 电脑管家”。另外，在没有任何信息提示的前提下，该新版软件以“流氓软件”的形式直接安装到用户电脑上。更让周鸿祎感觉不安的是，该软件中还增加了云查杀木马、清理插件等功能，几乎涵盖了 360 安全卫士的所有主流功能。

他义愤填膺地说：“首先腾讯强行在用户电脑里面安装 QQ 电脑管家，丝毫没有给用户任何知情权和选择权。同时，QQ 电脑管家抄袭 360 安全卫士，图形界面甚至连文字都与 360 安全卫士高度相似。这样的抄袭加强制推广是置 360 于死地。我们在功能上、界面上、用户体验上下了很多功夫，可是 QQ 电脑管家丝毫不费力地就抄过来了，虽然做得并不比 360 好，但显然这是对 360 权益的侵犯。”

2010 年 9 月 22 日，不少网友陆续反应，自己的桌面上莫名其妙地多出了 QQ 电脑管家的图标，并且还会在开机时自动启动。这是腾讯第二次大规模强制安装，凭借庞大的用户基础，QQ 电脑管家对 360 安全领域的生存地位直接构成威胁。

这一次，周鸿祎坐不住了：“我年轻的时候好斗，现在我不主动挑起战争，但如果有人找我斗争，我绝对不是宋襄公，会退避三舍。你不能让我觉得无路可走，兔子急了还咬人，何况我不是兔子。”是的，周鸿祎从来都不是柔软可欺的小白兔，几天后，他出手了，果断干脆，一如不畏强敌的狼。

9 月 27 日，360 官方发布直接针对 QQ 软件的个人隐私保护工具——360 隐私保护器，宣称其能实时监测和曝光即时通信工具行为。并且，360 还提示用户，“某聊天软件”在未经许可的情况下偷窥用户个人隐私文件，显而易见，所谓的“某聊天软件”就是拥有 7 亿用户的 QQ，这直接引起网友对 QQ 客户端的担忧和恐慌。

10 月 14 日，腾讯就 360 隐私保护器曝光 QQ 偷窥用户隐私事件提起诉讼，要求奇虎 360 及其关联公司停止侵权。对此，360 随即发表声明，表示将提起反诉：“各界对腾讯提出的质疑，腾讯一直回避窥探用户隐私，这时候起诉 360，除了打击报复外，不排除是为了转移视线，回避外界质疑。”

10 月 27 日，腾讯联合百度、金山、遨游、可牛等公司发布《反对 360 不正当竞争及加强行业自律的联合声明》，要求主管机构对 360 恶意恫吓用户及欺骗行为进行彻底调查，并对其不正当商业竞争行为予以坚决制止。

而两天后，毫不示弱的 360 又推出了一款叫做“360 扣扣保镖”的安全工具，宣称其具有保护隐私、防止 QQ 盗号、过滤 QQ 广告、清理 QQ 垃圾等功能，可以全面保护 QQ 用户的安全。更狠的是，“扣扣保镖”直接将 QQ 面板上的“安全”按钮链接到自己的界面之上，当 QQ 用户点击该按钮，进入的是 360 的安全界面。

这一次，360 可以说是直击腾讯命门，正如马化腾自己说的，“再过三天 QQ 用户就有可能全军覆没”。对此，腾讯作出强烈声明，称 360 扣扣保镖是可耻的“外挂”行为。11 月 3 日晚，腾讯还通过 QQ 弹窗发布如下消息：

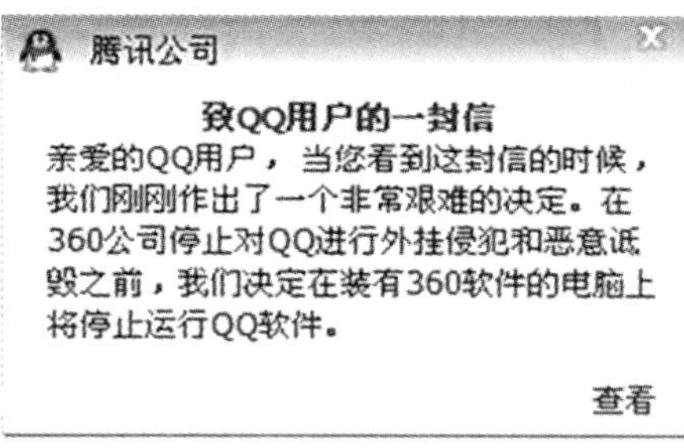
腾讯公司
致QQ用户的一封信
亲爱的QQ用户，当您看到这封信的时候，我们刚刚作出了一个非常艰难的决定。在360公司停止对QQ进行外挂侵犯和恶意诋毁之前，我们决定在装有360软件的电脑上将停止运行QQ软件。
查看

（腾讯致 QQ 用户的一封信）

“亲爱的 QQ 用户，当您看到这封信的时候，我们刚刚作出了一个非常艰难的决定。在 360 公司停止对 QQ 进行外挂侵犯和恶意诋毁之前，我们决定在装有 360 软件的电脑上停止运行 QQ 软件。”

随后，QQ 安全中心再次弹出一个窗口，要求用户退出 QQ 并卸载 360 软件后重新登录，而选择不卸载的用户就会被强制停用。面对腾讯的这一举动，互联网顿时炸开了锅，网络论坛上的指责和谩骂声，可以说是排山倒海。

在网友看来，这是非常明显的胁迫行为，严重干涉了自己的上网自由。当时，一位网友发布了一篇名为“致腾讯和 360 的一封公开信”的帖子，表达出无数网友的心声：

“我们不管你们怎么打，但是我们的电脑用什么软件必须是我们自己说了算，不需要你们替我们用户去选择，你以为我们必须在你们中选一吗？我们还可以联名告你们去，不管是腾讯还是奇虎。不要太嚣张了，你们是明目张胆地侵犯我们电脑用户，干涉我们的自由，我们的口号是：我的电脑我做主。”

根据凤凰网的民意调查，超过七成的网友对腾讯这种“二选一”绑架用户的做法很是不满。海南省消费者委员会认为：腾讯强制要求用户卸掉 360 软件这一举措，侵犯了消费者自由选择权。而迅雷更是明确表示，优秀的企业更应该尊重用户。

双方对垒，损害的却是第三方的利益，这样的做法总是有失风度的，而相对腾讯而言，周鸿祎的回应更加深入人心。就在腾讯“二选一”宣言发布三个小时后，360 发布官方声明《腾讯要挟用户卸载 360 360 将保证和 QQ 同时正常使用》，表示自己会竭力保证 360 和 QQ 的同时运行，随后，360 扣扣保镖软件也悄然下线。

11 月 4 日，360 宣布扣扣保镖正式下线，并对下线原因进行了如下阐述：

我们也在反思，我们推出一款产品，本着从用户出发的精神，希望能为用户创造价值。但是，如果因为各种原因，反而为用户造成了困扰，那我们必须为此承担责任。因此，我们决定召回 360 扣扣保镖。此举同样也是着眼于用户的利益，希望为用户创造一个安静的、健康的互联网环境，不用再作非此即彼的艰难选择。

11 月 5 日上午，工信部通信保障局、互联网协会等相关政府部门介入，用行政命令的方式要求双方不再有纷争。11 月 10 日，360 宣布 QQ 与 360 已经恢复兼容，并在官方网站上发布题为“QQ 和 360 已经恢复兼容 感谢有您！”的公告，11 月 21 日，腾讯也发布致歉信“和你在一起”，双方冲突在政府部门的介入下总算正式化解。

当然，这只是表面的和平，激流暗涌处，360 和 QQ 的交锋远未结束，这注定了的 3Q 大战，哪那么容易轻易结束。

2011 年 9 月 29 日，北京市第二中级人民法院宣布腾讯诉讼“360

隐私保护器”侵权案终审判决结果：“北京奇虎、奇智软件以及三际无限的行为构成不正当竞争，判决三公司停止侵权；三家公司需要在本判决生效起 30 天内在 360 网站首页及《法制日报》上公开发表声明以消除影响，并赔偿原告腾讯经济损失 40 万元。”

2012 年 4 月 13 日，奇虎 360 向广东省高级人民法院提起反垄断诉讼，称腾讯在 3Q 大战期间滥用即时通信工具 QQ 的市场支配地位，强制用户卸载 360 软件，导致 360 用户大量流失，遭受巨大经济损失，要求其公开道歉，并赔偿 1.5 亿元的损失。

360 总裁齐向东表示：“360 是腾讯滥用市场地位的受害者，腾讯的‘二选一’给 360 带来了巨大的经济损失。我们提起针对腾讯的反垄断诉讼，希望通过社会各界的积极参与和讨论，以及司法机构对这个案例的判决，能够遏制腾讯的滥用市场地位的行为，建立一个公平竞争、有利于创新的互联网环境。”

360 的反垄断诉讼，打响了“3Q 大战第二季”。4 月 18 日，腾讯也向广东省高级人民法院提交诉讼，称 360 扣扣保镖打着保护用户利益的旗号，污蔑、破坏和篡改 QQ 软件功能，是一种不正当竞争行为，请求法院驳回 360 全部诉讼请求，并向其索赔 1.25 亿元。

从口水战到对簿公堂，3Q 大战再次引发广泛关注，数十家新闻媒体从全国各地飞至广州，多名人大代表及政协委员到场参与。另外，在法院的许可下，双方都邀请了重量级人物到庭，360 方面邀请的是欧洲独立提供竞争法调查经济意见的 RBB 顾问大卫·斯塔利布拉斯，而腾讯方面邀请的是中国社会科学院信息化研究中心秘书长姜奇平。

2013 年 3 月 28 日，奇虎 360 诉腾讯滥用市场支配地位案一审宣判，广东省高级人民法院驳回了奇虎 360 的全部诉讼请求，诉讼产生的 79 万元诉讼费用也由 360 方面承担。法院认定，即时通讯与微博等构成强竞争关系，并且互联网是一个全球性的市场，具有充分的竞争性，因此腾讯不存在市场支配地位，也不存在滥用问题。

2013 年 4 月 25 日，腾讯诉 360 扣扣保镖案的判决也下来了。法院一审认定，360 扣扣保镖确实存在不正当竞争，判决奇虎 360 赔偿腾讯 500 万元，并在相关网站和报刊上向腾讯公开致歉。

当然，对于这样的判决结果，周鸿祎是相当不满的，他表示，判决不公正，将上诉至最高人民法院。这场 3Q 大战，依旧没有结束。

马化腾和周鸿祎，腾讯和奇虎 360，他们都在中国互联网历史上占据着重要的位置。其实，马化腾和周鸿祎关系原本不错，这两个互联网时代的风云人物，曾经颇有几分惺惺相惜的意思，而这几年的相争相斗，不过是为了利益二字。

作为看客，或许谁是谁非已经没有那么重要，只要有利益在，马化腾与周鸿祎的斗争就不会停止！

第十章 拇指时代 2010

微博掀起新的浪潮

随着信息技术的发展与进步，越来越多的人投入到互联网的创业大潮中，网络的世界变得繁荣而热闹。文字、图片、音乐、视频，社区、论坛、电邮、网购……五花八门的内容，纷繁多样的功能，网络以多元化的承载方式，给予用户心灵式的贴合沟通，其中，从博客到微博的过渡，是网络社交转变的缩影。

1. 从博客，到微博

加拿大传播学家麦克卢汉说，媒介即讯息。晦涩的文字、深刻的思想、卓越的预见力，对于媒介和讯息，麦克卢汉给出了近乎难以理解的联系，如今却依旧饱受争议。

任何媒介都以自身独特的方式，承载着属于自己的信息。比如报纸杂志等印刷类媒体，承载的是眼睛足以应付的文字信息；广播影视媒体往往增加了声音感和画面感，使信息更具视听效果；而网络媒体则用更加融合的方式调动整个感官，让文字、画面、图示等信息，以最适合的方式呈现给网民。

随着信息技术的发展与进步，越来越多的人投入到互联网的创业大潮中，网络的世界变得繁荣而热闹。文字、图片、音乐、视频，社区、论坛、电邮、网购……五花八门的内容，纷繁多样的功能，网络以多元化的承载方式，给予用户心灵式的贴合沟通，其中，从博客到微博的过渡，是网络社交转变的缩影。

博客又叫网络日志，台湾也称作“网志”和“部落格”，是由英文单词 Blog 音译来的。博客最初的名称是 Weblog，此为 web 和 log 组成的混成词，因此，按照字面的意思就是网络日记。顾名思义，博客就是在网络上写日记的私密空间。

“博”，广博也；“客”，兼有好客之意，访问博客之人皆为“客”；而“博客”，就是一种由个人管理的，不定期张贴新的文章、图片或影片的网页或联机日记，主要用来抒发情感、分享信息。

博客最早兴起在国外。1993 年，NCSA 发布“What’s New Page”网页，这是博客最古老的原型。1994 年，Justin Hall 创办“Justin's Home Page”，这个个人网站是最早的博客网站之一。

1996 年，著名科幻作家 William Gibson 如是预言：“用不了多久就会有人为浏览网络，精选内容，并以此为生，的确存在着这样的需求。”1997 年 4 月，Userland 公司总裁 Dave Winer 开始运作 Scripting News，这是一款真正具备博客基本特性的个人主页，Dave Winer 还将这些博客功能集成到免费软件“Frontier”的脚本环境。

1997 年 12 月，Jorn Barger 在个人网站“Robot Wisdom Weblog”中第一次使用 Weblog 这个术语来描述评论和链接。1999 年，Peter Merholz 以缩略词“blog”来命名博客，使其成为今天最常用的术语。后来，Peter Merholz 回忆说：

“我一直很喜欢词汇，喜欢一遇到生词就钻到词典里面。我喜欢词汇游戏，词源学更是有趣。没有想到这种爱好居然产生了影响，大约 1999 年 4 月或者 5 月（确切的时间已经记不清楚），我在自己的主页上贴出一个帖子，‘我决定把 weblog 发音为 wee’ – blog，或者缩写为 blog’。我也没有多想，就把这个词汇用进了我的帖子中，后来大家发邮件也开始使用。”

1999 年是博客开始高速发展的一年。这一年，Blogger、Pita、Greymatter、Manila、Diaryland、Big Blog Tool 等自动网络出版软件免费发布，这些免费软件是可以向用户免费提供服务器空间的，有了这些，博客就能进行零成本地发布、更新和维护。

当时，Pyra 公司出品的 Blogger 是最流行、最有影响力的软件工具，其中的一位创始人 Evan Williams 还给博客下了明确而简洁的定义：博客概念主要体现在三个方面：频繁更新（Frequency）、简短明了（Brevity）以及个性化（Personality）。

后来，随着博客的不断发展和演化，其概念有了更加明晰、规范的形式界定：首先，网页主体内容是由众多不断更新的、个人性质的帖子组成；其次，这些帖子一般按照时间顺序倒序排列也就是将最新的放在最前面，最旧的放在最后面；另外，帖子内容可以有各种主题、各种写作风格、各种外观布局，但必须以“超链接”作为重要表达方式。

目光回归国内，Blog 的构想开始于 1998 年，但当时并未真正流行。2000 年，博客正式进入中国，得到了迅速发展，只是业绩并没有十分突出。到了 2004 年，木子美事件才开始让更多中国人了解并运用博客。

2005 年，新浪、搜狐、腾讯、天涯等纷纷建立起自己的博客网站，甚至还有中国博客网、博客中国等博客专属网站出现。中国博客开始进入春秋战国时代，百花齐放，百家争鸣。

博客在中国刚刚兴起的时候，主要是博主将每天浏览网站的心得和意见记录下来，并且予以公开，好让其他人参考和遵循。后来，随着 Blogging 的快速扩张，帖子发布的目的与初衷已相去甚远，内容和形式也是五花八门、数以百计。

当然，博客并不是纯粹的技术创新，而是由社区、个人网站、微型

（Twitter logo）

门户等逐渐演变而成的网络应用，这决定了其天然的草根性。不过，由于博客的沟通方式比电子邮件、讨论群组更加自由简单，在微博出现之前，博客成为家庭、团队、部门以及公司之间颇为盛行的沟通工具，并被逐步应用到企业内部网络。

有句话说得好，博客永远是共享与分享精神的体现。是的，博客之所以公开在网络上，就是因为共享和分享。博客是不同于私人日记的，它不仅可以记录生活的点点滴滴，还能向别人提供有帮助的信息，甚至有人用其进行博客营销。

时间跨入 2006 年。那时，博客在中国依旧如火如荼地发展着，但在国外，博客技术先驱 blogger 的创始人 Evan Williams 创立了新兴公司 Obvious，并推出微博服务 Twitter。Twitter，英文原意是小鸟叽叽喳喳的声音，然而它的出现，将世人的目光吸引到一个叫作微博的小小世界里。

最初的时候，Twitter 只用于向好友的手机发送文本信息，慢慢就演变成了一个集社交网络于一体的微博客服务。在这个平台只上，用户可以经由SMS、即时通信、电邮、Twitter 网站以及 Twitter 客户端软件，输入 140 个字以内的文字更新，以分享和共享心情。

所谓微博，就是微型博客的简称。从某种意义上讲，微博是博客的衍生产品，它同博客一样，是一个基于用户关系的信息获取、传播及分享的平台，只是微博的内容更加精简，用户直接通过 web、wap 以及各种手机客户端，就可以组建个人社区。

有人如是说，相比传统博客的长篇大论，微博的字数限制恰恰使用户更易于成为一个多产的博客发布者。是的，微博打通了移动通信网与互联网的界限，只要有一部小巧的手机，用户即可畅游微博，这是曾经的互联网工具所不具备的优势。

拇指时代，便捷的移动互联网是大势所趋。根据著名流量统计网站 Alexa 的显示数据，Twitter 日均访问量高达 2000 多万人次，在美国、英国、加拿大等西方国家的网站排名中均名列前 15 位。据此，Twitter 被评定为最受欢迎的 50 个网络应用之一，可谓实至名归。

截止到 2007 年 5 月，全球共有 111 家与 Twitter 类似的网站，但最吸引世人目光的依旧是 Twitter。这一年，它不仅在南非西南会议上赢得了部落格类的网站奖，Twitter 一词也几乎成了微博客的代名词。

当时，Twitter 的主要竞争对手是 Plurk 和 Jaiku，他们都对微博客新服务特色的持续诞生贡献了自己的力量。比如，Plurk 创建的可以观看视讯和照片整合分享的时间轴，比如 Identi、Pownce 整合了档案分享和事件邀请。

无论是博客还是微博，国外的发展总是如此迅速，但在中国，“微型王国”并不是在短时间内就能掘出的黄金浅矿。2007 年，饭否网开张，这是中国第一家带有微博色彩的网站，然而它仅仅拥有几十万的用户，每月处理的信息不过千万条。

后来，国内又冒出了几个微博网站，比如做啥、滔滔，但都没有做出卓越的成绩。当时，这些网站都将目光放在了产品调整和服务完善之上，或许，在无法吸引到风险投资之前，他们最需要做的，就是尽自己的能力继续活下去。

直到2009年，微博才开始真正进入中国市场。7月中旬，饭否、腾讯、滔滔等国内大批老牌微博产品停止运营，而新品牌 Follow5 则亮相孙楠大连演唱会。这是国内第一次将微博引入大型演艺活动，它将微博真正带入了中国网民的心中。“微博”这个全新的名词，开始以摧枯拉朽的姿态，打败奥巴马、甲流等众多词汇，成为全中国最流行的谈资，没有之一。

2010 年，国内微博迎来真正的春天，不仅以新浪为代表的四大门户网站相继开通微博，其他的微博平台也如雨后春笋般崛起。微博刚刚发力，就迅速掀起一股“围脖”热潮，相关公开数据显示，截止到 2010 年 1 月份，微博在全球总共拥有 7500 万注册用户！

另外，与此伴随而来的，是一场微博世界的人气争夺战。当时，各大网站招揽社会各界名人力量，而社会各界名人力量也以微博为据点平台，在网络的世界聚集起人气。除此之外，微博还造就了无数草根英雄，在微博的世界里，从默默无闻到新的话语传播者，通常不过是一夜之间、寥寥数语。

这就是所谓的微博文化，从实质上来讲，这也是从博客衍生来的新时尚文化。前几年，博客可谓风靡一时，各路名人、明星们纷纷开博，于是，新浪博客、腾讯空间等迅速成为网友竞相言论的交流平台。而如今，微博走进世人生活，于是，名人、明星们开始转战微博，新浪微博、腾讯微博等也成为网友新的聚集点。

从 QQ、MSN，到 Facebook，再到开心网、人人网，网络社交方式几经变迁，直到微博的出现才实现了质的飞跃。如今，博客渐渐偃旗息鼓，取而代之的微博，成为颇为时尚的生活方式。

通过微博，人们可以获取最新最近的新闻资讯，比如迈克尔·杰克逊的死讯最早就是通过 Twitter 传出的。通过微博，人们可以与名人、明星交流互动，可以认识世界各地的朋友，扩大自己的社交空间。另外，微博还是一个生活服务信息平台，网友可以通过“@”功能，进行网上订餐、买电影票等活动。可以说，时尚的微博文化已风靡全球，带领人们进入零距离的沟通时代。

从博客到微博，微博早已成为许多网民生活中的重要组成部分，尤其是 2011 年“两会”期间，微博成为代表委员与普通市民网络互动的一大亮点。在微博上，代表委员们晒提案议案，晒关注话题，这开创了民众参政议政问政的新渠道。

博客盛行之时，其实也是有所谓的“两会”专题的，但很多时候，这些热闹一时的博客在会后就被搁置。与此不同的是，微博能让“现象”在会后变得“平常”，并将狂热一直持续。因此，与传统博客相比，微博是有其独特优势的，其中最主要的特征就是草根化和便捷化、实时感和直播性、互动和传播多维性。

作为互联网普及的新产物，微博由于门槛低是具有草根性的。首先，微博操作简易方便，难度系数小，网友只要进行简单注册，就能成为微博用户。其次，随着手机终端的普及，几乎所有微博都提供手机绑定服务，网友只要拥有一部小巧的手机，就可以随时随地进行微博内容更新。另外，由于微博有字数限制，网友在内容发布时就如同短信编辑一般，无须长篇大论，也无须深厚的文字功底和精湛的写作技巧，这就注定了微博的草根化和便捷化。

对于实事感和直播性，博客有一个非常恰当的形容词——碎片化。通过微博，网友可以利用碎片化的时间传播碎片化的信息，即想到什么写什么，他们能够随时随地呈现图文并茂的生活内容，给关注者很强的实事感和直播感。并且，微博比博客更具互动性，因为传统博文太过冗长，阅读起来耗时较长，而微博往往只有短短一两句话，因此网民能够轻松获取博文信息。

2011 年 7 月 19 日，中国互联网络信息中心发布《第 28 次中国互联网络发展状况统计报告》，该报告显示，中国微博用户仅在 2011 年上半年，就从 6331 万增长至 1.95 亿，增幅高达 208.9%，另外，手机微博的使用率也从原来的 15.5% 上升到 34%，增幅也在 2 倍以上。

2012 年 1 月，中国互联网信息中心又发布新的报告，该报告显示，截止到 2011 年年底，我国微博用户数多达 2.5 亿人，较上年增长了近三倍，就在这短短一年时间里，微博发展成为中国网民不可或缺的互联网应用。

这一年，中国社科文献出版社还发布了《新媒体蓝皮书：中国新媒体发展报告（2012）》，书中指出，微博传播作为一种新型媒介工具，对社会发展有着明显的积极作用。但中国微博发展快，用户增长迅速，自然也容易出滋生新的问题，比如网络语言暴力。

长久以来，信任机制一直是媒介传播的最重要命脉。而微博，作为

“自媒体”的一种延伸，其实质是让普通网民担当记者角色，即人人都可以通过微博发布信息和传播信息。但是，由于监督机制的不健全，再加上匿名制的实施，有些个体化的信息质量是真伪难辨的，这严重影响了微博的公信力。

拇指时代，微博掀起新浪潮。然而，微博的意义不仅意味着个人言论自由，还意味着守护道德的社会责任，网民应该行动起来，规范自己的行为，迎接一个和谐的微博传播时代！

2. 曹国伟的再创辉煌

在微博的世界里，有这样一员大将不容遗忘，那就是新浪微博，独立上市后的它还改了新的名字——微博。

不知从什么时候开始，刷微博已经成为一种习惯。现在很多年轻人都加入了低头族的行列，而其中的大多数人，会在上厕所、等地铁或者其他无聊时候，习惯性地浏览微博热搜，潜移默化间，新浪微博已经融入无数人的现实生活。

有人说，新浪微博是一个色彩斑斓的世界。是的，这一次，让我们走进新浪微博，挖掘风光背后的故事，去体味曹国伟的新浪之旅。

曹国伟不仅是一个很有头脑的领导者，更是一个颇有见地的企业家。毕业于复旦大学的他，在短暂记者生涯后赴美学习，继续攻读新闻学硕士学位，这样的经历让他与新浪有着天然的契合感。随后，他又到德州大学奥斯汀分校商业管理学院学习，最终获得财务专业硕士学位，这也为他在新浪多次的资本运作打下了基础。

从德州大学奥斯汀分校毕业后，曹国伟先后在硅谷的两家会计师事务所打拼，那就是审计人非常熟悉的安达信、普华永道。任职期间，他正巧赶上了硅谷最疯狂的时候，并因此经历了各种各样的资本运作。当时，他不仅审计过雅虎、Oracle一类的知名互联网公司，还亲自经手了数家公司的上市工作，涉及的兼并收购案例更是数不胜数，这都为他在新浪创造辉煌提供了非常宝贵的经验。

他是在1999年加盟新浪的。这一年，有两家硅谷的企业向他抛出了橄榄枝，但他在选择上很是犹豫，于是便跑去请教一位社会经验丰富的老朋友茅道临。但他当时并不知道，这次请教改变了自己一生。

茅道临时任新浪首席营长官，听完曹国伟的描述后，他并没有对硅谷的这两家公司进行过多的评价，只是力邀他加盟正处于上市申请阶段的新浪。面对自己极其信任的朋友，曹国伟并没有太多的犹豫，只考虑了两天就答应了。他的想法很简单，新浪正在做上市，做完这个案子，自己可以收获许多新的经验。

就这样，他成了新浪的财务副总裁，负责新浪上市前的冲刺工作。一边是普华永道的工作交接，一边是上市流程的推进，连续几周时间里，他每天都要忙碌十六个小时。但是，付出总有回报，在他的积极推动下，新浪于半年后成功上市，成为中国第一家在纳斯达克上市的门户网站。并且新浪首创的上市形式——“离岸公司控股内资公司”，成为国内互联网公司海外上市的普遍模式，即“新浪模式”。

按照惯例，财务官在完成上市任务后，一般会选择功成身退，继续下一单的奋战。但曹国伟并没有离开，他出任了新浪首席财务官，后又升任公司执行副总裁，主导了一系列重要并购案。

新浪上市不久，中国互联网行业就陷入了低谷。随后，无线增值服务开始兴起，对行业趋势极其敏感的曹国伟从中感觉到前所未有的机会，并极力促成了两次标志性的收购活动。2003年1月，新浪收购广州讯龙，这是互联网界公认的最成功的收购案。2004年3月，新浪又收购了深圳网兴，奠定了自己在无线增值业务上的霸主地位。

无线业务的兴起与开展，使新浪迎来了新的春天。当时，新浪股价因为无线收入大幅增长，还一度在2004年第一季度创下四十美元的高峰。并且，曹国伟所设计的讯龙和网兴收购模式，成了中国互联网行业的并购范本。

当然，担任新浪首席财务官期间，曹国伟的成就还不止于此，他还成功化解了盛大网络想要入主新浪的风波。当时，纳斯达克出现了对中国概念股很是不利的消息，新浪股价因此一路下滑，就在这个时候，盛大出现了，并且大量接盘股民抛售的股票。

遭遇盛大突袭后的第四天，新浪抛出一份“股东购股权计划”，根据计划规定，盛大只能继续购买不超过 0.5% 的新浪股票，否则其他股东就有权以半价增持公司股票，这就是传说中的“毒丸计划”。此举彻底扼杀了陈天桥增持股票的机会，“毒丸”成功制服住盛大这个外来者，而亲手制作毒丸之人，正是新浪首席财务官曹国伟。

时间迈入 2004 年，这一年，新浪的网络广告出现瓶颈，其增长幅度远远落后于竞争对手，并有进一步恶化的趋势。同年 6 月，曹国伟临危受命，兼任公司联席 COO，开始负责公司最为核心的广告销售与网站运营工作。

CFO 兼任 COO，同时负责前台和后台，这在新浪发展史上是史无前例的，也从侧面反映出曹国伟的地位和能力。当然，他并未让人失望，COO 的任命下达后，他开始调整内部组织，大刀阔斧地进行起改革，六个月后，他建成了全新的销售队伍和功能强大的销售体系。

在他的引领之下，2005 年，新浪广告在已经领先的前提下，其增长率首次超过主要竞争对手搜狐，将领先优势进一步拉大。在此期间，由于市场环境的变化，无线增值服务行业受到重创，新浪也不可避免地受到波及。然而曹国伟领导的网络广告业务已经成为新浪收入新的引擎，长期的资金积累让其牢牢占据门户网站广告霸主的地位。

2006 年 5 月，曹国伟接手 CEO 职位，成为新浪名副其实的第一把手。对于此次交接，外界评论是非常看好的。有人如是说，“曹国伟属于完美主义者，对未来有清晰的规划，做事大气，但又不缺乏激情且极具责任感，加上其近乎完美的履历，会让新浪走上新的征程”。

一路走来，他在新浪已经待了七个年头，这个完美主义者，经过多个职位的磨炼，已经在新浪内部打造出强大的执行力。对此，花旗银行还破天荒地以《曹国伟掌舵，上调新浪股票评级》为题，发表了极富价值的分析报告。

三年后，新浪公司宣布，曹国伟为首的新浪管理层，以 1.8 亿美元的价格，购入新浪 560 万普通股，成为新浪第一大股东。这是中国互联网首例 MBO（管理者收购），就这样，管理层成为公司的实际控制者，新浪也因此结束了股权分散状态。曹国伟表示：“这对我个人和团队来说，都是一个意义重大的事件，新浪的管理团队将承担更大的责任和挑战，我将带领我的团队进行新浪历史上的第二次创业。”

第二次创业，曹国伟将目光投向微博领域。当时，人人网、开心网迅速崛起，网络市场对 SNS 的热情追捧已经达到白热化的程度，但曹国伟认为，SNS 市场已经接近饱和。新浪的长远目标应该是做一家令人尊敬的新媒体公司，他决定放弃当初为进入 SNS 领域所开发的新浪朋友（当时已遇瓶颈），全力以赴进行微博产品的开发。

（新浪微博 logo）

曹国伟强调，新浪要学习 Twitter 的优点，并在此基础上进行创新。另外，他还叮嘱微博开发团队要注重中国网友的上网习惯，这大大提升了用户体验。事实证明，他的嗅觉的确敏锐，后来 Twitter 竟然还向新浪学习了部分产品细节。

2009 年 8 月 28 日，新浪微博正式对外推出服务。自此，新浪上下合力，对外发出统一的声音，不断强调着自己做微博的意义、目标和决心。这一次，外界强烈感受到，这家上市近十年的中国互联网老牌企业，重新焕发出激情！

从媒体属性来看，新浪微博从起步开始就具有先天优势，再加上曹国伟在发展模式上另辟蹊径，采用了“Twitter+Facebook”的混合形式，即以 Twitter 之名，行 Facebook 之实，新浪微博一路发展至今，可以说是顺风顺水，自然而然。

2009 年 11 月 2 日，新浪微博推出不过两个多月时间，其用户数已逾百万；2010 年 4 月 28 日，微博用户超过 1000 万。而到了 2010 年 10 月底，用户更是一举突破 5000 万。据悉，Twitter 用户数发展到这个规模，足足用了三年时间。

这就是新浪微博的实力，截止到 2014 年 12 月底，新浪微博注册用户超越 6 亿，月活跃用户接近 1.8 亿！

2011 年 1 月 25 日，曹国伟在新浪年会上如是说：“这是个最好的年代，也是个最坏的年代，鼓足信心再创辉煌，2011 年更加给力。”他坦言，微博就是新浪的第二次创业，他不但要领先，还要比别人付出多数十倍的努力将微博做好，因为在他心里，最大的对手始终是自己。

同年 4 月 21 日，曹国伟被美国《时代》周刊评入“2011 年全球最具影响力人物 100 强”。周刊记者客观评价说，他在形势并不是十分有利的情况下抓住了机会，推出了新浪微博服务，并将其打造成中国最为开放的网络平台之一。是的，他是中国互联网界最有才华、能力最全面的 CEO 之一。《时代》周刊的评价颇为中肯。

当然，故事并没有结束，曹国伟和新浪微博，继续着属于他们的传奇。

2014 年 4 月 17 日，新浪微博迎来又一个值得纪念的日子。这一天，新浪微博更名为微博，成功在纳斯达克上市，曹国伟一手缔造出的微博王国，达到了新的高度！

微博上市路演的过程之中，中国科技股正处于“寒冬”时分。据悉，纳斯达克的中国股票行情一片惨淡，在微博上市之前，更是有两只概念股在一周时间内跌破发行价。但是，或许是自信十足，抑或是临危不乱，面对如此不利的市场环境，曹国伟执着依旧，上市前一天还在就发行价同承销商高盛进行谈判。

高盛以为，如果将发行价定在 17 美元，就要适当减少发行股数，但曹国伟并不以为意，他始终坚持 17 美元和 1680 万股。谈判桌上，他反复向高盛强调，微博在中国的影响力，要远远超过 Twitter 在美国的影响力。

微博是他最为自信的东西，并且他有自信的资本。最终，高盛让步了。后来的事实也证明，曹国伟对于趋势的判断是极为准确的。4 月 17 日，代码为 WB 的股票正式登陆纳斯达克，经过短暂下跌后，微博开始逆市上涨并且一度触及 24.48 美元的最高点，最终以 20.24 美元的价格收盘，较发行价上涨 19.06%。

然而，此时的曹国伟确是异常淡定的，他只是在自己的官方微博上发布了这样一条简短的信息：“微博上市了。感谢所有的员工，用户和合作伙伴。让我们一起以微博之力，让世界更美！”

十五年风雨兼程，曹国伟更换过很多角色，但不曾改变的，是他的身份标签。从首席财务官到公司总裁再到首席执行官，他始终是“新浪人”。回首十五载斑驳岁月，新浪发生了很多事情，并且每一次事情中都会有同路人黯然退场，但来来往往间，只有他，始终与新浪相伴，再创辉煌！

3. 就算遍体鳞伤，也要活得漂亮

行走在 21 世纪，日新月异的互联网点燃了无数年轻人的创业梦，其中也包括聚美优品 CEO 陈欧。何为梦想？我想没有人比他更加懂得，他是陈欧，他为自己代言。

“你只闻到我的香水，但没看到我的汗水；你有你的规则，我有我的选择；你否定我的现在，我决定我的未来；你嘲笑我一无所有，不配去爱，我可怜你总是等待；你可以轻视我们的年轻，我们会证明这是谁的时代。梦想，是注定孤独的旅行，路上少不了质疑和嘲笑，但那又怎样，哪怕遍体鳞伤，也要活得漂亮，我为自己代言。”

这是陈欧为梦想撰写的序言，后来还被新生代偶像歌手魏晨倾情演唱成曲，这就是为年轻人所熟知的《我为自己代言》。歌曲不断被传唱，一个为梦想努力奋斗的故事也呈现在观众面前，触动了无数人的心。这一次，让我们跟随轻柔的旋律，走近他，走近聚美优品。

1983 年 2 月，陈欧出生于四川德阳。在陈欧的记忆里，自己的童年是在父亲的强压下度过的，他如是说，“哥从小就成绩优异，小学全市第一直接跳初二；哥高二就考取全额奖学金留学，此后没花家里一分钱。至于那上网都不会的父亲，没有他的严苛，也没有我坚韧的个性。这，就是他给我最大的财富，我，一直活在阳光下。”

和大多数男孩子一样，陈欧小时候很喜欢打游戏，但在父亲眼里，打游戏是浪费时间、荒废学业，于是，“官兵”和“贼”的戏码不断上演。每次陈欧不幸被父亲发现，就会被狠狠打一次，但生命不息，游戏不止，在如此高压的监视下，他依旧没有停止打游戏。

2001 年，陈欧在机缘巧合下知道了德阳有全额奖学金留学项目，急于摆脱父亲控制的他，毫不犹豫地报考了新加坡南洋理工大学。经过一番刻苦努力的学习之后，他成功拿到了全额奖学金留学名额。就这样，十六岁的少年离开了家，奔赴人生的下一段旅程。

多年以后，当他回忆起这段过往，依旧禁不住感慨万千：“我当时认为一旦能够出去，我就能够按自己的人生规划去走。”或许，外面的风景和他想象的有所不同，但他到底是有志气的，在新加坡留学的日子，他从未花过家里一分钱，可以说，他将人生的控制权牢牢把握在了自己手上。

在大学，陈欧所学的专业是计算机，在他看来，这是一块很好的跳板，能够让自己光明正大地玩电脑游戏。当时，他的业余爱好是打游戏比赛挣钱，但他从不会将游戏当成生活，只是在参赛前几天抽空稍作练习，但他是有天分的，一度进入新加坡《魔兽争霸》前三名。

并且，敏锐如他，还在游戏比赛中发掘出巨大商机——建立一个跨洲的游戏对战平台。2006 年，他仅靠一台笔记本，创办了在线游戏对战平台 GG 游戏。当时，盛大旗下的浩方对战平台进军东南亚市场，但由于版本做得太差，这给了陈欧无限的机会，短时间内，GG 平台就吸引了庞大的游戏玩家，成为中国之外最大的游戏对战平台。

就这样，GG 平台一飞冲天。由于 GG 平台的快速成长，陈欧发现自己手上那点微薄的启动资金不够用了，他迫切地需要风险投资，但令人气绝的是，投资人看不上 GG，因为他们的团队里没有 MBA 背景，投资人相信 MBA，不相信陈欧这帮“乳臭未干”的年轻人。

然而，投资人的不屑成功激发出陈欧不服输的精神：既然名校 MBA 好融资，那我就去最牛的学校读 MBA!

那段日子，他白天忙 GG 平台，晚上挑灯夜战 GMAT，但皇天不负有心人，2007 年初，GG 战队系统发布，它带来了用户的激增和广告赞助，GG 平台的收入一直在增长，最终熬过了最艰难的时期。并且，就在这个时候，陈欧还收到了斯坦福商学院的录取通知书，于是，去或不去，成了他最为纠结的问题。

他考斯坦福商学院的初衷是为了 GG 平台，如今 GG 平台一天天发展起来，按理说他可以不用去了，但他的父亲坚决不同意："你不读书，我就和你断绝父子关系。"

这样的威胁是极有震慑力的。为了不与父亲断绝关系，也为了给GG 平台带来更多更好的投资，陈欧心里明白，斯坦福大学是非去不可了。但他放心不下自己的团队，他们只是一帮稚嫩的学生兵，没有什么经营管理经验。

那时，他真心希望能有一个职业经理人加盟，为 GG 平台掌舵，恰在此时，Forrest 走进了陈欧的视线。

Forrest 是斯坦福 MBA 的校友，这让陈欧倍感亲切。据陈欧回忆，Forrest 看起来憨厚老实，始终带着温和宽厚的笑容，陈欧很快就对他予以信任，并将自己 40% 的股份赠送于他。他如是说："他是斯坦福MBA 毕业的，我当时对斯坦福、哈佛有一种对神一般的敬仰。他让我做总裁，自己做 CEO，说公司是总裁说了算。"

就这样，陈欧主动退到董事长的位置，让 Forrest 出任 CEO。其实，陈欧以为董事长才是公司的老大，退居二线的自己完全可以通过远程操控 Forrest 这个 CEO 来管理公司事务。但是后来，他发现自己上了 Forrest 的当。

2008 年 2 月，Forrest 将 GG 平台更名为 Garena，但作为公司第一大股东的陈欧并未得到任何消息。同年 8 月，Forrest 又将公司名从原来的 Ocean Technologies & Media（欧新科技）更改为 Garena Interactive。从此后，Forrest 完全磨灭了陈欧的存在，他绝口不提GG 平台，只说自己是 Garena 的创始人。

而当陈欧发现这一切的时候，他在公司的痕迹已被彻底抹去。出现这样的状况，陈欧心中的痛苦自然是难以言说的，但经过一番思考后，他决定和平退出：

"一山不容二虎，双方如果掐来掐去，最后的结果是公司的不发展，你找的资源他能踢掉；你想发挥的影响力，他希望你没有影响。我想离开是最好的方式，至少对以前的兄弟们都有一个交代。”

这就是陈欧，一个善良又讲义气的男人。2008 年中旬，他卖掉了自己所有的股份，彻底告别了 GG 平台。

第一次创业，他是成功的，却也是失败的，因为被人挖了墙角。彻底告别 GG 平台后，他全身心投入到斯坦福的学习氛围之中，并为再次创业做着充分的准备工作——

“MBA 期间实践比较多，确实也付出了代价。别人去旅行我就在想下一步做什么，我未来五年做什么。当别人娱乐的时候，我花时间去探索，找人找项目找钱。”

是的，拥有远大梦想的人，总要付出比旁人更多的努力。在斯坦福，他频繁跟美国的风险投资商打着交道，用他自己的话说，就是先混个脸熟，到真正用钱的时候弄不好他们就会给投资。另外，他还结识了许多想要回国创业的华人学生，其中包括聚美优品的合伙人戴雨森。

时间转眼到了 2009 年，陈欧毕业了，他怀揣着再次创业的野心，迫不及待地回到了中国。他激情澎湃地说：“因为我第一次创业没有把公司带上市，第二次回国创业我想做上市公司，一定要做出来，我想得很清楚，一定要做上市公司！”

这一次创业，陈欧选择的项目还是与游戏相关——在社交游戏中内置广告。这是一个系统的工程项目，既有广告商，也有游戏公司，还涉及游戏玩家，他选择这个项目的想法很简单，因为它在美国很火。

陈欧如是说：“当时有个东西在美国很火，就是网页游戏通过内置广告获利。比如你是游戏用户要买游戏币，以前是花钱去买，现在可以去注册账户或者安装软件，我们会送你游戏币。”

他要做的，就是这样的商业模式，他相信这套模式在市值 20 亿美元的中国在线游戏产业也会大有可为。但是，外国的月亮不一定圆，他没想到，这种在国外非常成功的模式会在国内遭遇严重的水土不服，意气风发的年轻人被现实泼了一桶冰水。

做项目前，天使投资人徐小平投入了 18 万美元，然而几个月后，公司账上却只剩下 30 万人民币，更可怕的是，公司仍在不断烧钱，但却一直没有收入入账。这时候，陈欧清楚地意识到，要让公司存活下去，他们必须做点其他事情。

那么，做什么事情呢？戴雨森的提议是做社区，因为 3 个创始人都是学计算机出身，实施起来没什么技术难度。然而陈欧并不认同，因为社区需要花很多的时间和金钱培育市场，仅凭他们手上的 30 万，根本撑不到成功的那一天。

其实，陈欧已经有了自己的想法——做专门卖化妆品的电商网站。他对戴雨森说："做电子商务是有机会的，市场很好，机遇很好，而且最大的公司不一定能把我们灭掉。因为你也知道，在中国创业，常规的问题是，如果腾讯做这个事儿，你怎么办？但在电子商务领域我们相信，腾讯应该不会全力地卖化妆品的，可能拍拍上有一些店，但是他应该不会，全力做化妆品的垂直独立 B2C，所以最后我们就选择做电子商务。"

刚开始的时候，戴雨森同样不看好陈欧的这个提议，因为他觉得电商太过复杂，他们几个人都没有采购、零售的经验，如若冒冒失失地踏进去，很可能落得尸骨无存。另外，他们的另一个合伙人刘辉反对这个项目："三个大老爷们去做化妆品？我还是觉得做社区好"。

就在三人为此争论不休的时候，国内兴起了一股团购热，这更加坚定了陈欧转型做化妆品的决心，他诚挚地说："我愿意去否定自己，游戏是我喜欢的东西，但喜欢的未必就能做成功。要坚持的未必是你喜欢的东西，而是对成功的追求。"

是的，化妆品就是他对成功的追求，所以他一直在坚持着。2010 年 3 月，执着的他终于说服了戴雨森和刘辉，于是，公司开始向化妆品团购转型。这一次，他成功了，对他而言，做别的男人不好意思做的事情反而是个机会。

当然，他们并不敢完全放弃原来的游戏广告业务，只是用了两天的时间，突击做了一个团购网站。当时，王兴的团购平台“美团网”风头正劲，于是他们取了个非常调皮的名字“团美网”。

这是个非常简陋的网站，甚至连支付的接口都没有，但他们就这样仓促地推出了。陈欧选择的第一款商品是化妆棉，因为他觉得化妆棉单价较低还不涉及真假问题，打头阵再合适不过。

网站上线了，产品也推出了，接下来便是忐忑的等待。他们并没有钱做广告，只能采用论坛推广的方式进行小规模宣传。尽管如此，他们在第二天就等来了订单，踌躇满志的陈欧从中看到很大的希望。

后来，当网站利用化妆棉等美妆周边产品积聚了一定人气之后，陈欧开始尝试做起大品牌化妆品的团购。经过深入调研比较后，他选择了口碑极佳的倩碧黄油，价格是专柜价的五折。

这一次，很快就有人下了单。其实他的这单生意是赔钱的，因为是直接用正价从专柜拿的货。尽管如此，他还是很高兴，因为通过这次试水，他知道单价很高的化妆品是可以团购的。他如是说：“消费者有这个需求，我们要做的就是把阻挡他们购买的顾虑因素都消除。”

众所周知，消费者网购的最大顾虑就是质量问题。为了从源头上保证商品质量，陈欧买断了代理商的货物存进仓库，然后以限时售卖的模式卖出，价格一般是专卖店价格的 5-6 折。

高质量产品、低价格战略，这样的运营模式很快为团美网吸引了大

（聚美优品 logo）

批粉丝。经过一个多月的试验后，尝到甜头的陈欧关掉了网页游戏内置广告业务，全力进军化妆品电商业务。对于公司的这次转型，徐小平十分欣喜，为了表示对陈欧的支持，他又追加 200 万元的投资，直接加快了陈欧迈向成功的脚步。

接下来，陈欧开始借鉴唯品会的闪购模式，以限时特卖的形式刺激用户消费。刚开始的时候，由于名气不够，团美网与一线品牌合作非常艰难，但陈欧并没有气馁，他选择从二线、三线品牌的独家代理做起，然后再杀回马枪搞定一线大牌。

口耳相传，循序渐进。五个月后，团美网已经拥有十万多注册用户，每天都有超过 10 万人的访问。事实证明，这个帅气的男人再次选对了策略。

2010 年 9 月，团美网正式更名“聚美优品”，取“聚集美丽，成人之美”之意。坦诚来说，团美网这个名字的来历不免有些草率。于是，陈欧改了名字，他要用自己的真诚，为广大爱美人士，聚集美丽，成人之美！

据统计，截止到 2011 年 3 月，聚美优品总销售额突破 1.5 亿，而此时距离公司转型尚不足一年。与此同时，聚美优品还获得了红杉资本千万美元级别的投资，此后，公司开始进入狂飙之旅。

其实，很多人知道陈欧都是在 2011 年。当年，董事会要陈欧出来做聚美优品的代言人，他答应了，只是带有几分犹豫。没过多久，他便和韩庚一起出现在公交站、地铁站的巨大广告牌上，巨大广告牌的最显眼位置，是特别醒目的黑色标语——“买正品化妆品，上聚美优品，女人变美更简单”。

这一年，陈欧还拍摄了“双代言”的励志广告，这是他“我为自己代言”的开始。

“我是陈欧，聚美优品创始人。蜗居，裸婚，都让我们撞上了。别担心，奋斗才刚刚开始，80 后的我们一直在路上。不管压力有多大，也要活出自己的色彩。做最漂亮的自己，相信我们，相信聚美。我是陈欧，我为自己代言。”

在短短30秒的视频里，长相帅气的陈欧缓缓讲述着励志的言语。“奋斗”“在路上”“活出自己的色彩”“做最漂亮的自己”……这样的广告语并没有华丽的辞藻，也没有过多强调产品和品牌，但却是非常贴近年轻人心理的，进而引起了很多 80 后、90 后的共鸣，一时间，陈欧和聚美优品成了最热门的讨论话题。

其实，这就是 CEO 的自我营销，在这场营销中，陈欧的聚美优品成了最大的赢家。后来，尝到甜头的他还在 2012 年推出了加强版的“我为自己代言”，这个版本就是魏晨倾情演唱的励志歌曲——

“你只闻到我的香水，但没看到我的汗水；你有你的规则，我有我的选择；你否定我的现在，我决定我的未来；你嘲笑我一无所有，不配去爱，我可怜你总是等待；你可以轻视我们的年轻，我们会证明这是谁的时代。梦想，是注定孤独的旅行，路上少不了质疑和嘲笑，但那又怎样，哪怕遍体鳞伤，也要活得漂亮，我为自己代言。”

这一次，他精心策划的广告词依旧煽情，却更加敏锐地命中时下年轻人的心声。这一次，“陈欧体”迅速蹿红网络，陈欧的微博粉丝从 100 万迅速上涨到 154 万。另外，聚美优品也随着“陈欧体”的风靡实现爆发式增长，UV 访问量可以说是成倍地往上涨。

只是，“陈欧体”的迅速爆红，在为聚美优品带来巨大财富的同时，也为聚美优品带来电商史上绝无仅有的危机。那是 2013 年 3 月 1 日，聚美优品开展 3 周年庆促销活动，但由于涌入网站的用户太多，最终导致崩盘，促销活动也被动延长了两天。

三天时间内，聚美优品共卖出了 10 个亿，但事情远没有结束。由于订单过多，聚美优品的物流体系崩溃，几十万用户十几天都收不到货，一时间，用户的投诉声和谩骂声扑面而来。

这就是电商史上所谓的“301”事件，也是陈欧人生中不可磨灭的一大挫折。但庆幸的是，在他的带领下，聚美优品挺过了阵痛，并且重新夺回消费者心目中最佳化妆品电商的位置。

301 阵痛过后，陈欧对人生有了更深层次的领悟，于是，他在 2013 年谱写的广告词更加触人心扉：

“从未年轻过的人，一定无法体会这个世界的偏见。我们被世俗拆散，也要为爱情勇往直前；我们被房价侮辱，也要让简陋的现实变得温暖；我们被权威漠视，也要为自己的天分保持骄傲；我们被平庸折磨，也要开始说走就走的冒险。所谓的光辉岁月，并不是后来闪耀的日子，而是无人问津时，你对梦想的偏执，你是否有勇气对自己忠诚到底。我是陈欧，我为自己代言。”

他是陈欧，他为自己代言。或许，你从陈欧的互联网传奇故事中，收获了梦想和激情。希望每个人都能如他这般，为自己代言，打造属于自己的璀璨人生。

第十一章 万丈荣光 2011

网络成了人们的精神食粮

有人说，互联网就是生活。经过十几年的发展，互联网的真正威力渐显，它不再是一种补充，而是主体，是未来之全部。这是一个群星闪耀的年代，也是一个疯狂的网络时代，万丈荣光，光芒网站，网络成了人们不可或缺的精神食粮。

小米，为发烧而生。站在新时代的入口处，这是一个千载难逢的交接点，雷军用互联网思维，在手机行业高歌猛进，他所缔造的小米神话，让无数人津津乐道。

1. 2011 年全球最佳 CEO

21 世纪是一个群星闪耀的年代，也是一个疯狂的网络时代。万丈荣光，光芒万丈，网络成了人们不可或缺的精神食粮。

2011 年 3 月，《巴伦周刊》发布 2011 年度全球 30 位最佳 CEO 榜单，亚马逊的杰夫·贝索斯名列榜首，腾讯 CEO 马化腾也再次入围，排名第十三位，成为榜单中唯一入选的中国企业家。

小 QQ，大帝国，无论与周鸿祎的争斗如何激烈，马化腾从未停下前进的脚步。其实，腾讯进军网络安全领域，并不是心血来潮，更不是专门同 360 过不去，只是因为这是其多元化战略的一部分。

是的，QQ 一直在做加法。从单纯的聊天软件，到门户、电子商务、网游、搜索、杀毒软件，如今的腾讯共有 7 条业务主线，涉及数百种产品。马化腾如是解释道："很多人说我不专心，但是我们公司有余力，为什么不做别的，只做纯即时通信，绝对死定了。"

从多元化的角度来看，腾讯涉足网络安全领域并没有什么错，因为每个公司都有权利选择自己的发展方向。

2000 年 6 月，腾讯推出自己的门户网站。当用户打开 QQ 的时候，桌面的右下角就会弹出一个迷你的网页，点击一下即可进入腾讯自己的门户网站。做门户，数亿的用户是腾讯得天独厚的优势，这样的终端弹窗推送，让腾讯门户网站迅速发展起来。

经过几年努力，从2006年第一季度开始，腾讯跻身于三大门户之列。截止到4月底，腾讯网流量连续三个月稳居门户前三甲。根据Alexa.com的排名，2006年7月，成立仅三年的qq.com，成为中国流量第一的互联网门户，而在中文网站排名中位列第二，仅次于百度。

Pai pai 拍拍 腾讯旗下购物网站 paipai.com

（拍拍网 logo）

2005年，闲不住的腾讯进军电子商务市场。刚开始的时候，马化腾是想要跟淘宝合作的，但是马云拒绝了，没有办法，马化腾只能选择单干，他成立了自己的电子商务事业部，并从eBay易趣、淘宝网挖来少数业务骨干，开拓属于腾讯的电商疆土。

2005年9月12日，腾讯拍拍网和财付通支付平台上线发布。2006年3月13日，腾讯宣布拍拍网正式运营。这一次，马化腾采用做门户时的老办法，将QQ同电子商务捆绑起来，让电子商务在数亿QQ活跃用户的基础上发展。

有人如是说："凭借QQ多达数亿的活跃用户，腾讯不必像淘宝网那样购买公共汽车站牌、户外液晶显示屏或门户网站上的广告位。"是的，QQ是腾讯最好的广告媒体，也是腾讯最得天独厚的优势。

拍拍网就这样气势汹汹地来了，淘宝网自然也不会示弱。2006年

11 月 21 日，腾讯向淘宝发来律师函，要求淘宝网停止 QQ 号码的销售以及 Q 币的低价销售。12 月 28 日，donews 论坛出现一篇声称淘宝公关部策划攻击腾讯的帖子，帖子中还引用了一篇叫作《Q 币大盗引发的 Q 币被盗泛滥，浙江 Q 币大盗：Q 币最好盗》的文章。

刚开始的时候，因为这篇文章只出现在论坛上，并没有引起腾讯公关部的重视。然而，2007 年 1 月 1 日，文章竟然出现在上海的一家报刊上，发现问题严重性的腾讯立马提出抗议，但上海的这家媒体给出的答复是“所发出的报道是以特约记者的方式出现”。

2010 年 8 月 31 日，在马云的指示下，淘宝开始全面禁止淘宝直通车对 QQ 的推广。其实，不只是火爆脾气的周鸿祎与马化腾有争斗，只要有利益竞争，就免不了斗来斗去，马云与马化腾也是如此。

根据中国电子商务研究中心发布的《2010（上）中国电子商务市场数据检测报告》，国内 C2C 电子商务平台的市场份额中，淘宝网占 83.5%，拍拍网占 11.5%，eBay 易趣占 4.4%，百度占 0.6%。就这样，拍拍网成为中国第二大 C2C 网站，但要想追上淘宝，小马哥还有很长

（搜搜 搜索界面）

一段路要走。

另外，在腾讯的多元化战略中，搜索引擎也是不容放过的大肥肉。

2005 年 2 月，腾讯开始与 Google 合作。双方约定，腾讯用 Google 的网页搜索和广告服务 AdSense，而 Google 向腾讯支付佣金。

当时，Google 的 AdSense 服务还未获得中国互联网广告经营许可，所以借道腾讯洗白自己的广告收入。而腾讯与 Google 合作，其官方解释是为了 QQ 用户的忠诚度，但很容易看出，马化腾实乃醉翁之意不在酒，他想做搜索，不过实力不足，就先用 Google 探路。

于是，腾讯一边合作，一边悄悄开发自己的搜索引擎。2006 年 3 月，腾讯搜搜网正式上线，在搜搜（SOSO）的搜索结果页面中，不再显示“以下结果由 Google 提供”的字样。

一方面，为了更好的推广，腾讯将搜搜的搜索按钮添加到 QQ 软件的面板之上，还将搜搜的地址栏绑定在 QQ 的安装文件之中。另一方面，为了壮大自己的声势，马化腾还加强了同酷讯、北京灵图、中搜等垂直搜索引擎提供商合作。

2007 年 4 月，腾讯开始与酷讯网合作，搜搜分类搜索上线，主要包括火车票、机票、住房、招聘等多种生活分类信息的搜索，酷讯免费为腾讯提供服务。后来，腾讯又先后与北京灵图、中搜合作，分别涉及地图业务、MP3 和图片搜索的服务提供。

2009 年 3 月，腾讯收购生活搜索网站爱帮网，并力邀爱帮网 CEO 刘建国加盟腾讯搜搜。刘建国是资深中文搜索专家，百度创始人之一，他的加盟让马化腾看到新的曙光，但许多人并不看好腾讯，其中就包括百度 CEO 李彦宏，他说，“我不认为腾讯的搜索会做起来”。

根据易观国际数据，2010 年第三季度，腾讯搜搜在中国互联网搜索引擎市场排名第四，占行业总收入份额的 0.6%，而排名首位的百度，达到了 73% 的市场份额。

在腾讯的多元化道路上，走得最成功的是网游。中国在线游戏第一人鲍岳桥如是感慨道：“从 QQ 游戏平台上线那天起，联众的失败就已经注定了。”

联众是做休闲游戏的，号称中国第一休闲游戏门户，而鲍岳桥是联众的创始人，对联众有着很深的感情。1998 年，鲍岳桥与朋友联手推出联众棋牌游戏，并迅速占领在线棋牌游戏 85% 以上的市场份额。然而，自从腾讯涉足休闲游戏领域，这块宝地就不再属于联众。

2002 年，网游迅猛发展，马化腾发现，随着网络建设的不断发展，网速越来越快，网吧里玩游戏的人也越来越多，很多人玩游戏的时间甚至超过聊 QQ 的时间。对此，马化腾感到很大的威胁，他认为如果自己再不想办法，网络游戏就能把 QQ 打死。

于是，他去拜访了盛大游戏的 CEO 陈天桥，还去美国观摩了 E3 游戏展，对网络游戏市场进行详尽的调研，最后做出了慎重的决定——进军网络游戏产业。

2002 年 10 月，腾讯游戏运行事业部总经理王远撰写提交了《对腾讯公司进入国内游戏市场的可行性研究报告》。当时，由于缺乏经验和技术，马化腾决定从代理游戏做起，2003 年 5 月，腾讯花费 30 万美元，代理了韩国 3D 游戏“凯旋”。但是，由于游戏本身不太成熟，再加上腾讯也没有做游戏的经验，代理“凯旋”并没有取得成功。

痛定思痛，总结完“凯旋”的教训之后，马化腾决定改变策略，走自主研发之路，产品选定为门槛低、风险小并且市场成熟的棋牌类休闲游戏。

2003 年 8 月，腾讯正式推出 QQ 堂。QQ 堂是一款以棋牌类为主的休闲游戏，创意来源于 TVgame 的炸弹超人。在这款游戏中，腾讯在细节上下了很大工夫，比如出牌时惟妙惟肖的声效，以及摸牌时丰富多彩的闪光。另外，最有特色的是，腾讯将 QQ 秀等虚拟形象也融入其中，玩家可以在游戏中显示自己的 QQ 秀，卡通趣味十足。

在 QQ 堂的推广上，马化腾还是采用老办法，将其放在 QQ 面板上，以便广大 QQ 用户使用。并且，QQ 堂游戏并不需要新的游戏账号，只要你有 QQ 号，就可以玩游戏。

休闲又富有特色的游戏，再加上广大的 QQ 用户依托，QQ 堂的成功来得理所当然。这一次，腾讯实现了聊天与游戏的平稳过渡，顺利将聊天用户引入到自己的游戏平台。

初尝游戏甜头的腾讯，找到了适合自己的游戏发展道路，他再接再厉，开发出更多款休闲游戏。其中包括火拼俄罗斯、连连看、对对碰等休闲竞技游戏，QQ 麻将、火拼麻将、欢乐麻将、四川麻将等麻将类游戏，斗地主、三张牌、锄大地、拱猪等牌类游戏，象棋、新中国象棋、飞行棋、四国军棋等棋类游戏。

因为游戏种类越来越多，腾讯干脆开发出独立的 QQ 游戏平台。试运营当天，QQ 游戏平台只有 100 位用户，然而短短一年时间，同时在线人数就超过了 62 万。2004 年 12 月 4 日，QQ 游戏同时在线人数最高突破 100 万。

2004 年 9 月，QQ 游戏超越联众，坐上“中国第一休闲游戏门户”的宝座。鲍岳桥仔细研究过 QQ 游戏，发现无论是平台还是游戏设计，QQ 游戏很多都是联众游戏的翻版。但是，没有办法，用户就是资本，财大气粗的腾讯，凭借无人能比的用户资源，轻易占据市场。

当然，马化腾自然不会仅仅将目光局限在休闲游戏模块。据传，2004 年秋天，刚刚上市的盛大找上了马化腾，想要与腾讯合并做游戏，但马化腾拒绝了，摸出门路的他，要靠自己的能量进军网游世界。

2005 年 3 月，腾讯第一款大型网络游戏“QQ 幻想”上线。对于这款游戏，腾讯总投资超过 3000 万元，历时两年多才完成。当然，QQ 幻想也是内置于 QQ 中的，QQ 用户使用 QQ 账号即可登录，并且可以一边玩游戏，一边用 QQ 聊天。

同年 10 月，腾讯收购了深圳网诚科技公司 19.9% 的股份。网诚科技是一家以大型游戏研发运营见长的互联网企业，对腾讯后来网络游戏的发展起到了非常重要的作用。

2007 年 6 月，《QQ 三国》上线。2007 年 12 月，腾讯与韩国的电子游戏开发商 Neople 签约，获得《地下城与勇士》在中国大陆的独家运营权。至此，腾讯的大型网游开始如火如荼地发展。

在以后的几年时间里，腾讯又陆续代理了穿越火线、英雄联盟、战地之王、QQ 仙境、QQ 音速等国外游戏，以及 QQ 华夏、大明传奇、轩辕传奇、寻仙、QQ 炫舞等国内游戏。除此之外，他们还自主研发出 QQ 仙侠传、QQ 自由幻想、QQ 飞车、QQ 三国、天涯明月刀、火影忍者等游戏。

2009 年 6 月，QQ 游戏超越盛大，坐上中国网络游戏产业的第一把交椅。截止到 2009 年年底，穿越火线最高同时在线人数超过 180 万，成为全球第一的第一人称射击游戏，QQ 炫舞最高同时在线人数超过 100 万，成为舞蹈类网游中的翘楚，而整个 QQ 游戏平台，同时在线账户数直接飙升至 620 万！

网络游戏收入已经成为腾讯最重要的收入来源。根据艾瑞咨询的统计数据，在网络游戏领域，QQ 游戏以 27.1% 的市场份额遥遥领先，而盛大则位居第三位，拥有 14.8% 的市场份额。

这就是腾讯多元化的大致脉络。马化腾是一个很有抱负的企业家，他要的不只是守江山，更是打江山、抢江山。于是乎，他紧紧围绕 QQ 平台，将腾讯打造成全国娱乐第一品牌！

其实，马化腾上榜全球最佳 CEO，主要理由就是将大型网络公司引向了新方向，作为唯一上榜的中国企业家，他实至名归！

2. 2011 年微创新企业领袖之首

2011 年，马化腾成为唯一上榜全球最佳 CEO 的中国企业家。而昔日的老对手周鸿祎也没有闲着，2011 年 10 月 28 日，中国企业微创新 100 榜在京颁布，奇虎 360 成了“2011 中国微创新高峰论坛”的最大赢家，周鸿祎也在微创新企业家排名中拔得头筹。

“中国微创新高峰论坛”由商界传媒主办，长江商学院、红杉资本、行动成功、正略钧策等多家权威机构联手协办，是每年一度的中国优质企业创新盛会，是迄今为止国内研究最早、最具权威的微创新专业论坛。因此，周鸿祎和奇虎 360 的夺魁，是实力的最好证明。

在微创新高峰论坛上，周鸿祎指出，微创新的定义是同用户体验结合在一起的，从用户出发、从用户体验角度去改善用户使用体验，就是微创新。他如是说：“持续、坚持、坚韧不拔地从用户体验出发，这种微小的改善最终可以颠覆世界，可以改变世界。”

是的，在周鸿祎眼中，用户体验就是一切。诚然，刚开始做 360 安全卫士的时候，他心里确实想着洗掉“流氓软件之父”的名号，但是，当病毒插件再也不敢明目张胆地骚扰用户，当用户如他所料的拍手叫好，当 360 安全卫士海量用户不断增加，他真真切切地意识到，自己的自我救赎成功了，网民才是互联网时代的王道。

想通这一点，周鸿祎就挥舞起“一切为了用户”的大旗，不断改进 360 安全卫士以满足用户需求。其实，360 安全卫士刚推出的时候，只是针对 100 多个恶意软件，功能也非常简单。然而一年以后，360 就把重心调整到木马查杀上，并很快将其发展到百万数量级，查杀能力也有了大幅度提升。

另外，在防御功能上，360 还针对漏洞做出提前防范，比如针对局域网攻击推出的 ARP 防火墙，针对 U 盘传播木马情况推出的 U 盘免疫。周鸿祎想要做的，是通过不断改进的方式，将 360 打造成用户电脑安全的全方位守护神。

他如是说：“在网上搜我的名字，一半的东西都是骂我，很多被我们动了奶酪的流氓厂商，他们心有不甘，有的洗手不干了，有的对我进行人身攻击，像阿里巴巴、雅虎这样的公开对我破口大骂。但是这些东西没有对我造成什么实质性的影响。互联网发展到今天，美国的《时代周刊》都把 YOU——网民选为时代人物，因为互联网是最民主的地方，无论你做得好与坏，网民都最有发言权。”

哪怕把自己置于风口浪尖，哪怕被竞争对手视为异端，甚至会有人窜出来破口大骂自己是“老流氓改行当警察”，但为了用户，他敢于做别人不敢为、不愿为之事。

他重视用户体验，尊重用户发言权，最后干脆把产品开发的主动权交到用户手中。2006 年 8 月，360 安全卫士发起“恶意软件”网络公投活动，号召广大网民进行公开投票。周鸿祎表示，360 软件的升级和开发，会充分考虑票选结果。

2007 年 2 月，360 安全卫士再次发起公开征集活动，这一次，他们征集的是网民对“360 安全卫士”的意见和建议。活动开始后，很快就有 9 万多网民参与进来，网友留言更是达到 2 万多条，其中 90% 以上的网民对 360 安全卫士的反恶意软件行动表示支持。

2007 年 3 月，360 安全卫士不再对软件进行评判，而是完全放权给广大网民，让他们自己来判定哪些是“恶意软件”，哪些不是“恶意软件”。4 月，360 安全卫士发布了个性化定制版本，该版本可以由网友自己命名，并可以由网友设置个性信息的显示。

360 的一系列动作，完完全全是让网民自己做主，让网民真正掌握了生杀大权。一方面，这种做法可以实现与网民的零距离沟通，赢得广大网友的欢迎，与此同时，这种做法还能堵住恶意竞争的悠悠之口，可谓一举两得。

当时，周鸿祎还有一个小癖好，即帮别人的电脑安装 360。据说，无论在哪个城市，只要他去到机场，就会将机场贵宾室的电脑全部装上 360，另外，如果企业界或者投资人朋友的电脑出现问题，他也会主动上门修理，并且修理电脑的最后一个动作，就是装上 360。

其实，周鸿祎的这个癖好，完完全全是为了用户体验。他觉得，在陌生的电脑环境下，更容易发现产品问题，并且，通过接触别人的电脑，他可以换位思考，更好地体验出 360 软件的应用感受。

有一次，TOM 网 CEO 王雷雷找到周鸿祎，说自己家里的电脑坏了，周鸿祎听了，二话不说，当即高兴地上门维修去了。修完之后，他发现电脑的开机特别慢，于是就装上 360 安全卫士进行病毒和木马的查杀，然而查杀完后，开机速度依旧很慢。

对此，周鸿祎感觉很奇怪。到底是什么原因呢？经过细致研究后，他终于发现了玄机，原来是因为开机时启动了很多不必要的软件。随即，周鸿祎脑洞大开：如果 360 能够进行开机优化，关掉那些不必要的软件，开机速度岂不是会变得很快？

说干就干，回去之后，周鸿祎就召集技术团队，开始进行开机优化软件的研究与开发。就这样，没过多久，360 开机小助手出现在了世人面前。

（360 安全浏览器 图标）

他是技术出身的，但他不会追求所谓的完美技术，更不会追求超前技术，他所追求的，一直是最适合用户的。正是因为如此，360 的操作界面设置都是可以一键解决问题的，用户无须精通电脑技术知识，只要轻轻一点，即可轻松搞定。

除此之外，为了能够带给用户最好的体验，他在产品开发过程中特别注重细节。比如，用户早上刚开机的时候一般是最忙的，这段时间，

（360 手机助手）

360 不会发出提示，以免影响用户工作。一段时间过后，用户可能不忙了，这时 360 就会跳出来提示用户进行全盘扫描。另外，为了减少对用户的干扰，如果电脑处于全屏或游戏状态，360 是不会进行提示的，除非是非常紧急的情况。

这一切的一切，自然是与周鸿祎平时细致的观察以及缜密的思考分不开的。当然，360 面向广大网友发起的意见征集活动，也起到了不小的作用。

2011 年是 360 高速发展的一年。这一年，周鸿祎推出了以 360 安全网址导航、360 安全浏览器、360 极速浏览器、360 安全桌面为代表的平台产品，助力 360 全面提升。

除此之外，他还推出了一系列移动互联网产品，包括 360 手机助手、360 优化大师、360 手机桌面、360 电池卫士、360 手机 /pad 浏览器等产品应用，逐步在移动互联网上构建出开放的系统平台。

2011 年 2 月，360 还推出了团购开放平台，汇集糯米、拉手、美团、24 券等 200 余家团购网站，共覆盖全国 130 多个城市，每日团购的商品总数更是超过 2 万款。最重要的是，通过这个平台，360 与众多团购

网站建立起多方共赢的团购体系，极大地丰富了团购市场。

3Q 大战之中，周鸿祎越来越发现，360 生存之根本应该是开放的商业模式，这种模式下，腾讯对 360 的竞争挤压，就是对整个互联网行业的竞争挤压。因此，周鸿祎大刀阔斧地走上开放式发展之路，不断将产品功能丰富化。

另外，3Q 大战还触发了周鸿祎的危机意识，这让他坚定了上市的决心，他如是说，“谁觉得安全谁就离失败不远了。360 要到美国去上市，要成为一家美国（式的）互联网公司”。

其实，周鸿祎在业界素来就有“中国互联网未上市公司中最后一个大佬”的称号，因为从前的他对上市之事并不热衷。作为一个标准的产品经理，他更喜欢做产品、做客户，但 360 上市后，需要面对财务报表压力，他不想每天盯着财务目标，更不想沦为“华尔街的奴隶”。

然而，3Q 大战改变了他固有的想法。2010 年的这场争斗牵涉众多，不止涉及腾讯和 360，政府机关、媒体、互联网从业者以及广大网友都参与其中，这时候，周鸿祎深刻地意识到，上市是获得社会主流价值观认同的关键。

“这个社会很现实，你成功与否是以你挣了多少钱，你公司上没上市，公司做没做大为考量标准。如果你没有达到这几点，你很快就会被遗忘，因为历史由成功者来书写，所以，我必须要获得世俗的成功。只有上市才能让投资人和公司的员工得到应有的回报，也才能进一步增强公司在行业内的话语权。”

从周鸿祎的这段话中，我们不难看出他对上市观念的改变。2010 年 11 月 10 日，360 上市工作正式启动；12 月 20 日，360 招股书秘密交付纽约证券交易所；2011 年 3 月 30 日，360 正式在纽交所挂牌上市。这就是 360 上市的整个时间脉络，周鸿祎仅仅用了不足 5 个月的时间，完成了别人可能一辈子都无法想象的事情。

有着丰富上市经验的红杉中国合伙人沈南鹏，看到 360 的上市时间表后预言，360 成功上市最早也要到 5 月份。然而，万万没想到，360 在上市这件事上表现出快速的反应力和强大的执行力，其上市速度堪比火箭，超出很多人的想象。

然而，尽管 360 用很短时间就完成了上市，但这并不意味着他们的上市之路走得轻松。2011 年 3 月 14 日，这是 360 路演的前一天，日本 3.11 地震引起核泄漏的消息披露，引发全球股市暴跌；另外，中国公司在美国一直受人诟病，无论是刚在美国上市的三家中国公司行情冷淡，还是那句在投资圈广为流传的“中国很多公司都拥有会计问题”，都对 360 的上市很是不利。

除此之外，360 自身经营模式也是上市路上的一道坎儿。一方面，美国人对流氓软件非常陌生，美国的互联网领域几乎没有流氓软件的生存空间，这些从未经历过木马侵害的华尔街投资人，很难理解 360 所宣讲的“安全”。另一方面，360 的运营并没有现成的参考模式，决定上市后，360 找了一家投资银行承销上市事宜，这家投资银行试图将其包装成一家或几家国外成功上市的互联网公司的中国版，可是，改了几十个版本后，依旧没有找到合适的，最后投资银行只得请辞：“你们的模式太复杂，这故事我讲不了。”

360 产品是基于中国互联网的独特使用环境所开发，其运营模式极具中国特色，并且是创新性、颠覆性的，在国外自然找不到有章可循的模板。于是，周鸿祎决定说 360 自己的故事，但因为没有合适的参照，他只好无奈地降低了对 360 的市值预期。

如何让 360 从众多上市公司和等待上市的公司中脱颖而出呢？其实，刚开始的时候，周鸿祎的心里也没有底，他很紧张，因为担心美国人听不懂中国人的故事。

路演前一天，周鸿祎临时决定更改企业介绍顺序。在原来的 PPT 中，企业介绍的顺序是“1. 中国第一大互联网安全厂商；2. 中国第二大浏览器提供商；3. 中国第三大互联网公司（以活跃用户数计算）”。而这一次，周鸿祎决定按照“3、2、1”的顺序介绍，他想向投资者强调，360 是一家拥有众多黏性用户的互联网公司。

他想到了说服投资者的重点——用户资源。在美国，Facebook 拥有 5 亿用户，其估值是 830 亿美元，然而安全厂商赛门铁克的市值仅有 140 亿美元。因此，他认为淡化公司安全印象，转而强调用户规模更能说服投资者。

“我们仅用了 5 年的时间就积累了 3 亿多用户，而腾讯用了 10 年。我们数项产品的月活跃用户超过 1 亿！”整个路演过程中，周鸿祎不厌其烦地强调着用户资源。

他赌对了，用户资源锁住了投资者的心。全球路演的第一天，奇虎 360 实现了 3 倍多的超额认购，而到了正式上市那天，发行价 14.5 美元的股票，开盘后立即飙升至 27 美元，当日最高价为 34.4 美元，收盘价 34 美元，涨幅达到 134.5%。这一仗，周鸿祎大获全胜！

然而，当胜利的时刻来临时，周鸿祎反而沉静下来：“360 上市那一刻没有激动，只有淡定，甚至可以说是压力，因为我们得实现对投资者的承诺。同时，我也告诫 360 的团队，公司上市只是一个新的起点，未来我们还得要保持创业公司的心态和精神。”

是的，公司上市只是新起点。经过六年多的磨砺沉淀，周鸿祎不仅拥有创业家的胆识，还练就了运作资本的耐心和智慧，他是当之无愧的微创新企业领袖之首。

3. 雷军缔造的小米神话

有人说，互联网就是生活。经过十几年的发展，互联网的真正威力渐现，它不再是一种补充，而是主体，是未来之全部，而移动互联网的兴起，恰恰预示着互联网的发展趋势。

小米，为发烧而生。站在新时代的入口处，这是一个千载难逢的交接点，雷军用互联网思维，在手机行业高歌猛进，他所缔造的小米神话，让无数人津津乐道。

1969 年，雷军出生于湖北省仙桃市；1987 年，18 岁的少年以优异的成绩考入武汉大学计算机系。他如是说："当时考计算机系的原因很简单，是因为我一个好朋友上的是中科大计算机系，我想学计算机和好朋友有共同语言。

这样的原因难免让人觉得武断，但进入大学后，雷军从未后悔过自己的选择，还深深地迷上了电脑。或许，这就是命运的安排，他与互联网有着解不开的缘分。

大学期间，雷军曾在武汉大学图书馆阅读了《硅谷之火》一书。这是一本讲述微软、苹果、太阳微系统等公司在硅谷创业的故事，那些跌宕起伏的岁月彻底点燃了他的创业激情：

"在武汉电子一条街打拼一段时间后，自我感觉良好，就开始做梦，梦想写一套软件运行在全世界的每台电脑上，梦想创办一家全世界最牛的软件公司。《硅谷之火》给我这样一个启迪，你要是有梦想不妨一试，那样你也许真能办成一家世界级公司。"

1989 年，雷军在武汉电子一条街上结识了王全国，这是他人生中至关重要的一个朋友。当时，两人联手开发了加密软件 Bitlok0.99，这也是雷军的成名之作，很多知名软件公司纷纷前来购买，俩人因此赚了上百万元。

1990 年，雷军、王全国和另外两个人共同创办了三色公司。关于"三色"的由来，雷军是这样解释的，"我们的世界就是由红黄蓝三色演变过来的。我们希望红黄蓝三原色创造七彩的新世界，放飞我们创业的梦想"。

想法总是如此美好，但红黄蓝这三原色并未能够真正放飞他们的创业梦想。当时，他们的主要产品是仿制汉卡，但随后就有公司盗用他们的技术，并且这家公司规模大，价格也压得很低。

在对手的故意打压下，这个刚刚成立的小公司可谓度日维艰。有人说，创业是一场九死一生的博弈，而这一次，他们输了，半年以后，三色公司解散，雷军只剩下一台 286 电脑。

但是，三色公司的失败经历并没有打击到他创业的积极性，相反，他学会了谨慎和思量，这为他后来的连环创业打下了基础。人都是在挫折和失败中成长的，正因为这次失败，他对自己的能力有了清醒的认识，也为未来的发展做好了脚踏实地、一步一步干的心理准备。

1992 年初，毕业半年的雷军正式加盟金山公司。8 月 15 日，在他的牵头下，金山北京开发部成立，他担任部门经理的职务，主要负责 WPS 汉卡的技术支持。

当时，雷军意识到 DOS 系统操作下的 WPS 已经不能适应潮流要求，于是开始组织团队研发适应 Windows 操作系统的文字处理软件。他对这款软件是充满信心的，认为它会成为金山历史上的里程碑产品。因此，信心满满的他放弃了为世人所熟知的名字“WPS”，将其命名为“盘古”，希望它能如开天辟地的盘古那般，为金山开辟出一片新的天地。

“盘古”，一个包括 WPS、电子表格和字典的办公套装，主要由金山皓月、文字处理、双城电子表、金山英汉双向词典、名片管理、事务管理六个软件组成。这是一个太过宏大的计划，需要大量人力和时间的支持，埋头苦干的开发团队整整做了三年时间。

三年来，金山北京开发部众志成城，全身心投入到“盘古”计划之中，从来都没有开发过其他新产品。这时候，负责市场的李儒雄坐不住了，他主动去北大谈书号，出版了雷军早前写下的《深入 DOS 编程》和《WPS 轻松学习》两本书，后来，李儒雄甚至又卖起了 Bitlok0.99 加密软件。

1995 年 4 月，历时三年之久的“盘古”软件终于亮相，但该软件并没有他想象的那样成功。“盘古”上市之前，金山董事长求伯君保守估计其销量在 5000 套左右，然而，六个月过去了，“盘古”只销售了 2000 套，再加上 WPS 也受到了微软 Word 的冲击，金山最终丢掉绝大部分的市场份额。

回首往事，雷军将“盘古”计划的失败称作“金山遇到的灭顶之灾”。他沉痛地说：

“这种结果让本来劲往一处使，感觉势不可当的队伍突然之间完全丧失了战斗力。辛辛苦苦干这么久，都没有成功，这些程序高手回想起那段经历一定觉得很痛苦，我自己也很痛苦。不是每一分耕耘都有收获，当你以为必成的事情结果没有成功，你以为这么多年的辛辛苦苦一定有收获的时候，结果没有收获，那种滋味不是好受的。”

后来，求伯君接受媒体采访，他将“盘古”计划失利的原因归纳为四点：一、盘古力量分散，没有发挥 WPS 当时在文字处理领域的领先优势；二、没有沿用 WPS 这个很有号召力的名称；三、盘古自身不够完善，没有做到“所见即所得”，完全是 DOS 版的照搬；四、刚刚独立的珠海金山公司没有销售经验。

为了开发“盘古”，金山前前后后投入了 2000 多万，这几乎是金

（金山词霸）

山的全部家底，但“盘古”却没有给金山带来丝毫盈利，对此雷军感觉惭愧而沮丧。当时，金山账上只剩下几十万资金，几乎走到弹尽粮绝的地步，为了给公司一个交代，雷军提出了辞职，但求伯君没有同意，他并不舍得放掉雷军这个人才，只建议他休息半年再说。

最终，雷军没有离开，因为责任。为了尽快从破产的泥滩中走出来，他决定改变战略，做起别人看不起的“小软件”。1996 年 4 月，“金山影霸”上市，一举把金山从死亡的边缘拉了回来。后来，金山又推出了“中关村启示录”、“剑侠奇缘”、“单词通”等一系列小产品，最后都获得了成功。

1997 年 5 月，雷军开发的“金山词霸Ⅰ”问世，这款会说话的厚词典在短短几个月内就卖了 5 万套。五个月后，会说话的三向词典“金山词霸Ⅱ”也上线了，而到了 1998 年 10 月，“金山词霸Ⅲ”系列产品问世，雷军用低价格轻松拿下翻译市场。

然而，在金山的很多产品红红火火的时候，雷军并没有放弃 WPS。1997 年 10 月，基于 Windows 平台开发的 WPS97 横空出世，这是运行在 Windows 平台上的首款国产中文处理软件，一经推出就遭疯抢，名列办公类软件销量排行榜榜首。

1998 年 8 月，联想集团购买金山 30% 的股份，成为最大的股东。重组之后，联想集团高级副总裁杨元庆出任董事长，求伯君继任总裁，而雷军，则成了金山公司总经理。

对于雷军来说，这是他职业生涯的新起点。他如是说：“尽管刚开始时并不自信能否将金山管理好，其实我内心仍然坚信自己有这个能力，并暗自发誓要将金山的管理做成中关村最好的。当整个金山都交给你的时候，才知道身上的担子有多么重。然而‘开弓没有回头箭’，我要让自己缔造出一个新金山出来。”

他将目光放在了杀毒软件领域。1999 年，“金山毒霸”测试版以免费形式高调上线，迅速在互联网 IT 行业掀起轩然大波。当时，任何一款杀毒软件都要卖到250元以上，而“金山毒霸”却打出了免费的旗号，得到用户认可也是不足为怪的。

2000 年 11 月 18 日，“金山毒霸”正式版推出，金山凭借自己在软件行业闯荡多年的威望和经验，第一次订货会上的经销商回款高达千万以上！

自1992年初加入金山，雷军在这里工作了整整16个年头。16年来，他兢兢业业，任劳任怨，尤其是成为公司一把手后，他呕心沥血地满负荷工作，将金山软件从一个勉强维持生计的小作坊变成具有国际影响力的上市公司。

以后的几年里，他为金山网络游戏开疆拓土，“剑仙情缘”网络版为中国游戏界重新树立自主研发的信心；他为金山杀毒软件的更新升级呕心沥血，完成了杀毒业务的全面互联网转型；他为金山上市鞠躬尽瘁，历时八年、历经五次，最终让金山变得具有国际影响力。

2007年10月9日上午10点整，金山软件在香港主板成功挂牌上市，成为继腾讯和网龙之后，第三个在香港上市的网游公司。

然而，这个时候，雷军最大的感受却是“无债一身轻”。从 22 岁到 38 岁，他将自己最美好、最富激情的年华献给了金山，为的只是一份责任，一份不愿割舍的情感。可如今，金山上市了，他的责任也算尽到了位，他选择了离开。

功成身退，泪别金山。2007 年 12 月 20 日，雷军毫无征兆地宣布，因“健康问题”辞去金山 CEO 职务。当然，所谓的“健康问题”只是官方的说辞，他只是想要离开而已，因为心中还有一个创业梦。

离开金山后，突然清闲下来的雷军并没有想象中的轻松，相反的，他竟然还有几分失落感：“那半年，没有一家媒体想要采访我；没有一个行业会议邀请我参加。我有的是时间，没人记得我。我似乎被整个世界遗忘了，冷酷而现实。人情冷暖忽然间也明澈如镜。那个阶段，我变得一无所有，除了钱。”

“一无所有，除了钱”，这样的凄凉大抵只有经历过的人才懂。从金山辞职的时候，雷军签署了竞业禁止协议，协议规定他不得从事金山业务相关的工作。这样一来，他熟悉的东西是不能做了，而别的他又不懂，雷军觉得自己的手脚一下子被束缚住了。

后来，经过反复思考后，他决定做天使投资，一是因为喜欢，二是想要报恩。但是，借用他自己的话说，这只是他休整阶段的一个业余爱好而已，他最想做的，还是创业，但人到中年，他害怕失败，害怕为时晚矣。

2008 年 12 月 10 日，这天是雷军 40 岁的生日，他和几个金山的老同事一起在酒吧喝酒。或许是因为长久以来的压抑，或许是酒精作祟，雷军有些激动地抱怨道：

“我现在的状态和个退休老干部似的，虽然每天奔波着找投资项目，可总是觉得落寞，根本不知道自己应该去做什么，早晨一觉醒来就开始陷入这样的迷茫之中，这样的日子是异常痛苦的。”

这时候，他的好友黎万强回答说：“40 岁刚刚开始，从头开始呗！”

（小米 logo）

一句话，雷军幡然醒悟。是啊，好酒不怕晚，柳传志 40 岁开始创业，任正非 43 岁开始创业，自己完全可以从头开始。

就这样，雷军的创业激情重新点燃！

有了创业激情，还需创业项目。金山在做的业务不能做，那么做什么呢？经过深思熟虑后，雷军将目光投向了手机市场。

雷军是一个十足的手机发烧友。尚在金山的时候，他的办公桌上摆放着一个天平，平时用来称手机及其元器件的重量，只要半个小时，他就可以准确辨别一部手机的好坏。

正是对手机的热爱，让他发现了其中的巨大商机。当别人问他为什么一定要做手机呢？他如是回答说："因为，它应该是这个时代最大的机会了。"

2010 年 4 月，小米公司正式成立。对于这个公司名字，雷军并不是心血来潮随便叫的，"小米"一词中浓缩着深刻的寓意。首先，小米的拼音是 mi，即 Mobile Internet，代表小米要做的是移动互联网公司；其次是 Mission impossible，代表小米要完成不能完成的任务；最后，小米这个名字朗朗上口，格外亲切。

小米公司成立后，雷军并未急于做手机，而是号召大家进行系统开发。2010 年 8 月，小米公司正式发布一款基于安卓原生系统优化定制的手机操作系统 MIUI。MIUI 拥有全套原创 UI 体系，可以向用户提供极致的个性化服务，比如超过 100 项的电话 / 短信功能优化、独有的互联网开发升级模式等。

MIUI 一经推出，就吸引了许多手机硬件发烧友，仅仅一年时间，其用户数量就突破 50 万。作为刚刚起步的小公司，他们没有广告费，也没有推广渠道，更没有资源，但是他们重视产品和用户沟通。正是因为如此，他们获得了无数用户的一致好评。

作为手机发烧友，雷军是一位忠实的"果粉"，不仅认真研究了苹果公司发布的每一款手机产品，还详读了乔布斯的每一本传记。2010 年，苹果公司发布新一代苹果手机 iPhone4，这款没有键盘，创新引入多点触摸屏界面的全新手机，将我们带入了智能手机时代。

雷军如是说："我觉得，我们的小米和苹果，都是在比拼一个新的商业模式，一个铁人三项比赛。以前的手机，打电话要好，待机时间长，还抗摔，这个算长跑。但是到了乔布斯开创的智能手机时代，我们除了长跑，还要比游泳和自行车。我们就看到，诺基亚不行了，摩托罗拉也困难重重，现在的世界，以铁人三项的标准放眼看去，除了苹果，小米的竞争对手很少。"

是的，在雷军眼里，真正的竞争对手只有一个，那就是苹果。但是，小米与苹果是不同的，其中最大的区别在于小米是集大成的，所谓的集大成，就是让用户参与到研发过程中，使小米最后呈现出的产品适合不同用户的不同使用习惯。

雷军认为，手机是每个人的亲密伙伴，我们同手机在一起的时间超过其他任何东西，因此，它应该是个性的，符合自身的操作习惯。在这样的理念指引下，雷军决定用互联网的方式来做手机，充分听取用户声音，快速试错，快速更新。

2011 年 8 月 16 日，万众瞩目的小米手机闪亮登场。发布会上，雷军隆重介绍，小米 M1 是一款集 3G、智能、拍照、时尚、游戏于一体的高性能发烧级智能手机，定价 1999 元。

智能的手机、人性的服务、平民的价格，这就是小米手机的最大卖点。当时，小米 M1 配置了世界上主频最快的 MSM8260 双核 1.5GHz 手机处理器，比主流的单核 1.0GHz 快 200%，比顶端的双核 1.2GHz 快 25%。另外，再加上 1G 的 RAM、4G 的 ROM、800 万像素的摄像头等，小米 M1 说得上是性价比非常高的一款手机。

2011 年 9 月 5 日，小米 M1 首次进行网上预售，仅仅 34 个小时就预定出 30 万台，是计划两个多月的供货量。2011 年 12 月 18 日，小米 M1 进行第二轮预定销售，这一次，3 个小时就卖出了 10 万台。两轮预售，总共不过 37 个小时，雷军售出 40 万台 M1 手机，的确是创造了"神话"！

2012 年 1 月 11 日，小米 M1 开始第三轮预定销售，为此，小米公司还专门为官网新增了服务器带宽。这一次，记录再次刷新，45 分钟内，小米 M1 预定超过 10 万部，2 个小时超过 23 万部，8 个半小时，全部销售完毕，总共 30 万部。

2012 年 5 月 18 日，小米公司推出“小米青春版”手机，定价 1499 元。小米青春版使用的是双核 1.2GHz 的高通处理器，768M 的 RAM，除此之外，其他配置均与小米 M1 一样。当然，小米青春版的销售情况也是异常火爆的，仅仅 11 分钟的时间，15 万部手机全部抢购完毕。

快速试错，快速更新，雷军做手机，做的是速度和潮流。众所周知，高科技革新是非常快的，小米手机更新换代的速度也是非常快的，“小米青春版”刚刚上市不到三个月，小米再次举办发布会，这一次，小米共推出了两款产品——小米 1S 和小米 M2。

S 代表 Super，乃超级之意，小米 1S 是小米 M1 的改进版本，采用高通双核 1.7GHz 的处理器，售价 1499 元。而小米 M2 与 M1 同样定位为发烧级手机，在配置上，M2 采用高通 APQ8064 四核处理器，售价 1999 元。

发烧，就是对完美的偏执。10 月 30 日，小米 M2 首轮开放购买，5 万台供货仅用了 2 分 51 秒就抢购一空。11 月中旬，小米 M2 第二轮开放购买，这一次 25 万台手机又是顷刻售空。可以说，小米手机是永远在饥渴，永远在缺货！

其实，这就是雷军的营销战略——饥饿营销。从诞生那天起，小米走的就是“发烧 + 平民”的品牌路线，然后搭配“挤牙膏”式的供货方式，“米粉”们总在排队，饥饿营销可谓屡试不爽。

专注、极致、口碑、快，这就是小米的必胜法宝。有人说，小米的营销是成功的，只要它永远饥饿，永远缺货，它就会永远走下去。是的，小米最发烧，雷军创造出独属于小米的运营模式，创造出独属于自己的传奇人生！

第十二章 智能终端

2012

微信用户突破亿万大关

互联网主要有三个阶段，一是商用互联网阶段，它改变了信息的构成；二是网络搜索阶段，它改变了娱乐和电子商务的方式；三是移动互联网和智能手机阶段，它使上网方式更加多元化。移动互联网是全世界商业和科技创新的源泉，是发展的加速器，其滂沱气势正革新着旧有的世界与秩序，成为当下时代最大的机遇与挑战。

1. 移动互联网的昨天、今天和明天

这是一个变革的时代。

著名天使投资人蔡文胜如是说："我是手机，我是未来，两年后你的小孩会觉得键盘和鼠标都是古董。口碑才是最好的宣传，要想到未来四年以后的市场。"

那是 2012 年，蔡文胜决定不再投资传统互联网项目，转而投资移动互联网项目。他的理由很简单，几乎所有传统的东西，或已进入移动互联网领域，或在自己的困顿中一蹶不振。

这一年，诺基亚轰然倒下，联想鲸吞摩托罗拉，小米创下 1000 亿市值。在这锐意创新的互联网时代，旧秩序被逐个打破，新秩序也悄然而生，原来这又是一个新的时代——移动互联网时代。

蔡文胜以为，互联网主要有三个阶段，一是商用互联网阶段，它改变了信息的构成；二是网络搜索阶段，它改变了娱乐和电子商务的方式；三是移动互联网和智能手机阶段，它使上网方式更加多元化。

有人说，移动互联网是全世界商业和科技创新的源泉，是发展的加速器，其滂沱气势正革新着旧有的世界与秩序，成为当下时代最大的机遇与挑战。是的，放眼望去，智能手机早已成了不可或缺的上网工具，而移动互联网，也已成为一种生活。

所谓移动互联网，就是移动通信与互联网的结合体，是一种通过智能移动终端并采用移动无线通信方式获取业务和服务的新兴业务，主要包括终端、软件和应用三个层面。其中，终端主要包括智能手机、平板电脑、电子书、MID 等，软件包括操作系统、中间件、数据库、安全软件等，应用可分为休闲娱乐类、工具媒体类、商务财经类等。

当然，移动互联网的发展是有迹可循的，最早可以追溯到 2000 年。2000 年 9 月 19 日，中国移动和国内百家因特网内容提供商（ICP）首次坐在一起，共同探讨商业合作模式。随后，中国移动市场经营部部长率团前往日本 NTTDoCoMo 公司取经，“移动梦网”雏形初现。同年 12 月 1 日，“移动梦网计划”开始实施，这是当时通信业最让人瞩目的事件。

2001 年 11 月 10 日，“移动梦网”正式开通。中国移动通信官方宣称，手机用户可以直接通过“移动梦网”享受移动游戏、信息点播、掌上理财、旅行服务、移动办公等服务。随后几年，电信运营商的无线概念成就了一批又一批互联网企业家。

2004 年 3 月 16 日，3G 门户创建，这开创了中国的 FREE WAP 模式。然而，在移动互联网长河里，这种模式只是萌芽的开始。

当时，国内先后冒出了搜索、音乐、阅读、游戏等领域的多种无线企业。然而，由于移动互联网行业尚处于混沌之中，商业模式之争层出不穷，一股运营商 WAP 网寒流于 2005 年底悄然而至。

那是 2005 年 11 月，中国移动推出一项政策，明令禁止 SP（移动互联网服务内容应用服务的直接提供者）在免费 WAP 上推广业务。一个月后，中国移动又发出公告，宣布不再向免费 WAP 网站提供用户号码和终端信息，使得大批 FREE WAP 站长鸣金收兵，提前上岸。

处于混沌状态的移动互联网行业缺乏必要的行业规范，这使得不少 SP 违规操作。针对这部分人群，工信部在 2006 年 9 月猛力推出新的电信服务规范，其中包括短信类业务强制执行二次确认，IVR、彩铃、WAP 等非短信类业务强制执行按键确认，点播类业务强制执行拳王付

（移动 3G logo）

费提醒等。工信部规定，基础电信运营企业对此必须严格执行。

新的电信服务规范，对国内违规 SP 形成了封杀之势，然而在一定程度上，这也冰冻了移动互联网的发展。

这种局面一直持续到 2009 年。2008 年 12 月 31 日，国务院常务会议同意启动第三代移动通信（3G）牌照发放工作。2009 年 1 月 7 日，工信部举办小型牌照发放仪式，确定向中国移动、中国联通、中国电信三家运营商发放 3G 牌照。由此，2009 年又被称为中国的 3G 元年，我国正式进入第三代移动通信时代。

3G 时代到来，包括移动运营商、资本市场、创业者在内的众人急速杀入了移动互联网领域，一时之间，广告联盟、手机游戏、手机阅读、移动定位等都获得了千万级别的风险投资，甚至连 3G 概念股票也被热炒。

2010 年 4 月 11 日，在艾瑞的新经济年会上，工信部通信科技委员会委员侯自强谈到了 3G 用户发展趋势的问题，他表示，作为公共互联网的移动互联网，将会成为未来移动网的发展主流，移动运营商的专

网垄断也会被打破。

当时，3G 问题一直是极为热门的话题之一，互联网创业者和普通消费者都对此非常关心。其中，互联网创业者关心 3G 能否带来真正的新一代通信，而普通消费者，关注的则是 3G 时代能否降低通信资费，其业务体验能否满足个人需要。

其实，3G 时代的语音业务并没有太大改变，其主要突破主要集中在数据业务上，一是面向企业高端用户的专网业务，二是面向个人消费者的网络。侯自强强调，要想实现移动互联网的快速连通，就要打破专网模式，建立移动互联网的包月体制。

3G 时代，更为开放的空间，实现随时随地上网的可能。或许，正是这样的理念推动，移动互联网的发展非常迅速，用迅雷不及掩耳来形容再恰当不过。据统计，截止到 2012 年 6 月底，中国网民数量达到 5.38 亿，其中台式电脑用户为 3.80 亿，而手机网民数量高达 3.88 亿。这是手机用户首次超越台式电脑用户，移动互联网迎来了它的高速发展期！

网络风云变幻，到 2012 年，PC 互联网已然日趋饱和，而移动互联网则呈现出井喷式发展，而这正是互联网发展趋势。

前瞻产业研究院发布的《中国移动互联网行业市场前瞻与投资战略规划分析报告前瞻》中有数据显示，截止到 2013 年底，中国手机网民超过 5 亿人次，占比高达 81%，伴随着移动终端价格的降低以及 WiFi 的广泛铺设，移动互联网的爆发趋势丝毫没有减弱。

当然，移动互联网的发展不只局限于此。2013 年 12 月，工信部发放三张 TD-LTE 牌照，正式宣告中国进入 4G 时代。中国移动总裁李跃表示，虽然牌照发放比国际上的发达国家晚了三年，但对整个通信行业，对社会也有着重大影响。

所谓 4G，即为第四代移动通信技术，是 3G 技术的延伸。与 3G 技术相比，它的静态传输速率可达 1Gbps，用户在高速移动的状态下，其传输速率依旧可以达到 100Mbps，比 3G 快十几倍甚至是几十倍。

刘跃如是说："过去有电话，有调制解调器，电话拨号可以上网，不叫互联网时代只有到了家庭有了足够的带宽的时候，互联网时代才到来。移动互联网也是这样，1G 到 3G 不叫互联网时代，只有到了 4G，有足够带宽的时候，移动互联网才能到来。"

他这样的说法很是新颖，但细细品来却又不无道理。4G 时代到来，移动互联网的便利性得到深刻认证，这就是移动互联网的今天！

2014 年是 4G 之年，也是移动互联网之年。这一年，中国成为全球智能终端最大的市场，云计算、大数据等新兴技术的广泛应用，带来了移动互联网的黄金时代。

坦率来讲，移动互联网的发展对通信行业的传统业务模式带来巨大挑战，尤其是手机短信业务、彩信业务以及语音通话业务都出现了大规模下滑，这也是运营商转型升级的关键驱动因素。

有人认为，是智能手机的发展推动了 4G 时代的到来。是的，GSMA 移动智库最新研究报告显示，中国智能手机使用率（占接入总数百分比）在 2015 年第一季度末达到 62%，远远超过欧洲 55% 的平均水平，并且到 2015 年年底，智能手机预计将占中国移动接入总数的三分之二。

GSMA 协会首席战略官如是表示："中国几乎近半数的人口为中国贡献了高达 13 亿的移动连接，其中 62% 是通过智能手机实现的。我们今天发布的研究报告展现了一个充满活力的中国手机市场，在这个市场中，数以百万计的中国城镇用户将智能手机作为生活的中心和数字平台，同时中国的移动运营商们对 4G 网络的大规模投资引发了新一轮的增长。"

无论是苹果 iPhone、三星等国际手机品牌，还是小米、华为等不断推陈出新的国产智能手机，日渐流行的 4G 手机现已成为智能手机的销售主力，加速了中国互联网从 3G 到 4G 的迁移。

另外，智能手机向 4G 的更替，直接导致了 3G 业务的下滑。

GSMA 的研究报告还预测，我国的智能手机厂商在 2016 年之后将不会再推出非 4G 的新手机，我国的 4G 连接将会从 2014 年末的 1 亿上升到 2020 年的 10 亿。

据调查研究，我国的智能手机平均价格为 1100 元，国内厂商生产的智能手机平均价格更是低至 935 元，几乎只占国际品牌平均价格的一半。但中国的主要手机厂商，如小米、华为、联想，也在不断推出面向中高端市场的新机型。

CSMA 协会首席战略官补充道："像小米、华为和联想这样的中国智能手机厂商正在从当地丰富的智能手机生产和设计生态系统中受益，从而能够有效地与苹果和三星等国际品牌竞争。虽然中国持续增加的富裕人群仍然推动着高端智能手机市场的不断发展，但可接入移动互联网的低端入门智能手机仍然存在很大的市场。"

4G 时代，中国智能手机厂商正在崛起。其实，中国厂商生产的 4G 手机比例是高于国际竞争对手的，拿 2015 年第一季度来说，中国厂商发布的新机型中的 70% 是支持 4G 网络的，而全球平均只有 40%。

是的，移动互联网的发展与智能手机相辅相成。中国的移动运营商们通过零售渠道，向日益广泛的 4G 设备提供购机补贴，以推动 4G 发展。网络风云变幻莫测，不知何时，或许移动互联网也将成为历史，但我们不能回避，也不能躲开，顺应技术发展潮流，才能永立桥头！

2. "摇一摇"成了时尚新玩法

无论是在公交上还是在地铁上，我们经常可以看到一些人在不停地摇晃手机。那么，这样奇怪的动作到底是在做什么呢？答案揭晓，他们在用微信的摇一摇功能寻找新朋友，又或许，你早已知道答案，因为你正是其中的一员。

腾讯公司的营销总监曾李青踌躇满志地说："中国的移动互联网到处都是机会。"是的，在这发展迅猛的移动互联网时代，处处有商机，遍地是黄金，而腾讯，一直紧跟科技潮流，锐意创新。

1999 年 4 月，腾讯与深圳联通移动公司合作，推出了手机邮件通服务，通过此服务，用户直接用手机就可实现 Email 的收发功能。这是腾讯第一次涉足移动互联网领域，此后，腾讯正式进军移动互联网市场。

1999 年 7 月，腾讯又与深圳电信下属的深圳龙脉公司合作，推出电子邮件增值服务系统，经由该系统，用户可以通过传呼机、移动电话以及传真机等多种方式即时收发电子邮件。

2000 年 6 月，QQ 嵌入联通公司的 10000 张 STK 卡，手机的功能菜单中开始出现"移动 QQ"字样。通过"移动 QQ"服务，用户可以完成即时消息的发送、即时信息和好友状态的查询等活动。

随后，腾讯又相继在广州、北京、四川、江苏 、浙江等省份开通"移动 QQ"服务。截止到 2001 年，腾讯已经与全国大多数运营商建立合作关系，移动 QQ 彻底占领了移动聊天市场。

（微信 logo）

另外，腾讯还与摩托罗拉、诺基亚、TCL 等手机生产商合作，把移动 QQ 预先安装到用户手机上，这更是大大拓宽了市场。根据腾讯招标书，2004 年 3 月 31 日，移动 QQ 注册用户高达 1310 万人。

当然，移动 QQ 是收费的，除却给联通和移动两大运营商的提成，腾讯依旧有着可观的利润。在 2001 年 7 月，移动 QQ 实现正现金流，而到了 2001 年年底，移动 QQ 实现了 1022 万人民币的纯利润。2002 年，腾讯无线增值服务收入 1.988 亿元，其中移动 QQ 占到总收入的 75.6%，净赚 1.44 个亿。

不断上涨的用户数，如洪水般涌来的利润，因为移动 QQ，腾讯过上了“捡钱”的生活。但是，马化腾并没有因此故步自封，在别人都在抢占移动互联网这块黄金宝地的时候，他又于 2011 年推出专门为智能手机提供即时通讯服务的免费应用程序——微信。

微信，英文名 WeChat，智能手机用户只要打开 APP 客户端，就可以用手按住手机屏幕下方的对讲键讲话，然后软件就会将刚才所说的内容录下来，并且，松开对讲键后，软件就会以软件包的方式，将其发送到对方的手机上。这就是所谓的语音通话功能，也正是这项小小的功能，迷住了无数年轻人。

其实，国外早已有过类似功能的应用程序，比如曾经出现过的 KIK、BBM 等，在国内，也曾有过类似的米聊、talkbox。不同的是，最晚出现的微信，虽然来得迟了些，但却捡了个实实在在的大便宜。

说到微信，有一个人是不得不提的，他就是微信的创始人张小龙。

张小龙，Foxmail 创始人，微信创始人，腾讯公司高级副总裁。1969 年 12 月，张小龙出生于湖南，1987 年，他考入华中科技大学电信系，分别获得学士、硕士学位。1994 年，研究生毕业的他前往广州从事软件开发工作，此后他开发出国产电子邮件客户端 Foxmail。

1998 年，张小龙开发出的 Foxmail 已拥有 200 万用户，成为用户量最大的国内共享网站，而这时的周鸿祎，还只是方正软件研发中心的一个副主任。

这年秋天，周鸿祎与张小龙相识。在周鸿祎的眼里，在业界小有名气的张小龙，是一名优秀而落魄的技术人员。是的，他外在开朗，内心保守，是一位孤独的艺术家，只擅长通过作品与世界沟通。

周鸿祎常常批驳 Foxmail 没有商业模式，建议张小龙要加入广告和盈利点。但孤独的艺术家是不食人间烟火的，他搞不清楚为什么非要这样，只要有用户，有情怀就好了，所以每一次争论，他都以长时间的沉默来结束。

当时，腾讯不过只有 10 万用户，Foxmail 的发展却是如日中天，大多数人认为，邮箱是比社交软件更具潜力的领域。当时，当马化腾积极寻找风险投资进军商业的时候，张小龙却依旧怀着一颗程序员的单纯之心。

他经常在夜深人静时浏览用户来信。鼠标滑动，一封封信笺从眼前流过，他在每封信的停留时间不超过 1 秒。每每这个时候，他都觉得 Foxmail 是一个大包袱——每天都有无数人催促自己往前跑，但庞大的用户量并没有带来任何经济上或社会地位上的好处。

怀着这样的情绪，一年后，他将 Foxmail 卖给并不知名的互联网公司博大，并出任博大的副总裁。出售消息宣布后的第一个夜晚，他无比伤感地写道：

“从灵魂到外表，我能数出它每一个细节，每一个典故。在我的心中，它是有灵魂的，因为它的每一段代码，都有我那一刻塑造它当时的意识。我突然有了一种想反悔的冲动。”

艺术家气质的他是孤独的创作者。在宽阔的人生赛道中，潜心编程的他一直走得很顺，直到遇到商业这一障碍物。当年，他刚满 31 岁，很多人认为属于张小龙的个人传奇将会就此终结，但幸运如他，直接进入了另一条人生跑道。

那年夏天，百度在纳斯达克上市，当天股价从 27 美元的发行价飙升至 122.54 美元，直接暴涨 354%。互联网冲击纳斯达克的高潮，让许许多多互联网人看到了资本和商业的力量，但刚刚拿到博大收购款的张小龙并没有理会，他买了一辆车，去了一直想去的西藏。

对此，周鸿祎叹息着说："怎么说呢，这个人，太单纯。"

错过纳斯达克的融资高潮后，博大逐渐走向没落。2005 年 3 月，腾讯收购了 Foxmail，张小龙也随之加盟腾讯公司，担任广州研发部总经理，开始全面负责 QQ 邮箱业务。在他的带领下，QQ 邮箱超越了网易邮箱，成为中国最大的邮件服务商。

在 QQ 邮箱领域，张小龙再一次证明了自己的产品能力，但却仅限于产品能力。有人评价说，张小龙始终是一个赶潮人，但却并不在浪潮之中，从 Foxmail 到 QQ 邮箱，他会掌控自己的产品，但始终没有掌控用户和商业，然而慷慨的命运给了他第三次机会。

2010 年 11 月，腾讯微信正式立项，由张小龙负责。在微信商业价值爆表的今天，张小龙选择走出孤独，走向商业第一线。人人都爱张小龙，作为微信的缔造者，他凭借这款产品所创造的商业价值，丝毫不亚于任何商业领袖。

事实确实如此，自微信正式对外公布这天起，其发展速度就是一日千里，连同门的 QQ 也有点望尘莫及。2011 年 4 月，微信发布不过三个月，但却已经拥有四五百万的注册用户，一个月后，微信新增了语音对讲功能，促使用户再次显著增长，而到了 8 月份，微信再填"查看附近的人"功能，用户可以通过软件 APP 结交周边的陌生人，因为此功能，微信用户数直接飙升到 1500 万。

2011 年 10 月 1 日，微信 3.0 版本发布，该版本新加入了"摇一摇"和漂流瓶功能，并增加了对繁体中文语言界面的支持，至此后，微信开始走出内地，走向港、澳、台、美、日五个地区，用户只要绑定手机号码，即可实现好友间的免费畅聊。

2011 年年底，微信用户超过 5000 万；2012 年 3 月，微信用户轻松破亿，用时仅仅 433 天；2012 年 9 月，微信用户数又突破 2 亿；2013 年 1 月，微信用户再破 3 亿；2013 年 7 月，微信用户继续暴涨，仅国内用户就突破了 4 亿，与此同时，海外用户也高达 7000 万人！

一连串辉煌的数字，其背后是微信带给用户的全新体验，它不只是对 QQ 的简单改进，更是即时通讯发展史上的革命性突破。试想，仅仅摇一摇、找一找，就能在附近找到更多陌生的朋友，这不是很有趣的事情吗？

连接一切，包括商业。在移动互联网时代，人们对技术和产品给予了前所未有的重视，在这个高度商业化的世界，张小龙学会了像商人一样思考。于是，他成功了，可以说，是他成就了微信的成功。也正是因为他，“摇一摇”已经成了最时尚的玩法。

众所周知，雷军的先声夺人使小米手机风靡一时，其中，他开发的米聊也随之迅速发展。短短半年时间内，米聊注册用户就超过了 500 万，以至于小米的总裁林斌意气风发地呐喊出“颠覆手机 QQ”的口号。但讽刺的是，米聊发布一个月后，腾讯就推出了微信，更让他们没有想到的是，当米聊用户数待在原地不动的时候，微信用户却在 14 个月后突破 1 亿！

好的互联网产品，靠的是强大的功能和锐意创新的点子。这两点，微信全都做到了，再加上腾讯庞大的用户群支持，它的成功可以说来得水到渠成。

有人说，微信是一种生活。是的，更加快速便捷的即时通讯功能，更加灵活省钱、休闲娱乐的生活方式，它用最短的时间俘获了数亿用户的心，是移动互联网时代名副其实的黑马！

3. 既是社交平台，也是电商平台

移动互联网竞争时代，每个互联网公司都是天子脚下的臣子，如履薄冰，小心翼翼，稍有不慎就有可能被竞争对手超越，或者直接踩死。他们本着用户第一的共同原则，追求着同样的梦想——让更多人使用自己的产品。

微信内部人士透露：“我们招募了许多颇具天赋的人才，汇集了这个行业最勤奋的人。中国人向来以工作努力著称——微信团队常常工作到第二天凌晨 4 点或 5 点；这对于整个团队来说都是家常便饭，我们不是特指某个部门，整个团队都工作到很晚。”

是的，微信燎原之势的背后，继承了 QQ 时代锲而不舍的研发精神，每一次用户数量的剧增，都承载了其对用户需求的精确定位与满足。可以说，腾讯在产品黏性上下足了功夫，每一个功能的更新，都给产品涂上了一层黏性胶水。

2011 年 1 月，微信发布针对 iPhone 用户的 1.0 测试版本，经由此版本，用户可以通过 QQ 号码导入现有联系人，但当时的功能还比较简单。随后，微信 APP 的功能不断增加，1.1、1.2、1.3 三个测试版本分别增加了对手机通讯录的读取、与腾讯微博私信的互动以及多人会话功能的支持。

2011 年 5 月，微信 2.0 时代到来。由于 2.0 版本增加了语音对讲功能，微信用户人数再次显著增长。同年 8 月，微信又增加了陌生人交友功能，通过“查看附近的人”，用户迅速扩大了好友圈，这也促使微信用户迅速突破 1500 万。

2011 年 10 月 1 日，微信 3.0 版本发布，其中新加入了“摇一摇”、漂流瓶功能以及繁体中文语言界面支持，这为打入国外市场开辟了捷径。2012 年 4 月 10 日，微信 4.0 版本发布，其中吸收了 Path 和

Instagram 类似的相册功能。

为了适应欧美市场，微信还将 4.0 英文版正式更名为“Wechat”，接着，微信又推出了多种语言支持，这宣告了其走向国际化的“野心”。同年 7 月，微信 4.2 版本发布，9 月，4.3 版本发布，2013 年，4.5 版本发布，微信的创新脚步从未停止，到目前为止，已推出 5.0 版本。

2013 年 7 月 22 日，微信遭遇了让人措手不及的“宕机事件”，致使很多用户无法正常登录微信。对微信来说，这是一场不小的危机，对于数量庞大的用户群而言，这也是一次不小的麻烦。

从微信系统开始出现大规模瘫痪，到抢修完成，腾讯用了 6 个小时，在这 6 个小时里，用户抱怨不休，觉得危机处理得不够及时，但更多的网友觉得不适应，央视评论员杨禹如是说：

“微信今早大面积瘫痪。我和我微信上的伙伴们不是惊呆了，而是失散了……很多人已习惯在微信群里商量工作，这会儿都不知道该怎么开会议事了。任何东西都难免有技术故障。这倒是提醒我们：有一种习惯叫做依赖，有一种服务叫做控制，有一种拥有叫做失去。”

是的，有一种习惯叫做依赖。潜移默化间，微信已经融入无数人的生活，成为不可或缺的沟通工具。有人说过这样一句话，要留住用户，就要创新，创新的核心就是产品黏性，有了黏性，就能黏住用户，就像蜘蛛网，蛛丝越黏，网住的昆虫就越多。这就是所谓的蜘蛛网理论，微信用自己的成功，切实证明了理论的合理性。

当然，微信的成功不止在创新，还在于多元化进程的不断推进。2014 年，iOS 版和安卓内测版的微信 5.0 一经发布，“打飞机”游戏就成了朋友圈最热门的分享话题。这一次，腾讯还对微信 5.0 的功能进行了全面升级，比如“扫一扫”功能不仅可以进行二维码扫描，还可以扫描条码、图书、CD 封面、街景，甚至是翻译内容。

“扫一扫”功能的加强，突出了微信想要成为人们日常生活中的常用工具，想要成为用户的生活小助手。一名在猪八戒网从事移动开发工作的服务商如是分析，“从微信 5.0 不难看出，微信正在由社交平台转向全面的生活服务平台”。

的确如此，除了“扫一扫”的几大新功能，新版微信还增加了“微信支付”服务。微信支付，为腾讯移动电商开路，微信用户通过绑定银行卡，就可以实现微信生态内的一键支付。

微信支付是腾讯结合另一款产品财付通而打造出的一款移动支付产品。2005 年 9 月，腾讯公司正式推出专业在线支付平台财付通，其核心业务是帮助在互联网上进行交易的双方完成支付和收款工作。

腾讯致力于为互联网用户提供安全、便捷、专业的在线支付服务。然而，尽管财付通与腾讯 QQ、拍拍网有着很好的融合，但与阿里巴巴的支付宝却依旧有着很大的差距，为了汇集更多用户，腾讯决定打造另一款移动支付工具，这就是微信支付。

（微店 logo）

2014 年 3 月 4 日，腾讯对外宣布微信支付接口内测结束，将会向所有通过认证的服务号开放。同年 9 月 13 日，为了给更多的用户提供微信支付电商平台，微信服务号公布，微信支付功能不再收取 2 万元保证金，这大大降低了微信支付的门槛。

有人如是说，微信支付这款产品，是腾讯寄予厚望的产品，是腾讯正式进军移动支付的产品，同时，微信支付将为腾讯布局移动电商开路。是的，既是社交平台，又是电商平台，对于腾讯来说，社交只是敲门砖，马化腾正在下一盘很大的棋。

对于电商领域，马化腾一直都很有兴趣。2011年，腾讯上线微购物，主要定位于线上线下（O2O）的一体化平台，但其发展始终不温不火，目前基本被京东并购。2013年，腾讯的又一平台微生活上线，但最终却被大众点评合并。同年，微商城上线，当时腾讯对其定位是大力发展微信电商，但微商城并未引起太多关注。而到了2014年，腾讯再度发力，为口袋购物投资了1.45亿，之后，口袋购物推出微店，这是腾讯间接进军电商界的一大步。

作为移动客户端的新型产物，微店是帮助卖家用手机开店的软件。无论是谁，只要通过手机号码即可开通自己的店铺，并且可以一键分享到微信以及其他SNS平台来进行宣传并促成交易。显而易见，这大大降低了开店的门槛，也简化了开店的手续。

另外，在微信平台上，还有一种购物形式叫作“朋友圈的商战”。微信朋友圈有这样一个词——“微商”，想必大家对其都不陌生。所谓“微商”，就是利用微信朋友圈，向自己微信通讯录中的好友推荐商品或者群发广告产品，以达到传播产品信息、吸引购买的商业行为。

从这个层面来看，其实微信就是一个和淘宝网类似的电商平台，买卖双方完全可以在此轻松完成交易，并可通过微信支付平台完成货款的支付工作。

或许，你身边做微商的朋友越来越多，或许你也是微商中的一员。基于数亿用户群体，微信给我们搭建了一个很好的平台，通过微信，我们不仅可以社交，还可以玩游戏、经商、购物……从社交平台，到社交服务平台，微信一直在超越，它正在建立更加完善的生态系统。

第十三章

日新月异 2015

在压力中爆发强大的动力

从“阿 Q”抢红包大战，到海淘业务的进一步崛起，2015 年的移动互联网时代迸发出强大的动力。红包大战让用户得到实惠，也得到满满的新春祝福。海淘 2015，刘强东要做国民企业，中国的电商平台，必将更加丰富多彩。

1. “阿 Q” 之战

移动互联网时代，网络大佬们的竞争日趋白热化，其中最有看头的就是阿里巴巴与腾讯的几场大战。

别人都说，商场之上没有永恒的朋友，只有永恒的利益。作为一对不折不扣的同姓竞争对手，马云和马化腾在互联网界可以说是处处针锋相对。无论是来往与微信的较量，还是快的与滴滴的厮杀，抑或 2015 新年红包大战，以数据见长的阿里巴巴和以用户取胜的腾讯必定厮杀，此乃“二马”占领移动互联网的野心所向。

（来往 logo）

2013 年 9 月 23 日，阿里巴巴正式发布移动好友互动平台“来往”。阿里 CEO 陆兆禧如是说：

“来往是针对个人用户的新一代好友互动平台，好玩、方便、互动。这款产品将把人们的社交、生活和消费等不同的应用场景连接起来，将依托于整个阿里庞大的用户基数，以及过亿的手机淘宝和旺信用户之间的互动需求，打造出新的无线应用场景。我们拥有服务过亿用户的经验和积累，也希望能够不断地完善这款产品，使之更好地解决用户在移动时代的社交需求。”

很显然，阿里想借来往，在网络移动通信上大展身手，而其最大的对手就是早两年进入市场的微信。2013 年正是微信发展恢宏的荣耀时刻，业界对阿里强推来往并不十分看好，但马云却坚持要“把不可能变成可能”，声称要为移动即时通信行业注入更多竞争的活力。

这是一场移动互联网时代的必打之仗，马云首先吹响了进攻的号角。2013 年 10 月 22 日，马云在微信和来往都发布了一条内容，决绝地表示 3 天后就会放弃微信，力挺自家的来往：

“微信的大姑、大姐、兄弟、二叔、三伯、六姨太们：我和微信的缘分尽了。再过三天我就要关掉账户了。感谢微信哥哥给了我那么多的快乐和灵感。但为了我们家的孩子来往我不得不去喂奶。”

11 月 2 日，阿里巴巴还对外宣布推出手机上网流量免单计划，那些经常在手机上使用阿里巴巴旗下的手机淘宝、天猫、支付宝等手机客户端的用户，可以申领阿里巴巴赠送的免费流量包。有业内人士分析认为，阿里特意包含来往，或是有意针对流量耗费严重的微信。

对于阿里这样明显的挑衅行为，腾讯自然不会置之不理。不久后便有用户发现，微信朋友圈中关于来往的分享链接无法正常打开。来往官方发表公开信呛声道：“没想到‘3Q 大战’给腾讯带来的最大启示就是通过软件霸权肆意控制用户，封杀用户正常访问互联网和内容的权利，以维系其垄断地位。”

针对来往的指责，腾讯也在第一时间做出回应，声称微信没有封杀来往域名，只是来往的分享链接触发了微信后台的自动保护机制，系统后台收到报警后，经人工确认，解除了安全保护。另外，腾讯方面还反呛道：

“微信是一个开放的平台，我们欢迎所有正常使用开放接口的行为，切勿自作聪明，无端制造‘事件’。好产品是做出来的，不是炒作出来的……任何频发信息和过度营销破坏用户体验和朋友圈氛围的行为，微信都会坚决制止。不论这家公司有什么背景，不论这家公司有多大。”

当然，来往与微信的这场战争，最终以微信的胜利而告终。2014 年 4 月 2 日，马云首次公开承认了来往与微信的距离，他如是说，“来往最早出来的时候是跟微信竞争的，看到微信那么强大，我们来往也很明白，一两年之内很难把它搞翻掉。既然搞不了，那我们就想来往能做什么？后来，我们想明白了，来往就做来往，来往希望做一个有情有义的地方，希望大家能够在来往上面交些朋友。”

这是阿里巴巴与腾讯的第一场大战，但却绝非最后一场，其后还有叫车软件的较量、抢红包大战等。

2012 年 8 月，阿里巴巴正式推出快的打车，一个月后，腾讯也推出了滴滴打车。几乎相同的推出时间，阿里巴巴和腾讯一同甩开数十个打车软件同行，走出极其相似的发展曲线。

2013 年是打车移动软件的分水岭。为了拉动微信移动支付，腾讯在 2013 年 12 月向滴滴打车注资 1 亿美元。在腾讯财大气粗的资金支持下，滴滴于 2014 年 1 月 10 日宣布，用户数突破四千万。并且，2013 年 11 月，快的宣布收购大黄蜂打车，收购完成后，快的的全国市场份额超过 50%，2014 年 3 月，快的已拥有 6750 万用户。

易观国际数据显示，截止到 2013 年第三季度，快的打车的市场份额为 41.8%，滴滴打车为 39.1%，只差两个百分点。但是，阿里巴巴和腾讯都不能接受这样旗鼓相当的排位，他们都想远远领先对方。就这样，从 2014 年 1 月起，他们开始通过大量烧钱的方式，拉开一场移动打车 APP 的激战。

这一战，是由阿里巴巴率先打响的。2014 年 1 月 1 日，快的宣布北京地区首次使用快的打车软件的新用户可以获得 30 元的话费返还。这一次，阿里巴巴的优惠十分给力，快的甚至雇用了大量临时工，在北京地铁站以及主要街道路口发放现金兑换券。

阿里如此大手笔的动作，腾讯自然也不甘示弱，1 月 10 日，滴滴打车正式接入微信，并对乘客和司机发起了 10 元补贴活动。

接下来，阿里与腾讯的较量日渐白热化——

1 月 21 日，快的也开始进行现金补贴，其中乘客 10 元，而司机 15 元。

2 月 10 日，滴滴将自家的补贴降至 5 元，两天后，快的也将司机补贴将至 5 元，但给乘客的补贴依旧不变。

2 月 17 日上午，滴滴将乘客补贴恢复到 10 元，并宣称总补贴投入将近 10 亿，当天下午，快的补贴乘客额度变为 11 元，并声称永远比同行高 1 元。

2 月 18 日上午，滴滴将补贴额度再次调高为 12–20 元不等，并赠送微信游戏道具，当天下午，快的也将补贴额度调高至 13 元，并赠送淘宝天猫退货包邮。

……

正所谓，天下没有免费的晚餐，免费的背后也有其商业逻辑。有人如是说，打车软件的返利争夺战，实则是阿里和腾讯两家大佬对移动支付市场的争夺。

是的，用户倾向于支付宝支付还是微信支付，关系着阿里巴巴和腾讯的互联网金融布局。作为连接线上线下最重要的入口，移动支付已经成为移动互联网巨头们的争夺焦点，而打车软件，无论是绑定支付宝还是进行微信支付，这都只是移动支付战争的开始。

这场打车软件的较量，是在 2014 年 3 月开始降温的。一天，马云在来往扎堆里发声，表示看到路边那些因为不会用打车软件而打不到车的人们很是内疚，他深感这场竞争伤害了用户的利益，尤其是老人和小孩的利益，于是他呼吁打车软件们“坐下来喝茶”。

对此，滴滴也在新浪微博发文，表示认同马云的意见：“大家比智慧、比勇气，只有长时间简单比肌肉的价格战才让旁人笑话。所以滴滴认同马云提议，愿意和友商一起维护行业发展秩序，在公平良性竞争的情况下推动技术进步和产品升级，避免过度营销，为‘出行更美好’这一使命一起努力。”

5 月 16 日 16 点，快的和滴滴几乎同时宣布，当日开始暂停乘客打车补贴。但有趣的是，他们的停战协议依旧火药味十足，这厢快的刚刚宣布：“我们从去年 12 月开始了现金补贴的优惠活动，伴随着同行的跟进，最终成为一场举国关注的补贴大战。”那厢滴滴的长微博也打了出来：“从 2014 年 1 月 10 日至今，127 天，投入数十亿资金，就是为了让每一个人出行更美好。”

名义上，这场烧钱之战算是告一段落。然而，事情并没有那样轻而易举地结束，快的和滴滴都表示，虽然现金补贴结束，但优惠不会就此终止，后续还会不定期推出各种形式的优惠活动。

与此同时，双方都没有放弃对司机端的补助，确切地说，他们既不愿放弃，也不敢放弃。快的打车宣布：“快的正对司机端的现金补贴依然为每单随机 2~8 元，每日限制 10 单。”滴滴方面也表示说：“司机端仍然维持北京每单补贴 5 元，广州、上海、深圳、杭州每单补贴 3 元，每天均 10 单。”

至此，在持续近半年的现金补贴大战之后，打车软件开始从明面上交锋转为暗地里较劲，为此，双方还相继推出了“抢红包”、“换积分”、“兑礼券”等补贴新玩法。

2014 年 7 月，快的打车推出专车业务“一号专车”。一个月后，滴滴打车也在北京启动“滴滴专车”业务，两者之间的比拼，开始蔓延到商务用车市场。他们如是说：

“专车领域面临着各种新的变化及更多新的力量，在包括代驾、拼车、公交、地铁等更广泛的移动出行领域，双方均面临着各种挑战与风险。作为行业的先行者，更需聚集移动互联网精英人才，独立地顺应市场与用户需求来发展。”

其实，关于快的和滴滴较量的真正结束，是在 2015 年 2 月 14 日。这一天，他们发布联合声明，宣布两家实现战略合并，合并之后，快的 CEO 吕传伟和滴滴 CEO 程维共同担任联合 CEO，但两家公司依旧保留各自的品牌和业务独立性，人员架构等方面也依旧保持不变。

据悉，双方合并后，将集中两家公司的优势技术和产品人才，不断推出更为完美的出行服务产品，以提升整体竞争力。阿里巴巴与腾讯在打车软件方面的较量，最终以和解收场。

除此之外，阿里巴巴与腾讯的战争，还有一场全民参与的，那就是 2015 年春节的红包大战。

春节发红包是中国人传统过年习俗，寄托着亲人和朋友间的祝福和好运。然而，在互联网时代，红包却成了移动互联网与线下商品相结合的重要手段。

2015 年 2 月 9 日，支付宝、微信纷纷发布了春节红包的发送额度。据悉，春节期间，两家公司将会送出 6 亿元的现金红包，附加 64 亿元的购物红包，其中春晚更是成了红包营销大战的必争之地。

2015 年 2 月 11 日早上 10 点整，支付宝钱包第一轮红包开抢。据了解，从 2 月 11 日到 2 月 19 日，支付宝及其品牌商户共派发 6 亿红包，其中现金红包超过 1.56 亿。

2015 年 2 月 11 日晚上 8 点整，QQ 红包的战火也就此打响。据介绍，QQ 红包发放时间一直从小年夜持续到除夕夜，共计派发 30 亿的现金红包。

在腾讯方面，发放春节的红包并不仅仅局限在 QQ 平台，更大的招数是在微信平台。2015 年 2 月 11 日早上 9 点整，微信春节红包正式开抢，用户通过微信摇一摇的方式，即可以抢夺总数为 2500 万个的现金红包。据悉，春节期间，微信红包共送出了金额超过 5 亿的现金红包，以及 30 亿的卡券红包。

最值得一提的是，微信还联合春节晚会，给全国人民发放红包。除夕之夜，央视春晚主持人通过口播的形式引导全国人民使用微信摇一摇，进入春晚互动页面，抢品牌专属红包。

另外，除了支付宝、QQ 和微信，百度、新浪微博、优酷、陌陌、京东、国美、快的打车等公司也纷纷加入红包大战。春节期间，各种红包满天飞，抢红包成了最时髦的玩法。

有人如是说，红包大战能够让用户得到实惠，当然是好事，尤其是在春节期间，网络红包的新时尚增添了不少新鲜的喜气。是的，红包的本意是一种祝福，一种美好的向往，大家抢的不是金钱，是气氛！

2. 海淘是 2015 年最核心业务

在电商网购平台中，有一个分支异军突起，它就是海淘。

海淘，即海外网站购物。它主要是通过互联网检索海外商品信息，然后经由电子订购单发出购物请求，再由海外购物网站通过国际快递发货，或由转运公司代收货物并转寄回国的购物方式。

近几年，海淘在急剧升温，越来越多的中国人加入了海淘大军，成为海淘一族。目前，虽然没有精确的数据支撑，但逐渐壮大起来的海淘族，很多是迫不得已才走上这条路的。

2008 年，三鹿奶粉事件爆发，中国整个乳制品行业陷入危机。对于年轻夫妻来说，婴幼儿的安全奶粉需求比房子、车子等需求更加刚性、更加迫切。于是，对国产奶粉不再放心的年轻妈妈们将触角伸向海外，全世界搜寻安全的婴幼儿奶粉。

从香港到新西兰，从美利坚到欧罗巴，年轻妈妈们使出了浑身解数，要么通过海外亲友邮寄回国，要么自己杀奔过去“人肉”背回，可以说是势不可挡。

另外，随着关注人群的不断增加，人们发现了更简单方便的网购模式——国外“淘宝”。于是，以奶粉为“导火索”，海淘消费群体不断壮大，其需求范围也在不断扩大，服装、化妆品、玩具、电子产品等都成了海淘的主要对象。

当然，与人们轻车熟路的国内网购相比，海淘是有一定门槛的，比

（全球购 logo）

如语言障碍、海关政策，以及各国不同的税收和物流规则。尽管如此，随着人民币的不断升值，海淘具备了更加坚实的基础——国外购买的商品加上运费和关税，竟然比国内卖的还要便宜！

于是，海淘大军疯狂了，开始爆炸式的增长。他们不再单独追求海外商品的品质，还看中了其价格方面的优势。另外，买方需求爆棚，做电子商务的卖方自然不会放过这样的机会。2007 年，淘宝为了帮助会员实现“足不出户，淘遍全球”的目标，建立了全球购平台。

作为优秀的淘宝全球导购平台，“足不出户，代购全球”！这是全

球购网站的宗旨，也是全球购一直以来的追求。为了打造成为淘宝网奢侈品牌的时尚中心，为了给淘宝网的高端用户提供更好的服务，全球购严格审核每一位卖家，精挑细选每一件商品，为国人代购海外服装、鞋包、美容、彩妆、居家、美食、电子产品等提供优质平台。

对于卖家和商品的审核和管理，全球购是非常严格的。根据《淘宝规则》第 39 条至 64 条的相关规定，全球购卖家不得发布任何违规商品，一旦发现，全球购平台将会视情节轻重，采取店铺扣分及取消全球购卖家资格等措施进行处罚。

另外，全球购只允许卖家发布港澳台海外直供商品，外贸出口类商品以及国产类商品不允许发布。其实，正是因为严格的管理，淘宝全球购才会有如日中天的发展。截止到 2012 年 4 月，淘宝网全球购频道日均访问人次超过 20 万！

2011 年 12 月 12 日，淘宝网发起“全民疯抢”活动。当日，全球购总成交 1.48 亿，最高成交金额 38.8 万元，并且，这款标价 38.8 万的限量款 Hermes 包包是在上架后被立即买走的。

（小红书 logo）

相关数据显示，LV、GUCCI、PRADA、CHANEL 等国际大牌的淘宝网代购价格，一般是国内专柜的 7-8 折。而一些时尚潮流的大众品牌，比如 COACH、CK、IT、MK 等，虽然这些品牌在国内设有专柜，但海外代购的价格可以达到 5 折甚至更低。

优惠的价格，便利的购买，这自然大大提升了买家选择全球购的概率。另外，还有那些没有在国内开设专柜的海外特色品牌，如 TOPSHOP、ASOS、Miss Selfridge 等，也是全球购买家喜爱的对象。据统计，全球购频道中最高成交商品单价高达 168 万元，而奢侈品的成交增长比例更是以每年 100% 的速度递增。

有业内人士分析说，随着国人消费能力的提升，消费者对境外产品的购买意识和购买需求正在转变，通过淘宝网全球购平台进行海外代购的人越来越多，奢侈品的网购也将继续呈上升趋势。

除了淘宝，还有不少电商企业加入了海淘的大家庭，比如小红书，比如亚马逊，比如聚美优品。2013 年 9 月，上海自贸区成立，关于海淘的政策也越来越开放，这大大带动了海淘类创业公司的发展，而小红书就是在这样的浪潮中成立的。

小红书是一个产品信息分享平台，它主要通过社交化的方式以及真实购买用户的背书，帮助用户提供全世界的购物分享。一般而言，购买用户的分享由一张图片和三个标签构成，用来回答海外购物中的三个关键问题——买什么、哪里买、多少钱。

2014 年 12 月，小红书进行战略升级，完成了从海外购物社区到社区型电商的转变。这个主要针对海淘的新兴平台，深受海外代购一族的喜爱。

有人说，2015 年是海淘正式开始竞争的时候。2015 年 2 月 4 日，聚美优品 CEO 陈欧赴韩搞代购，使得众多韩国化妆品品牌商欣喜不已。

据韩国杂志《亚洲经济》报道，刚刚收官的 SBS 水木剧《匹诺曹》，不仅让“达仁夫妇”备受关注，也让剧中聚美优品标志性的“小粉盒”大火了一把。而陈欧，正是在“小粉盒”的声势之下，浩浩荡荡地去了韩国，挖掘更多的化妆品品牌。

陈欧如是说：“聚美是中国最大的韩妆渠道，我们的韩妆产品全部是品牌商直接供货，很多化妆品的价格甚至做到比韩国本土销售的价格还低，这是因为我们对化妆品进行了补贴，目前对聚美来说最重要的是用户规模，我们判断海淘是新的风口，因此愿意通过亏损的方式快速获得用户。”

据他透露，今年最重要的战略布局以及最核心的业务就是海淘，这是目前聚美投入资源最多的业务，也是高管们最关注的业务。海淘 2015，今年的网购世界，更加丰富多彩！

3. 刘强东的国民企业

2015 年 1 月 17 日，京东集团 2015 年年会在北京工业大学体育馆召开，4000 多名京东员工代表参会。会议之上，京东集团创始人兼 CEO 刘强东回顾了京东上市以及 2014 年“扬帆远航”战略的成功历程。他如是说：

“有人提出要做‘国家企业’，我觉得‘国家企业’不够自豪，一个真正能够赢得尊敬和自豪的企业应该叫‘国民企业’，既属于这个国家，又属于这个国家的全体人民的企业。那么什么是‘国民企业’？就是永远不在中国和全球其他国家卖假货的企业、依法足额缴税的企业、保障员工良好福利、承担社会责任的企业。”

是的，刘强东想做的，就是将京东打造成全新的“国民企业”！

作为中国电商 B2C 领域最大的企业，京东的发展史充满了传奇。创业之初，刘强东将京东定位为传统渠道商，而到了 2001 年，他决定复制国美、苏宁的商业模式，经营起 IT 连锁店。2003 年，京东商城的 IT 连锁店发展到十二家，但因为“非典”，京东被迫歇业。

“非典”结束后，刘强东开始尝试线上与线下相结合的经营模式。2004 年 1 月，在他的带领下，京东进入电子商务领域，正式创办“京东多媒体网”。2005 年，刘强东决定关闭零售店面，京东正式转型为一家专业的电子商务公司，也正是这个决定，成就了后来的京东商城。

（京东商城原 logo）

涉足电子商务领域以来，京东商城一直保持高速成长，连续八年增长率超过 200%。到 2012 年年底，中国网络零售市场交易规模达到 13205 亿元，同比增长 64.7%，国内两家电商公司，阿里巴巴交易额增

（京东新金属狗 logo）

长超 100%，而京东商城依旧是 200%。

2013 年 3 月 30 日，京东正式启用全新域名 JD.COM。此外，刘强东还将“京东商城”这一官方名称缩减为“京东”二字，原先以蓝色为主调的 logo“360buy”也被更新成了一只名为“joy”的金属狗。当时，京东对金属狗的官方诠释是：对主人忠诚而著称，拥有正直的品行和快捷的奔跑速度。

京东方面认为，作为“京东”两字的拼音首字母拼写，新域名 JD 既方便用户记忆和登陆，还易于和京东品牌产生联想，有利于京东品牌形象的传播和提升。并且，京东此次去商城化，或是有意淡化电商色彩，为未来在物流、金融等业务上的拓展做铺垫。

新的面貌，新的征程。启用新的域名和 logo 之后，刘强东在渠道下沉、金融业务等领域创新突破，并开始紧锣密鼓地进行起上市的筹备工作。2014 年 4 月 2 日，刘强东正式将京东集团进行分拆，其中包括两个子集团、一个子公司和一个事业部，主要涉及商城、金融、拍拍和海外业务，而他，京东的创始人刘强东，则担任京东集团 CEO。

另外，京东的上市之旅也是在 2014 年启动的。1 月 30 日，在刘强东的授意下，京东向美国证券交易委员会承报了拟上市的 F-1 登记表格，京东正式启动首次公开募股（IPO）进程。

当时，美国科技股的 IPO 市场已经降温，不仅纳斯达克的互联网股票指数下挫 8%，与京东业务相似的美国公司亚马逊，其股价更是下跌了 24%。有人表示，京东的上市交易很可能成为去年 11 月推特上市以来最大的美国科技类 IPO。但是，截止到 2014 年 5 月，推特股票的股价下跌了近 50%。

是的，京东上市之战就是在科技股如此低迷的前提下打响的，但从京东路演的情况来看，刘强东的动作并未受到科技股下挫的影响。2014 年 5 月 12 日，京东在香港启动全球首场 IPO 路演，最终获得美国科技基金的足额认购，并且，很多中国投资者、国际长期基金以及主权财富基金，也都认购了京东股份。

另外，京东在美国的路演也同样顺利，受到美国市场的夹道欢迎。不仅获得了 15 倍的超额认购，在美 IPO 发行价格也定在了 19 美元，超过之前招股计划书上所列的 16–18 美元。

5 月 22 日，京东集团正式在纳斯达克挂牌，股票代码 JD，发行价 19 美元，刘强东正式敲响了上市钟，而美国也迎来了中国最大的赴美 IPO。据悉，京东开盘价 21.75 美元，较发行价足足上涨 14.5%！

互联网金融千人会秘书长易欢欢分析认为，在全球科技股低迷的情况下，京东获得资本市场的热捧并不奇怪。是的，在国外的投资者眼里，京东就是“中国的亚马逊”，在刘强东的带领下，它除了自营 B2C 业务以外，还在拓展其他各项业务。并且，京东两个月前还同腾讯建立了战略合作关系，这都大大提升其估值。

“今天，我要向大家正式宣布一个好消息：2014 年 3 月 10 日，公司与腾讯达成战略合作协议——京东将收购腾讯旗下 QQ 网购和拍拍网的 100% 权益，以及易迅网的部分股份，腾讯将为京东提供微信和手机 QQ 客户端的突出入口位置以及其他关键平台支持，此外，双方还将在在线支付服务领域进行合作。”

这是刘强东写给全体京东员工的一封电子邮件。在邮件中，他还对这次战略合作的意义做出清晰明了的归纳总结：

“此次与腾讯达成的战略合作，将极大地改变电商行业的格局，对于京东的未来发展具有重要意义：

1. 京东在自营电商市场的领先优势将得到极大提升：京东和腾讯旗下电商业务在品牌、商品、物流等多方面的融合，将使我们在自营 B2C 市场更加强大；

2. 京东将构建行业最完善的电商生态圈：除了自营 B2C 和平台 B2C 之外，我们将通过拍拍网进入 C2C 业务，从而可以覆盖更多用户群体，并能为合作伙伴提供量身定制的解决方案；

3. 更重要的是，京东将在移动互联网领域突破重围：我们长期积累的供应链服务方面的优势，将与腾讯强大的互联网优势强强联合，在移动互联网时代打造出更广阔的天地！”

这一次，刘强东信心十足，这一年，京东交易额快速增长，增速是整个电商行业的两倍。如今，京东已成为中国最大的电脑、手机零售商，服装和家电业务也是飞速增长。

2014 年 1 月 9 日，京东携手数十家潮流品牌召开“尚·京东”为主题的春夏时尚新品发布会，玖姿、朗姿、MO&Co.、歌莉娅、周大福、Nautica、Jeep、Hazzys、REPLAY、GXG、爱慕等数十家品牌数百款春夏时尚新品通过时装走秀的形式在全网首次亮相。

与此同时，京东还宣布与玖熙、新秀丽、费雷、ENZO、EVISU、JEFEN、Clarks、UGG、阿迪达斯、迪士尼、六福珠宝等国际高端品牌达成深度战略合作，全部入驻京东开放平台。

走在多元化的路上，京东一直步步为营。上市之后，其财务数据公开透明，以目前股价来看，京东市值超过 300 亿美元，在中概股中排名第二。另外，京东现有三百多亿元人民币现金储备，是中国互联网行业现金储备最多的互联网公司之一。

但是，刘强东想做的不止局限于此。他梦想中的国民企业，是埋头做事的企业，是用自己的双手，为中国人，为全球华人，为这个国家，去创造一个伟大的、值得骄傲的、受人尊敬和信赖的企业。2015 年，他依旧在不遗余力！

后 记

二十载风云变幻，二十载互联网浪潮。从中国接入国际互联网的那天起，到移动互联网的风生水起，网络时代夹裹着浓厚的科技气息，给我们的生活带来翻天覆地的变化。

是的，网络是一个神奇的存在。这些有着远见卓识的网络先驱们，用双手撑起互联网的广阔舞台。马云、丁磊、马化腾、张朝阳、周鸿祎、史玉柱、李彦宏、雷军、陈欧……多少人披荆斩棘，意气风发，他们在实现创业梦想的同时，也为国人推开了一扇又一扇网络天窗。

领略过二十年来的网络风云，或许你已为他们所折服。相比苍茫历史，二十年不过是弹指一挥间，但对于 IT 人来说，这二十年的时光，每一分每一秒都珍贵到无价，正是这二十年，将中国的互联网事业推入空前的高峰。

有人说，他们成就了互联网的今天。的确如此，但又何尝不是互联网成就了他们现时的耀眼荣光？这是中国互联网的发展史，也是互联网创业家的网络江湖，他们的光环背后，隐藏着或辛酸或刺痛的伤痕，他们的故事脉络，将网络一点点烙印进我们的生活，点燃千千万万人的梦想。

这是属于网络先驱们的风云二十年，也是属于每个国人的风云二十年。如今，互联网在日新月异的世界依旧不断奔流向前，我们无从想象下一个二十年又会怎样，在这瞬息万变的网络时代，请尽情体验每一次奇迹的飞跃！